Gottfried Friedlein

Die Zahlzeichen und das elementare Rechnen der Griechen und Römer und des christlichen Abendlandes vom 7. bis 13. Jahrhundert

Gottfried Friedlein

Die Zahlzeichen und das elementare Rechnen der Griechen und Römer und des christlichen Abendlandes vom 7. bis 13. Jahrhundert

ISBN/EAN: 9783743332027

Hergestellt in Europa, USA, Kanada, Australien, Japan

Cover: Foto ©ninafisch / pixelio.de

Manufactured and distributed by brebook publishing software (www.brebook.com)

Gottfried Friedlein

Die Zahlzeichen und das elementare Rechnen der Griechen und Römer und des christlichen Abendlandes vom 7. bis 13. Jahrhundert

Die

Zahlzeichen und das elementare Rechnen

der Griechen und Römer

und des christlichen Abendlandes

vom 7. bis 13. Jahrhundert.

Von

Dr. G. Friedlein,

Rector in Hof.

Mit eilf Tafeln.

Erlangen.

Verlag von Andreas Deichert.

1869.

Herrn

Schulrath

Dr. Christoph Elsperger

zur

**bevorstehenden Feier fünfzigjährigen verdienstvollsten
Wirkens im Schulamte**

in

aufrichtigster Verehrung

gewidmet.

Uebersicht des Inhaltes.

Verbesserungen.

S. 46 Z. 13 v. u. l. abendländischen.

» 51 » 4 » » l. $\overline{\text{M}}\,\bar{\text{I}}\,\bar{\text{I}}\,\overline{\text{M}}$ u. d. ä.

, 59 » 5 » » (in der Columne für obolus) ↓.

» 111 » 5 » » l. 3 statt 2.

» 111 » 4 » » l. 2 » 3.

Zwischen der ersten und zweiten von den Epochen, die Chasles in seiner Geschichte der Geometrie unterschieden hat, liegt ein Zeitraum von beinahe 1000 Jahren, in denen von einem Fortschreiten der Geometrie als Wissenschaft mit Ausnahme des Zweiges der sphärischen Trigonometrie keine Spur sich zeigt. Die Geschichte der Mathematik soll aber auch kund geben, was in den Zeiten der Stockung produktiver Thätigkeit geschehen ist und welcher Art die Beschäftigung mit dem Gegenstande gewesen ist, der, wenn er auch bei dem Mangel an Fähigkeit dafür in der Höhe wissenschaftlicher Arbeiten nicht erhalten wurde, doch im gewöhnlichen Leben sich geltend machte, und nicht ganz ausser Betrieb kommen konnte. Die Lücke, welche scheinbar in dem vorzüglichen Werk des französischen Geometers vorhanden ist, hat derselbe durch die Note XII (S. 459 ff.) in ebenso vorzüglicher Weise ausgefüllt. Gleichwohl eine neue Arbeit darüber zu versuchen rechtfertigt sich dadurch, dass in den 30 Jahren, seit Chasles' aperçue historique etc. erschienen ist (1837), gerade über jene Zeit neue Untersuchungen angestellt und Werke, die dafür von Bedeutung sind, in neuen oder erstmaligen Ausgaben gedruckt wurden. Es ist genügend für erstere an die Arbeiten von Chasles selbst, von Woepcke, Martin, Gerhardt, Cantor zu erinnern und von letzteren die gromatici von Lachmann, den calculus des Victorius von Christ, die Werke Gerberts von Olleris, die des Leonardo von Pisa von Boncompagni, des Hero von Hultsch, die Arithmetik des Nikomachus von Hoche, das Rechenbuch des Planudes von Gerhardt zu nennen.

Ein genaueres Eingehen auf diese Leistungen zeigt bald, dass man es in der Hauptsache nur mit den Elementen der Mathematik zu thun hat und jene Zeit grösstentheils eine solche gewesen ist, in der es schon als ein bedeutendes Wissen gerühmt wurde, wenn Jemand die elementarsten Kenntnisse inne hatte, da die ungeheuere Mehrzahl

Anm. Der Anfang dieses Werkes bis N. 34 erschien als Programm der Studienanstalt Hof 1868.

nicht einmal diese verstand und es mit grossem Aufwand auch verbunden war, dieselben sich zu verschaffen. Es konnte daher nicht fehlen, dass man auch nach dem Ursprung des elementaren Rechnens und der einfachsten Feldmesskunst fragte und insbesondere über das Alter und die Herkunft unserer jetzt gebräuchlichen Ziffern und des Rechnens damit nachforschte. So wurden auch frühere Zeiten in so weit in Betracht gezogen, als auch in ihnen neben den wissenschaftlichen Arbeiten das Leben der Elemente der Mathematik im Handel und Wandel bedurfte und zu schriftlichen Aufzeichnungen von Zahlen besondere Zeichen dafür, zum Rechnen Hülfsmittel und Methoden, zum Darstellen und Ausmessen des Grundbesitzes, zur Bestimmung von Weglängen, von Flächeninhalten, von Raumgrössen Figuren und Masse nöthig waren. Dies führte zur Zusammenstellung der Zahlzeichen der verschiedenen Völker, wie eine solche sich findet in Pihan's Exposé des signes de numération und zu erneuten Bemühungen über die Masse der Alten, von denen als vorzügliche Früchte die Metrologie und die metrologicorum scriptorum reliquiae von Hultsch und das Werk von Brandis »Das Münz-, Mass- und Gewichtswesen in Vorderasien bis auf Alexander den Grossen. Berlin 1866« vorliegen. Die Geschichte der elementaren Mathematik selbst fand eine gelegentliche Berücksichtigung, wie in Cantor's mathematischen Beiträgen zum Kulturleben der Völker, und in der Encyklopädie von Schmidt ist im Artikel »Rechnen« von Wildermuth ein sehr beachtenswerther Anfang gemacht.

Von dieser Geschichte der elementaren Mathematik einen Theil als abgesonderte Aufgabe für sich zu nehmen und zwar zunächst die elementare Arithmetik ist der Zweck der nachfolgenden Darlegungen. Die Grenzen sind die Spuren des elementaren Rechnens der Griechen und Römer einerseits und das Werk des Leonardo von Pisa andererseits. Innerhalb dieses Gebietes scheiden sich die Untersuchungen in die über die Darstellung der Zahlen und in die über die Art und Methode des Rechnens damit. Die elementare Geometrie hoffe ich gleichfalls in einiger Zeit darlegen zu können.

Da im Folgenden eine ziemliche Anzahl von Werken wiederholt zu erwähnen ist, so stelle ich hier die am häufigsten vorkommenden zusammen mit Angabe der kurzen Bezeichnung, die ich angewendet habe.

Boetius = Boetii de inst. arithm. libri duo, de inst. mus. libri quinque. Accedit geometria quae fertur Boetii. Ed. G. Friedlein. Lipsiae MDCCCLXVII.

Brugsch = Numerorum apud veteres Aegyptios demoticorum doc-

trina ex papyris et inscript. illustrata auct. H. Brugsch. Berolini
MDCCCXLIX.

Cantor, m. B. = Mathematische Beiträge zum Kulturleben der
Völker. Von Dr. M. Cantor. Mit vier Tafeln. Halle 1863.

Chasles I = Geschichte der Geometrie von Chasles, aus dem Französischen übertragen durch Dr. A. Sohncke. Halle 1839.

Chasles II = Comptes rendus XVI. 1843. p. 156—173. 218—246.
281—299. 1393—1420.

Gerbert etc. = Gerbert, die Geometrie des Boethins und die indischen Ziffern. Von Dr. G. Friedlein. Mit 6 lith. Tafeln. Erlangen 1861.

Heron = Heronis Alexandr. geom. et stereom. reliquiae. Accedunt
Didymi mens. et anonymi var. collectiones. Ed. Fr. Hultsch.
Berolini MDCCCLXIV.

Hultsch, M. = Griechische und römische Metrologie von Fr.
Hultsch. Berlin 1862.

Hultsch I = Metrologicorum scriptorum reliquiae. Ed. Fr. Hultsch.
Vol. I. Lipsiae MDCCCLXIV.

Hultsch II = Metrologicorum scriptorum reliquiae. Ed. Fr. Hultsch.
Vol. II. Lipsiae MDCCCLXVI.

Huschke = Die iguvischen Tafeln nebst den kleineren umbrischen
Inschriften, von E. Huschke. Leipzig 1859.

Marquardt = Handbuch der röm. Alterthümer von Becker —
Marquardt.

Martin I = Revue archéologique XIII. Oct. 1856 — Mars 1857.
p. 509—543. 588—609.

Martin II = Annali di matematica publl. da B. Tortolini. T. V.
Roma 1863.

Mommsen I = Die unteritalischen Dialekte von Th. Mommsen.
Leipzig 1840.

Mommsen II = Ueber das röm. Münzwesen von Th. Mommsen.
Abhandl. der k. sächs. Gesellsch. d. Wiss. II, S. 223—427.

Mommsen III = Ueber den Verfall des römischen Münzwesens in
der Kaiserzeit. Ebendort III, S. 180—312.

Mommsen IV = Ueber das Edict Diocletians de pretiis rerum
venalium vom Jahr 301. Ebendort III, S. 1—80 u. 383—400.

Nesselmann = Die Algebra der Griechen. Von Dr. G. H. F.
Nesselmann. Berlin 1842.

Olleris = Oeuvres de Gerbert collationnées sur les manuscrits,
précédées de sa biographie, suivies de notes crit. et hist. par
A. Olleris. Clermont Ferrand. Paris 1867.

1 *

Pihau = Pihan, Exposé des signes de numération usités chez les peuples orientaux anciens et modernes. Paris 1860.

Rödiger = Vortrag des Prof. Rödiger »Ueber die im Orient gebräuchliche Fingersprache für den Ausdruck der Zahlen«. Jahresbericht der Deutschen morgenländischen Gesellschaft für 1845 S. 111–129.

Terquem = Bulletin de bibliographie, d'histoire et de biographie mathématiques, par M. Terquem. I—V. Paris 1855—1859.

Woepcke I = Sur l'introduction de l'arithmétique indienne en occident. Par M. F. Woepcke. Rome 1859.

Woepcke II = Journal asiatique 1863, p. 27 — 79. 234 — 290. 442 — 529.

Z = Zeitschrift für Mathematik und Physik.

I. Die Darstellung der Zahlen.

1) Bei den Griechen.

1) Wie allenthalben, so findet sich auch bei den Griechen die einfachste und natürlichste Art der Darstellung von Zahlen durch wiederholtes Hinlegen gleicher Gegenstände, wie Steinchen, und wiederholte Anwendung von Strichen oder Buchstaben u. ä. Auch heutigen Tages muss man sie ja in solchen Fällen anwenden, wo in Abstraktionen noch Ungeübte zu unterrichten oder zu überzeugen sind, oder bestimmte Anordnungen zugleich damit verbunden sind, wie bei der Versinnlichung der figurirten Zahlen. Vgl. Nesselmann S. 63—64, Bekker, Charikles I, S. 50—51, ferner Stellen wie die, welche Gruppe, Ueber die Fragmente des Archytas S. 37 mittheilt: ὅπερ Ἀρχύτας ποτ᾽ ἔφη ποιεῖν Εὔρυτον διαθέντα τινὰς ψήφους · λέγει γὰρ ὡς ὅδε μὲν ἀνθρώπου ὁ ἀριθμός, ὅδε δὲ ἵππου, ὅδ᾽ ἄλλου τινὸς τυγχάνει. (Theophrast, Met. p.312 ed. Brandis) und Nikomachos, ἀριθμ. εἰσαγ. II,6,2 S. 83 der Ausgabe von Hoche: ἢ δὲ φυσικὴ καὶ ἀμέθοδος καὶ διὰ τοῦτο ἁπλουστάτη σημείωσις τῶν ἀριθμῶν εἴη ἂν ἡ τῶν μονάδων τῶν ἐν ἑκάστῳ οὐσῶν παράλληλος ἔκθεσις · οἷον μιᾶς μὲν μονάδος γραφὴ διὰ τοῦ ἑνὸς ἄλφα σημεῖον ἔσται τοῦ ἑνός, κ. τ. λ. Sicherlich dienten auch die Finger zur Veranschaulichung der Zahlen bis Zehn durch blosses Ausstrecken der nöthigen Anzahl derselben. Das Verbum πεμπάζειν (ἀναπεμπάζειν) deutet darauf hin. Ebenso das Moraspiel, das auch bei den alten Griechen nachweisbar ist. S. Marquardt, V, 2 S. 415. Dass in der frühesten Zeit nur diese ursprünglichste Dar-

stellung einer Zahl durch Striche angenommen wurde, sagt Jamblichus
(s. Nesselmann S. 202 Anm. 43 und Cantor m. B. S. 112), ohne dass
wir wissen, mit welchem Grunde. Ein Beispiel allerdings ist in einer
Inschrift auf einem Stein erhalten: ἔτεος ||]||{|]. S. Cantor m. B.
S. 113 und Martin II, S. 285. Als ein mögliches Vorbild kann man
auch die hieroglyphische und auch die phönizische Schreibweise der
Zahlen ansehen, bei der die Zeichen für die Einer, Zehner, Hunderter,
Tausender bis zu 9 wiederholt gesetzt wurden. S. Brugsch, Tafel III,
Pihan S. 25—41 und 162—168.

2) Die Nothwendigkeit auch grössere Zahlen als Zehn darzustellen, führte zu Vereinfachungen, und es sind 4 Arten derselben, die
sich vorfinden,

    1) die Anwendung von Recheninstrumenten,
    2) die Festsetzung bestimmter Biegungen und Stellungen der
        Finger,
    3) der Gebrauch zusammenfassender Zeichen,
    4) die Verwendung der Buchstaben als Zahlzeichen.
Die Anwendung von Ziffern ist strittig.

3) Das Instrument, das die Griechen zum Rechnen anwendeten, hat die Namen ἄβαξ und ἀβάκιον und hatte als Hauptbestandtheil eine Tafel, auf welche Rechensteine, ψῆφοι, so gelegt wurden,
dass man aus ihrer Lage den Zahlenwerth entnehmen konnte. So viel
allein geht aus den Stellen hervor, welche Bekker im Charikles I S.
50—51 angiebt. Wie der Werth der einzelnen Steine bestimmt wurde,
wissen wir nicht. Es sind höchstens Analogieschlüsse von dem römischen Abacus zu machen und da wir dessen Einrichtung genau kennen, so wird bei diesem hierüber das Nähere gesagt werden. Die
salaminische Tafel (s. Cantor m. B. S. 132 und 136—137 und Z.
IX, S. 298) führt über blosse Vermuthungen nicht hinaus, von denen
die wahrscheinlichste noch die ist, dass wagrechte Linien gezogen
waren, auf welche die Rechensteine gelegt wurden. Dies scheint auch
die Stelle im Herodot 2, 36 anzudeuten (Z. IX. S. 299). Nesselmann
(S. 107—108) glaubt, dass die Griechen bald vom Rechnen mit den
ψῆφοι zu dem graphischen übergingen.

4) Ueber das Rechnen mit den Fingern findet sich die umfassendste Zusammenstellung in dem Vortrag Rödiger's. Es ergiebt sich
aus demselben (S. 121), dass diese Art zu rechnen im Alterthum allgemeine Anwendung in allen Schichten der Gesellschaft fand. Da
das älteste erhaltene Schriftwerk darüber die ἔκφρασις δακτυλικοῦ
μέτρου von Nicolaus Smyrnaeus (Artabasda, Rhabda, wohl aus der

Zeit vor dem 8. Jahrh.) ist, so ist es am angemessensten hier noch etwas näher auf diese Art elementarer Rechenkunst einzugehen.

5) Die mit nebeneinander ausgestreckten Fingern (*φυσικῶν ἡπλωμένων καὶ μὴ χωριζομένων ἀπ' ἀλλήλων ἀλλὰ συντημμένων δακτύλων*) gerade aufwärts gehaltene Hand, deren Fläche dem zugewendet wurde, mit dem man rechnete, bildete gleichsam die Tafel für die Operation. Bei dieser unterschied man beim 3. 4. und 5. Finger das *συστέλλειν* von dem mit *ἐκτείνειν* verbundenen *κλίνειν*. Bei ersterem scheinen die Finger so eingebogen worden zu sein, dass das unterste Glied nach aufwärts stand und also die Handfläche von der Fingerspitze nicht berührt wurde, bei letzterem wurde auch das unterste Glied umgelegt, so dass die Fingerspitze auf die Fläche der Hand traf. Man kann jenes kurz mit ein biegen, dieses mit umlegen bezeichnen.

Um nun 1 darzustellen bog man bei der linken Hand den fünften Finger ein, für 2 den vierten und fünften, für 3 den dritten, vierten und fünften, für 4 den dritten und vierten, für 5 den dritten, für 6 den vierten, für 7 legte man den fünften um, für 8 den vierten und fünften, für 9 den dritten, vierten und fünften.

That man das Nämliche mit der rechten Hand, so bedeutete dies 1000 bis 9000.

6) Für 10 bog man an der linken Hand den Zeigefinger zum Daumen, dass sein oberstes Glied an das untere Glied des Daumens sich anlegte und die Gestalt eines (umgestellten) Sigma (*δ*) entstand. Für 20 blieb der Zeigefinger gerade, die anderen Finger wurden ein wenig gegen die Handfläche geneigt und der Daumen zwischen sie und das untere Glied des Zeigefingers gelegt. Für 30 brachte man die Spitzen von Daumen und Zeigefinger zusammen und streckte sie zusammen vorwärts. Für 40 streckte man den Daumen nach Aussen so zurück, dass er über den Zeigefinger wie ein (umgekehrtes) Gamma (¹I) hinausstand. Für 50 legte man den Daumen wie ein Gamma (*Γ*) nach innen an den Ballen (*στῆϑος*) des Zeigefingers. Für 60 geschah dasselbe, wie für 50, nur wurde der Zeigefinger über den Daumen gebogen, dass er mit der Spitze den Ballen des Daumens berührte. Für 70 wurde der Zeigefinger über den Nagelrand des Daumens gelegt, der selbst ausgestreckt blieb. Für 80 wurden die anderen Finger etwas gegen die Hand geneigt, der Daumen über diese und der Zeigefinger über das erste Glied des Daumens gelegt. Für 90 legte man allein den Zeigefinger so, wie es geschieht, wenn man eine Faust bildet.

That man das Nämliche mit der rechten Hand, so bedeutete dies 100 bis 900.

7) So weit reicht der griechische Text, den Nicolaus Caussinus in seinem Werk de eloquentia sacra et humana. Paris 1636. S. 565—568 mittheilt. Rödiger giebt S. 115 nach dem persischen Text des 'Ali Jezdi (gestorben 1446) als Figur für 1000 die Verbindung der Daumenspitze mit der Spitze des zweiten Fingers so, dass die Nägel zusammenstossen. Darnach stellte man also mit der linken Hand alle zwei- und einzifferigen Zahlen dar, mit der rechten alle drei- und vierzifferigen, die an den beiden letzten Stellen Nullen haben, also mit beiden Händen alle Zahlen bis 10000, mit welchen man für den gewöhnlichen Verkehr vollständig ausreichte. Die ganze Art der Figurenbildung, die Vertheilung der 9 Einer und 9 Tausender auf die letzten 3, der 9 Zehner und 9 Hunderter auf die ersten zwei Finger, und auch der Umstand, dass die linke Hand für die am häufigsten vorkommenden Zahlen unter 100 ausreichte, zeigt von eben so viel Sinn für das im Leben Nöthige als von Erfahrung über die Leistungsfähigkeit der Hände. Wieviel Aufmerksamkeit und Uebung aber mochte nöthig sein, bis die Hände die Sicherheit einer Maschine erlangten!

8) Was Beda giebt im liber de loquela per gestum digitorum (Opera, Basileae 1563 col. 171—173), ist im Ganzen für die Zahlen von 1 bis 9000 das Nämliche. Für die Darstellung der 9 Zehntausensender werden noch verschiedene Lagen der linken Hand auf der Brust und den Hüften auf der linken Seite angegeben, für die 9 Hunderttausender dieselben Lagen der rechten Hand auf der rechten Seite. Für eine Million wird als Zeichen das Zusammenfalten der beiden Hände angegeben. In wie weit auch diese letzteren Zahlendarstellungen mit den Händen bei den alten Griechen in Gebrauch waren, dafür fehlt es mir an einem Anhaltspunkt. Beachtenswerth ist die Stelle bei Martianus Capella im 7. Buch, wo er nach der Angabe der vier Reihen (versus) der Einer, Zehner, Hunderter, Tausender, fortfährt: Sed nonnulli Graeci etiam μυρία adiecisse videntur. Mihi vero solus numerus approbatur, qui digitis coercetur (d. h. mit den Fingern dargestellt werden kann), alias quaedam brachiorum contorta saltatio fit. Mit letzterem sind die Darstellungen der Zahlen mit den Händen deutlich genug bezeichnet, und sie waren also am Anfang des 5. Jahrhunderts bekannt; ob auch geübt und von den älteren Griechen geübt, steht dahin. Ein Rechnen, wie es bei der Anwendung der Finger möglich ist, konnte dabei nicht stattfinden, und wozu die blosse Angabe in Zeichen statt in Worten nützen sollte, ist um so weniger zu erkennen, als die Verwendung der Finger dadurch beeinträchtigt war.

9) Die Nothwendigkeit Zahlen aufzuschreiben, musste zu abkür-
zenden Zeichen führen, da die Zahlwörter, wie die Wiederholung
des nämlichen Zeichens (Striches) schon bei nicht sehr grossen Zahlen
zu umständlich und zu wenig übersichtlich sind. Von den verschiedenen Wegen, die man dazu einschlagen konnte, findet sich bei den
ältesten Griechen ein sehr einfacher angewendet, der gleich gut zu
den Wörtern passt, welche die Griechen für die Zahlen hatten und zu
dem Abacus, dessen sie sich bedienten. Sie benützten nämlich für 5
Π den Anfangsbuchstaben von πέντε, für 10 $\varDelta$ (δέκα), für 100 H
(ἑκατόν), für 1000 X (χίλιοι), für 50, 500, 5000 die Verbindung von
Π mit $\varDelta$, H und X der Art, dass diese Buchstaben zwischen die ver-
tikalen Striche von Π angebracht wurden. Wie man dazu kam, gerade 5, 50, 500, 5000 durch besondere Zeichen darzustellen, wird sich
später bei dem römischen Abacus zeigen.

10) Diese Art der Zahlenbezeichnung kannte man zunächst nur
durch den Grammatiker Herodianus (S. Appendix libellorum ad The-
saurum Graecae linguae pertinentium von H. Stephanus, und Nesselmann S. 84—86), der sie in Gesetzen Solons, und in anderen Gesetzen
und Volksbeschlüssen und auf alten Säulen angewendet gesehen zu
haben behauptet. Durch eine ziemliche Zahl von Inschriften ist dies
bestätigt worden. Den Belegen dafür, die Cantor m. B. S. 113 — 114
und in den Noten dazu angiebt, lassen sich noch beifügen: A. Boeckh,
Epigraphisch-chronologische Studien in den Jahrbüchern für classische
Philologie von Fleckeisen, 2. Suppl. 1. Heft. S. 176, die böotische Inschrift ebendort 4. Suppl. 4. Heft. S. 519, die Urkunde, die in den N.
Jhrb. f. Ph. u. Päd. 1860. Bd. 81. S. 251—252 steht, die oben (3) erwähnte salaminische Tafel und die Tafel in Schellings Werken
1. Abth. 9. Bd. nach S. 144, wiewohl auf letzterer keine Zahl über 4
sich findet, also nicht ersichtlich ist, wie bei 5 und den höheren Zahlen wäre geschrieben worden. Die einzelnen Striche stehen zwischen 2
Punktreihen z. B. ⁞ | | ⁞ . Eben diese Zahlzeichen finden sich endlich
neben den gewöhnlichen Zahlbuchstaben auf Herculanischen Pa-
pyrusrollen (s. Ritschl, die Alexandrinischen Bibliotheken S. 99 —
100 und 124 Anm.). Von diesen wäre besonders N. 207 $XXI\varDelta$ merkwürdig, wenn nicht Ritschl in den Berichtigungen es für unsicher erklärt hätte, ob für $I\,X$ oder Π oder $\varDelta$ zu schreiben ist. S. 123 Anm.
erklärt es Ritschl für eine Nothwendigkeit die Zahl $\varDelta\varDelta\varDelta\ldots\Pi I I I$
zu $\varDelta\varDelta\varDelta\varDelta\varDelta\varDelta\Pi I I I$ zu ergänzen. Er muss also Fälle kennen, in
denen 60 durch sechs $\varDelta$, oder 600 durch sechs Π oder ähnliches ge-
schrieben steht.

11) Warum die Griechen diese einfache und leicht auffassbare
Darstellung der Zahlen, an welcher die Römer ohne Aenderung und
nach ihnen die abendländischen Christen solange noch festgehalten
haben, mit einer anderen Schreibweise vertauschten, ist nirgends bestimmt ausgesprochen, man wird aber nicht irre gehen, wenn man als
eigentlichen Grund den wissenschaftlichen Sinn derselben ansieht, der
nach den einfachsten Formen strebt und nicht ablässt, bis er alles
Schleppende und die Leichtigkeit der Darstellung Hemmende beseitigt
hat. Die semitischen Völker, mit denen sie zu verkehren hatten, benützten ihre Buchstaben als Zahlzeichen (s. Nesselmann S. 72—74);
warum sollten sie nicht dasselbe thun, da die bedeutende Abkürzung
beim Schreiben klar zu Tag lag?

12) In welcher Abhängigkeit die Verwendung der griechischen
Buchstaben als Zahlzeichen von der der semitischen und insbesondere
der phönizischen Buchstaben steht, hat Nesselmann S. 74—79 aufs
beste gezeigt und legt auch Cantor, m. B. S. 115—118, dar. Es ergiebt sich daraus, dass bei der Aufnahme des phönizischen Alphabetes
in Griechenland zunächst nur eine Bezeichnung der Zahlen 1 bis 9*),
10, 20 u. s. w. bis 90, 100, 200, 300 und 400 möglich war und die
Zeichen für 500 bis 900 erst durch die Vervollständigung des Alphabets auf griechischem Boden und die weitere eigenmächtige Zuthat
des Sanpi erhalten wurden.

Cantor deutet (m. B. S. 115 oben u. S. 114 nach der Mitte) die
Zeit von 470 bis zur Mitte des 4. Jahrh, vor Chr. als die an, in welcher die neue Bezeichnungsweise mit der früheren zusammen bestand.
Die untere Grenze wird man noch etwas weiter herabrücken müssen,
wenn richtig ist, was Ritschl, die alexandrinischen Bibliotheken S. 90
und 103—104, angiebt, dass nämlich die Anfänge der Stichometrie
in das Bibliothekariat des Kalimachus in Alexandria, c. 248 vor Chr.
zu setzen sind. Da nun in den Herculanischen Papyrus (Ebendort
S. 124 Anm.) die Bücherzahl mit der neuen, d. h. den Zahlbuchstaben, die Stichenzahl mit der alten Bezifferungsart ausgedrückt
ist, und die Stichometrie auch Zeit zu ihrer Verbreitung bedurfte und
Philodemus, von dessen Rhetorik ein Theil sich auf jenem Papyrus
findet, in die Zeit Cicero's fällt (Ebendort S. 126), so darf man wohl
bis ins 1. Jahrh. vor Chr. das Zusammenbestehen der alten und neuen
Weise annehmen. Es kann aber die Verwendung dieser alten Ziffern
später eine eben solche gewesen sein, wie wir heut zu Tage die römischen Ziffern noch anwenden.

---

*) Ueber eine abweichende Form der Ziffer z s. Mommsen, IV. S. 384.

13) Dass die Zahlen unter 1000 gewöhnlich so geschrieben wurden, dass die Hunderter links, die Einer rechts von den Zehnern stehen, ist bekannt, dass wenigstens bei 2 zifferigen Zahlen auch die Einer links von den Zehnern stehen konnten, beweist die Inschrift des Steines, den Otfried Müller auf der Akropolis zu Athen fand. Diese Inschrift ist aber auch dadurch merkwürdig, dass man der Gleichmässigkeit halber Zehner ohne Einer in 10 und den nächst tieferen Zehner zerlegt zu haben scheint, um sämmtliche vorkommende Zahlen mit 2 Buchstaben schreiben zu können. Dies ist wenigstens von Cantor (m. B. S. 124—126) vermuthet worden und auch das Beste, was bisher hierüber gesagt wurde.

14) Von den Zahlen über Tausend bildeten die Zehntausender längere Zeit die Grenze der Zahlen, die man bedurfte; dies lehrt der Gebrauch des Wortes $\mu\nu\varrho\iota\omicron\iota$ für unzählige. Dass aber eben die Zehntausender den Griechen besonders nöthig waren, geht daraus hervor, dass sie für diese eben solche Wörter bildeten, wie für die Tausender und für die Zahl 10000 selbst das Substantivum $\mu\nu\varrho\iota\acute{\alpha}\varsigma$ gebrauchten. Dieser Umstand, dass man nicht sagte $\delta\acute{\epsilon}\varkappa\alpha\ \chi\iota\lambda\iota\acute{\alpha}\delta\epsilon\varsigma$ oder $\delta\epsilon\varkappa\alpha\varkappa\iota\sigma\chi\acute{\iota}\lambda\iota\omicron\iota$, führte auch dazu, dass man nur α bis ϑ durch den unten vorgesetzten Strich *) zu Zeichen der Tausender machte, mit Zehntausend aber eine neue Zahlordnung begann, die der Myriaden, welcher gegenüber die Einer, Zehner, Hunderter und Tausender die erste Zahlordnung der Monaden wurden.

15) Von Geminus zwar, einem Zeitgenossen Cicero's, werden von Heilbronner auch Zeichen, wie μ für 10000, $\varkappa$ für 20000 u. a. angeführt (s. Nesselmann S. 79 Note 23 und Cantor m. B. S. 119) und Martin (II, S. 286) bestätigt die Angabe Heilbronners nach den Ausgaben des Geminus von Pétau und Halma, die dem Pariser Ms. folgten. Es ist aber damit erstlich nicht dargethan, dass Geminus selbst so schrieb, und wenn man auch dieses wahrscheinlich finden kann, so ist es nur ein Beleg, dass ein einzelner Gelehrter eine Vereinfachung im Ausdruck gebrauchte, auf die man allerdings leicht hätte kommen können, aber in Wirklichkeit eben nicht gekommen ist. Der

---

*) Woher mag es Terquem III, S. 47, genommen haben, dass dieser Strich ein iota subscriptum ist? Hultsch I, S. 172 schreibt: Inter omnes constat antiquitus eandem lineolam et maiorem fuisse et iuxta litteram, non infra, positam esse, ut / A, / B, sed eius usus in codicibus quibus usus sum nullum exemplum exstat. Eine andere Abkürzung dieses Striches vor den Buchstaben ist der schräge Strich, der oben vor den Buchstaben auf der Inschrift zu Karisto sich findet, nach Mommsen IV, S. 354 und der Tafel zu dieser Seite.

Grund davon ist nahe liegend. Man schrieb zuerst zu der Anzahl der Myriaden dieses Wort selbst, gerade so wie andere Benennungen, und bedurfte also nur Zeichen für 1 bis 9999, und als man später so grosse Zahlen öfters brauchte und das Bedürfniss der Vereinfachung sich einstellte, war auch diese leicht gefunden, indem man den Buchstaben *M* oder die beiden Buchstaben *Mv*, die man wohl länger schon als Abbreviaturen anwendete, zum blossen Zeichen machte und die Zahl der Myriaden d a r ü b e r schrieb, und endlich auch *M* oder *Mv* wegliess und die Zahlen der Myriaden von denen der Monaden durch einen Punkt trennte. So stellt Nesselmann (S. 80) den Hergang in überzeugender Weise dar. Vgl. auch Hultsch I, S. 173.

16) Dass einzelne Gelehrte andere Wege einschlugen, war möglich, und es hat an sich nichts unglaubwürdiges, wenn Camerarius (s. Nesselmann S. 81. Cantor m. B. S. 120—121) als eine Bezeichnung der Myriaden von 1 bis 9999 2 P u n k t e über der betreffenden Zahl angiebt, als die der *μίριαι μυριάδες* 4 Punkte, als die der *μυριάκις μύριαι μυριάδες* 6 Punkte u. s. w. Dass aber so wirklich von einem griechischen Schriftsteller geschrieben wurde, konnte noch nicht nachgewiesen werden. Stellen in Handschriften, an denen diese Bezeichnungsweise sich findet, giebt Hultsch I S. 173 Note 5 an. Auch Gerhardt giebt in seinem Programme d'invitation a l'examen public du collége royal français, Berlin 1855, S. 19 ein Beispiel aus einer Pariser Handschrift, fügt aber bei, dass dasselbe von dem C o p i s t e n herrührt. In seiner Ausgabe des Rechenbuches des Planudes (Halle 1865) finden sich S. 33 4 und 6 Punkte angewendet, möglicher Weise aber auch hier nur als Abkürzungen, welche der C o p i s t sich erlaubte. Es ist nicht unmöglich, dass die Punkte erst durch die A r a b e r aufkamen, welche als Zeichen für Null auch den Punkt verwendeten. Vgl. Gerhardt an der oben angeführten Stelle S. 9 und Woepcke II, S. 244—246 Anm., welcher letztere die sehr wahrscheinliche Vermuthung ausspricht, dass die Punkte über den (indisch arabischen) Ziffern gebraucht wurden, wenn man die indische Schreibweise in Form eines Tableau darstellen wollte. Von A r c h i m e d e s kennen wir zwar die Oktaden, die er bildete, indem er die Zahlen von 1 bis 10^8 excl. als Monaden und Myriaden d e r e r s t e n Z a h l e n bezeichnete, die von 10^8 bis 10^{16} excl. als die d e r z w e i t e n Z a h l e n u. s. w. und dann wieder die Zahlen von 1 bis $10^{8 \cdot 10^8}$ excl. als Zahlen d e r e r s t e n P e r i o d e, die von $10^{8 \cdot 10^8}$ — $10^{8 \cdot 10^{16}}$ excl. als die der z w e i t e n P e r i o d e u. s. w. (s. Nesselmann S. 122—124), aber von Z e i c h e n, welche er dabei anwendete, wissen wir nichts. Von den Tetraden des A p o l l o n i u s wissen

wir, dass dieser, oder auch erst Pappus (s. Nesselmann S. 127) die einfachen Myriaden mit $M\alpha$, die doppelten mit $M\beta$, die dreifachen mit $M\gamma$ u. s. w. bezeichnete. Er bedurfte also auch nur Zeichen für 1 bis 9999. Ritschl (Die Alexandrinischen Bibliotheken S. 120 Anm.) theilt mit, dass »der Pfälzer Codex der geographi minores die Myriadenzahl ohne beigesetztes M oder μ in vier Punkte einfasst, die Ziffer für die Tausender mit einem Strich auf der linken Seite, ähnlich wie die Borgia'sche Tafel, versieht und die Hunderte, Zehner und Einer, zugleich sie von den Tausenden absondernd, durch einen Querstrich oberhalb verbindet, z. B. $\cdot\dot{B}\cdot$ | $\Gamma\ \overline{\Phi\Pi Z}$ d. i. 23587.«

17) Eine auf Gruppirung von Strichen (S. auf der Tafel Nr. 1.), wie die von Telegraphenarmen, beruhende Schreibweise der Zahlen ist hier zu erwähnen, weil sie Nesselmann (S. 83—84) von der gewöhnlichen Griechischen Manier nicht sehr verschieden findet; nur seien statt der Buchstaben willkürliche Zeichen gewählt. Als Quellen, aus denen die Kunde davon stammt, nennt Nesselmann Noviomagus und Hostus; er kannte aber die Werke von diesen nicht, auf welche Heilbronner sich bezog. Cantor (m. B. S. 166—167) hat das Werk des Hostus, welches Heilbronner meinte, ausfindig gemacht und daraus festgestellt, dass dieser wieder auf Noviomagus sich bezieht, aber gleichfalls ohne Angabe der Schrift desselben, aus der er seine Mittheilung nahm, und Cantor kann in der Note 337 nur 2 Titel von Schriften des Noviomagus anführen, die möglicher Weise die Quelle sein konnten. Doch vermuthet er, dass die in Rede stehenden Zeichen den sogenannten Chaldäern der römischen Kaiserzeit angehören möchten. Martin (II, S. 298) bezweifelt, dass diese Zeichen so alt sind. Ich habe aus der Münchner Hof- und Staats-Bibliothek das Werk des Noviomagus, De numeris libri II, Coloniae M. D. XXXIX, das eine der von Cantor citirten, mir verschaffen können und fand dort im 15. Kap. des 1. Buches die Stelle, auf welche Hostus sich beziehen konnte. Es sind aber dort nur die Zeichen für die 9 Einer, 9 Zehner, die 5 ersten Hunderter und die für 1000 und 1000000 und zwar nur mit dem wagrecht liegenden Grundstrich angegeben und Hostus, der die $\dot{\varepsilon}\nu\nu\varepsilon\grave{\alpha}\varsigma\ \mu o\nu\acute{\alpha}\delta\omega\nu$, $\dot{\varepsilon}\nu\nu\varepsilon\grave{\alpha}\varsigma\ \delta\varepsilon\varkappa\acute{\alpha}\delta\omega\nu$, $\dot{\varepsilon}\varkappa\alpha\tau o\nu\tau\acute{\alpha}\delta\omega\nu$ und $\dot{\varepsilon}\nu\nu\varepsilon\grave{\alpha}\varsigma\ \chi\iota\lambda\iota\acute{\alpha}\delta\omega\nu$, jede vollständig giebt, hat diese Ergänzung selbst beigefügt oder aus einer ähnlichen Schrift, die er nicht nennt, entnommen. Dass er andere Schriften darüber noch kannte, deutet er dadurch an, dass er die Zeichen auch mit senkrechtem Grundstrich giebt und dazu bemerkt: Sed haec linea aliis ubique est erecta. — Joannes Noviomagus nun schreibt über seine Quelle folgendes: Sunt et aliae quaedam notae

quibus Chaldaei et Astrologi quemlibet numerum artificiose et argute describunt, scitu periucundae, quas nobis communicavit Rodolphus Paludanus Noviomagus ... homo certe ad unguem doctus. Eas propter miram atque ingeniosam significationem nolui praeterire. Es ist also noch immer zu ermitteln, woher diese seltsamen Zahlzeichen stammen; vielleicht sind es die Horoskope des Mittelalters, auf denen sie sich nachweisen lassen.

18) Bezüglich der griechischen Darstellungsweise der Zahlen ist nun noch ein Punkt zu erwähnen, der zugleich die Darstellung der Brüche betrifft. Nesselmann (S. 79) bemerkt, dass die Griechen die Buchstaben als Zahlausdrücke, wenn sie überhaupt ein Zeichen machten, durch einen über dieselben gezogenen Horizontalstrich, nicht, wie oft fälschlich bemerkt worden sei, durch einen Acutus unterschieden. Dagegen giebt er (S. 112) an, dass ein Apex gleich einem Acutus einen Bruch mit dem Zähler 1 bedeute, indem man $\gamma' = \frac{1}{3}$, $\delta' = \frac{1}{4}$ u. s. w. schrieb, $\frac{1}{2}$ dagegen mit einem eigenen Zeichen (S. auf der Tafel Nr. 2.) andeutete. Doch sei dies keine allgemein angenommene Bezeichnung gewesen (S. 113), sondern wie man

$\frac{9}{11}$ mit $\overset{\iota\alpha}{\vartheta}$ oder $\overset{-\iota\alpha'}{\vartheta}$ oder, wenigstens in gedruckten Ausgaben, $\overset{-\iota\alpha}{\vartheta}$ schrieb, so schrieb man auch Brüche mit dem Zähler 1.

19) Hultsch, I. S. 172, hat in den Handschriften den Acutus*) bei ganzen Zahlen so häufig gefunden, dass er ihn, der überdies im Druck leichter herzustellen und schöner ist, in seiner Arbeit für diese verwendete. Von den Formen für $\frac{1}{2}$ giebt er S. 173 drei an (S. auf der Tafel Nr. 2) mit dem Bemerken, dass mannichfaltige Umgestaltungen mit diesen Zügen vorgenommen wurden. Ein weiteres besonderes Zeichen theilt er für $\frac{2}{3}$ mit (S. 174. S. auf der Tafel Nr. 2), welches er aus c ς " $= \frac{1}{2} + \frac{1}{6}$ entstanden denkt. Es kann aber auch aus 2 Strichen und der Schleife entstanden sein, mit denen ich in den Handschriften der Geometrie des Pediasimus die Brüche $\frac{1}{3}$, $\frac{1}{4}$, $\frac{1}{5}$, $\frac{1}{6}$ und $\frac{1}{9}$ bezeichnet fand. (Man vergleiche die Figur 130 meiner Ausgabe dieser Geometrie als Programm von Ansbach 1866 und im Verlag von Calvary in Berlin 1867). Die Brüche $\frac{1}{3}$, $\frac{1}{4}$ u. s. w. werden von Hultsch als mit 2 Acuten versehen angegeben und auch so gedruckt, und ist der Zähler grösser als 1, so schreibt er neben den Zähler den Nenner zwei Mal.

---

*) Statt des horizontalen Striches fand Hultsch auch $\frown$ und statt des Acutus ein Zeichen wie π, ersteres in anscheinend älteren, letzteres im ältesten Codex.

20) Letzteres ist Hultsch von Gent in der Zeitschrift für das Gymnasialwesen 20. Jahrg. 1866 S. 129 als »reine Willkür« vorgehalten worden, während gegen γ'' für $\frac{1}{4}$ nur bemerkt wird (S. 128), dass die meisten griechischen Mathematiker γ' schreiben, $\iota\varepsilon'$ aber statt $\overline{\iota\varepsilon}$ oder $\iota\varepsilon$ für 15 »eine Marotte der Grammatiker und Lexikographen« genannt wird*). Hoche in der praefatio seiner Ausgabe des Nikomachos (S. X—XI) erklärt sich gleichfalls gegen die 2 Acute als Bruchzeichen, und glaubt dadurch sicherer zu gehen, dass er die Nenner als Ordinalzahlen auffasst und die Endung, welche das Zahlwort haben würde, beifügt, z. B. $\frac{27}{64} = \varkappa\zeta\ \xi\delta^\alpha$. Aus alle dem ergiebt sich mit ziemlicher Sicherheit, dass die älteste und ältere Schreibweise entweder gar kein Zeichen über die Zahlbuchstaben setzte oder einen horizontalen Strich oder ein dem Circumflex ähnliches Zeichen, d. h. im Grunde einen bequem gezogenen Strich. Eben dieser Zug nach Bequemlichkeit scheint dann später (in welchem Jahrhundert ist noch zu ermitteln; vielleicht erst im 15. Jahrhundert) den Acutus an der Stelle des Striches und in Folge davon 2 Acute als Bruchzeichen eingeführt zu haben. Bezüglich der Brüche, deren Zähler grösser als 1 ist, scheint weder Hultsch noch Hoche den ursprünglichen Gebrauch getroffen zu haben, den Nesselmann (S. 114) aus Diophant ermittelt hat, und der sich in den späteren Handschriften dadurch verloren zu haben scheint, dass die Buchstaben des Nenners, welche wie Exponenten zu schreiben waren (S. oben 18), in gleiche Linie mit denen des Zählers geschrieben wurden. — Schliesslich sei noch erwähnt, dass auf der salaminischen Tafel (S. oben 3 und 10) neben den altgriechischen Zahlzeichen die Buchstaben C (In scriptura C$^{\prime\prime}$ video vestigia vocis $\eta\mu\iota\sigma\nu$. Hultsch I. S. 174) für $\frac{1}{2}$ obolos, T ($\tau\varepsilon\tau\alpha\rho\tau\eta\mu\acute{o}\rho\iota\sigma\nu$ für $\frac{1}{4}$ obolos und X ($\chi\alpha\lambda\varkappa\sigma\tilde{\nu}\varsigma$) für $\frac{1}{8}$ obolos sich finden.

21) Soweit man die griechischen Schriften bis jetzt durchforscht hat, ist das bisher angegebene das Ergebniss bezüglich der Zahlzeichen, nirgends eine Spur vom Gebrauch der Null, nirgends besondere nicht von Buchstaben des gebrauchten Alphabetes ableitbare Ziffern. Es

---

*) Hultsch hat unterdessen in d. N. Jhrbb. f. Ph. u. Päd. 97 Bd. S. 767—770 dargethan, dass er nur der handschriftlichen Ueberlieferung folgte. Dabei giebt er sehr beachtenswerthe Mittheilungen über die Zahlbezeichnungen im Cod. Vaticanus 1038 und bemerkt vorher, dass weitere Forschungen wenigstens das eine sicher ergeben werden, dass nicht ein allgemeines Gesetz für griechische Zahlenbezeichnung aufgestellt werden kann, sondern verschiedene Methoden derselben anzuerkennen sind.

hat an Versuchen nicht gefehlt, die Null bei den Griechen nachzuweisen; Cantor hat (m. B. S. 121—127) dieselben zusammengestellt und ihre Unhaltbarkeit nachgewiesen. Zu bemerken ist dazu nur, dass, was Cantor mit Spezi für den Anfang von γίγνεται gehalten hat, das Zeichen der uncia ist, wie Hultsch I. S. VI dargethan hat. Auch dürfte es am Platze sein, auf die vorzügliche Abhandlung Woepcke's im Journal asiatique 1863 zu verweisen, in welcher derselbe (S. 465—472) nachweist, wie man die Null der alphabetischen Bezeichnung, d. h. die von den Griechen herrührende Abkürzung von οὐδέν, wohl von der Null der Ziffern unterscheiden müsse.

22) Im Gegensatz gegen diese nachweisbaren thatsächlichen Verhältnisse behauptet nun eine Stelle in der sogenannten Geometrie des Boetius (S. 395 — 397), dass die Pythagoriker diverse formatos apices vel caracteres hatten, die sie auf einem abacus mit Columnen zum Multipliciren und Dividiren verwendeten. Die in dieser Stelle mitgetheilten Zahlzeichen haben eine unverkennbare und auch allgemein anerkannte Aehnlichkeit mit unseren gegenwärtigen Ziffern und sind die ältesten Spuren derselben im christlichen Abendland. Es wird darüber später noch zu reden sein. Bezüglich der alten Griechen im eigentlichen Griechenland und in Grossgriechenland ist zu wiederholen, was Nesselmann S. 104 sagt: »Aber gesetzt auch, künftige Forschungen stellten die Echtheit der Stelle bei Boethius und die Bekanntschaft der Pythagoräer mit dem Indisch-Arabischen Ziffernsystem ausser Zweifel, so würde doch dieses Resultat für die Geschichte der Wissenschaft erst bei der Untersuchung über die Verbreitung dieses Systems in Europa zur Zeit des sogenannten Mittelalters Interesse gewinnen. Auf die Fortbildung der Griechen hat diese problematische Kenntniss keinen Einfluss gehabt und für die griechischen Mathematiker ist sie nicht dagewesen.«

23) Dagegen legt Cantor (m. B. S. 231—250) den Alexandrinern den Besitz der 9 Zahlzeichen für 1 bis 9 bei, die nach dem Vorgang des Pythagoras von seinen Schülern aus aller Herren Länder zusammengerafft und zuletzt so zu sagen pythagorisch gestempelt wurden. Der so bedeutende Kenner der Geschichte der Mathematik, Woepcke, findet es (II. S. 54) für sehr wahrscheinlich, dass das christliche Mittelalter von Neupythagoreern aus der Schule von Alexandria in den ersten Jahrhunderten unserer Zeitrechnung jene Zeichen durch den Verkehr mit Indien erhalten haben. Die Bedenken dagegen habe ich in der Zeitschrift für Mathematik und Physik, IX, S. 74—76 und 83—88 angedeutet.

24) Seitdem hat Martin, der schon in der Revue archéologique

1857 eine Untersuchung über den Ursprung unserer Numeration bekannt gab, in den Annali di matem. pubbl. da B. Tortolini 1863 bei Gelegenheit der Besprechung von Cantor's mathematischen Beiträgen auf's neue seine Ansicht dargelegt, wornach die Alexandriner die 9 Zeichen aus Aegypten, und vielleicht aus Asien, im Hinblick auf die symbolischen Erklärungen, die man ihnen geben wollte, wählten (S. 350). Sie bildeten, sagt Martin S. 352, die 9 Zeichen, 5 nach altägyptischen Zeichen, 4 nach einigen semitischen Buchstaben, in der letzten Zeit der alexandrinischen Schule, der des Porphyrius und Jamblichus (3. und 4. Jahrh. nach Chr.) ohne damit der Praxis (welche die 9 griechischen Buchstaben gebrauchte) einen Vortheil zu gewähren, und passten sie ihren symbolischen Ideen an, die sie durch die griechischen Namen dieser Ziffern ausdrückten. In I. S. 597 lässt Martin die Neupythagoreer den Abacus kurze Zeit vor Boetius, etwa in der Zeit des Proklus (5. Jahrh. n. Chr.), in Alexandria bilden. Darnach würden die Alexandriner über ein Jahrhundert lang die Zahlzeichen bereits gehabt haben, ohne sie praktisch zu verwerthen, schliesslich aber doch auf letzteres und damit auf den Abacus mit Columnen gekommen sein. Martin selbst spricht das nicht aus, es ist aber eine Folgerung aus seinen Angaben und was er II. S. 358—360 und 388—389 sagt, spricht wenigstens nicht gegen diese Auffassung.

25) Um das Gewicht dieser Darlegung richtig zu bemessen, muss man vor allen Dingen beachten, dass kein einziger griechischer Schriftsteller irgend etwas über eine derartige Thätigkeit der Alexandriner berichtet, ja auch keine einzige Stelle in einem lateinischen Schriftsteller bis auf die Stelle in der sogenannten Geometrie des Boetius und die Stellen bei den Autoren, welche dieser nachgeschrieben haben. (S. Martin I. S. 596). Es ist auch bis jetzt nirgends erwähnt worden, dass ein arabischer Schriftsteller solches berichtet hätte. Die wenigen Stellen, die ich finden konnte (S. Z. IX. S. 329 — 330) führen auf die alten Griechen Pythagoras, Aristarchos, Hipparchos, Aristippos von Kyrene zurück. (Vgl. 22 am Ende). Wir wissen genug über die Träumereien der Neupythagoreer über die Wirkungen und den Einfluss der Zahlen. Es giebt Stellen, bei denen Gelegenheit, ja fast die Nöthigung vorhanden war, auch über die gebrauchten Zahlzeichen etwas zu sagen. Aber nirgends fand ich wenigstens bisher auch nur die geringste Andeutung darüber. Endlich sollen diese Träumereien auch zur nüchternen, prosaischen Praxis des Multiplicirens und Dividirens geführt haben, aber diese soll nicht bei den Griechen selbst Anklang gefunden haben,

sondern bei den Lateinern (Martin II. S. 360). Wie es bei diesen stand wird sich später zeigen. Für die Griechen ist hier nichts gegeben und es ist nur noch von den Zeichen selbst etwas zu sagen.

26) Als Grund der Zurückführung von 5 unserer Ziffern auf ägyptische giebt Martin an (II. S. 273—274) die Aehnlichkeit der ägyptischen Ziffern für 1, 2, 3, 4 und 9

1) bei den indischen Ziffern der Araber des Orients im 10. Jahrhundert,

2) bei den heutigen Sanskritziffern,

3) bei den Ziffern in den Manuscripten des Boetius,

4) bei den Gobarziffern der Araber des Occidents.

Diese Aehnlichkeit willkürlicher Figuren könne keine zufällige sein. Die genannten 5 Ziffern müssten von einem einzigen Volk erfunden und von diesem zu den anderen übergegangen sein. Dieselben reichten aber in Aegypten in eine Zeit zurück, wo die östlichen Arier noch nicht in Indien angekommen waren. Nach S. 358 hatten die conchitischen Völker in Aethiopien, im Süden Arabiens und an den Südküsten Asiens bis zu den Mündungen des Ganges wahrscheinlich eine Zahlenbezeichnung ähnlich der der alten Aegypter und für 1, 2, 3, 4, 9 ähnliche Ziffern wie diese. Von diesen Couchiten also konnten dann die Inder dieselben Ziffern erhalten.

Dagegen ist zu bemerken, dass die Zeichen für 1, 2 und 3 keine rein willkürlichen können genannt werden. Denn 1 ist eben allenthalben ein senkrechter Strich, und 2 und 3 sind Zusammenziehungen von 2 und 3 wagrechten oder senkrechten Strichen, auf welche jedes Volk für sich kann gekommen sein, wie z. B. bei den Römern das Zeichen für $\frac{1}{6} = \frac{2}{12}$ häufig Z also sehr ähnlich unserem 2 geschrieben wurde. Es bleiben daher als scheinbar willkürliche Zeichen nur die für 4 und 9 übrig, deren Aehnlichkeit aber durchaus nicht so gross ist, dass sie von einer Quelle ausgehen müssten. Dazu kommt, dass 4 das Quadrat von 2 und 9 das von 3 ist, und wenn also für diese beiden Zahlen, 2 und 3, ähnliche Ziffern gebraucht wurden, auch für die Quadrate daraus ähnliche Formen ganz unabhängig von einander entstehen konnten.

27) So lange man nicht den Schlüssel zur Bildung der Zahlzeichen findet, wird die Vergleichung der ähnlichen Ziffern ebenso irre führen, wie in der Etymologie die der ähnlich klingenden Wörter. Bis dahin wird es auch unentschieden bleiben, ob die Inder von den Aegyptern ihre Ziffern kennen gelernt oder unabhängig davon ähnliches gefunden haben. Es bleibt nichts anderes übrig als an die bestehen-

den Thatsachen sich zu halten und diese sind bezüglich der Zifferformen, dass

1) unsere jetzigen Ziffern, die Apices des Boetius und die Gobarziffern der Araber des Westens im wesentlichen dieselben sind,

2) dass die Apices des Boetius bisher nur in Handschriften des 11. Jahrhunderts und in keiner aus früherer Zeit sich finden (S. Z. IX. S. 84.),

3) dass die Araber selbst ihre Ziffern als von den Indern herrührend bezeichnen.

Letztere Behauptung könnte als eine Verwechslung mit dem System der Numeration, welches die Null anwendet, angesehen werden, da Woepcke (Z. IX. S. 80) nur von diesem System behauptet, dass es von den arabischen Schriftstellern einstimmig als aus Indien stammend bezeichnet wird, von den Gobarziffern aber annimmt (Ebendort S. 82), dass sie die Araber von den Lateinern der Berberei erhielten. Aber die Ziffern, welche aus dem 10. Jahrhundert (Ebendort S. 81. Anm.) als indische bekannt sind, sind den Gobarziffern sehr ähnlich. Es gab eine Sage, welche die Gobarziffern auf einen Inder zurückführte (Ebendort S. 85 — 86), und auch Leonardo von Pisa folgte ihr, indem er die Gobarziffern figurae Indorum nannte (S. Woepcke, II. S. 521—522). Die Ziffern, welche in dem Werk des Mohammed ben Musa Alkhârizmi standen, sind leider nicht überliefert, aber Woepcke macht es (II, S. 482 — 483) sehr wahrscheinlich, dass die Gobarziffern eine sehr alte Form der indischen Ziffern sind, wie auch seine ganze Abhandlung darauf hinausgeht, den indischen Ursprung derselben darzuthun. Vgl. Pihan, S. XI. XV — XVII. 207 —209. Eine einzige Stelle theilt Woepcke, II. S. 66—68, mit, welche die Bezeichnung der Gobarziffern als indische für nicht statthaft erklärt, aber auch diese scheint nur die Vermengung der damals bereits von einander gesondert überlieferten Ziffern der Araber des Ostens und der des Westens vorbeugen zu wollen, da sie nur die eine Zifferreihe indische Ziffern, die andere Gobarziffern genannt wissen will. Noch keine Stelle aber ist bisher aufgefunden worden, an der ein Araber gesagt hätte, dass sie die Gobarziffern von den Lateinern erhalten hätten. Diese Ansicht beruht allenthalben, wo sie vorkommt, nur auf dem Schluss aus der Analogie, dass, wie die Araber in den anderen Ländern die dortigen Ziffern, so in der Berberei die Ziffern der Lateiner angenommen hätten. Vgl. Woepcke II, S. 236—239, Martin II, S. 359. Standen aber die Araber zur lateinischen Literatur und Wissenschaft auch wie zu der der übrigen? Wir wissen gerade das Ge-

gentheil, dass sie von derselben fast nichts kannten. S. N. Jahrb.
für Ph. u. Päd. 1863. S. 164 Note 2 und Chwolsohn »die Ssabier.« I.
S. 393. Unter solchen Umständen bedarf es noch immer des Beweises,
dass es auch nur wahrscheinlich ist, dass die Gobarziffern von den Lateinern, resp. den Alexandrinern herrühren.

28) Was die Zukunft noch enthüllen wird, lässt sich nicht bestimmen. Wer hätte z. B. daran gedacht, dass je von den Griechen
Zeichen für die Addition und Subtraktion würden nachgewiesen werden? Brugsch aber theilt S. 31 auf Grund von griechischen Papyrus mit, dass eine lineola obliqua die Addition, ein uncus
semilunari forma die Subtraktion und ein weiteres (die beiden Zeichen
verbindendes?) Zeichen die Totalsumme ($\pi\acute{a}\nu\lambda o\gamma o\nu$, $\pi a\nu\tau\acute{o}\lambda o\gamma o\nu$) bedeute. S. auf der Tafel Nr. 3.

29) Es ist jetzt noch übrig von den Griechen des Mittelalters
im byzantinischen Reich zu reden. Von diesen ist bis jetzt bekannt,
dass ihnen die Buchstaben als Zahlzeichen dienten, und die Zahlzeichen
der Araber des Orients als indische Ziffern erst um das 14. Jahrh.
zu ihnen kamen. Die Belege dafür sind das Scholion des dem 14. Jahrhundert wohl angehörenden Neophytus (S. Boeckh, Berliner Lek-
tionskatalog, Sommersemester 1841 S. VIII. und IX. Note 10, Gerhardt
in dem bei 16 erwähnten Programm S. 19 und Woepcke II, S. 244—
246 Anm.) und das Rechenbuch des Planudes, aus der 1. Hälfte des
14. Jahrhunderts, das Gerhardt 1865 nach Handschriften herausgegeben
hat. Vgl. von dieser Ausgabe S. II und III; ferner Woepcke II, S.
525 — 527. Bei letzterem findet sich auch S. 525 Note 2 die Notiz,
dass nach Halma der indische Calcul sich schon in einem Ms. des 12.
Jahrhunderts finde, worüber mir Näheres noch nicht bekannt wurde.

2) Die Darstellung der Zahlen bei den Römern.

30) Von der einfachsten Darstellung der Zahlen durch blosse
Wiederholung des nämlichen Zeichens (Vgl. oben 1) findet sich bei
den Römern die Spur, dass in dem Heiligthum der Minerva jedes Jahr
ein Nagel eingeschlagen wurde, um die Zahl der Jahre vorzustellen.
Vgl. hierüber Livius 7, 3, aus welcher Stelle zugleich zu ersehen ist,
dass auch die Etrusker diese Sitte hatten. Aehnlich ist das nume-
rare diem lapillo, worüber die Stelle aus Persius (Sat. II, 1) Censorinus de die natali 2, 1 anführt. Vgl. Bentley zu Hor. Od. I, 36, 10. —
Abbo der Commentator des Victorius sagt es gerade zu, dass die La-
tini früher die Zahlen mit lauter einzelnen Strichen schrieben (Z. IX.
S. 315), auf welchen Grund hin, weiss ich nicht. Die Verwendung

2 *

von Strichen zur Darstellung von Zahlen in bestimmten Gruppirungen findet sich bei Boetius inst. arith. II, 4 — 16. — Die Verwendung der Finger, um durch ihre Anzahl eine Zahl auszudrücken, fand bei dem digitis micare statt. Vgl. Marquardt, V, 2. S. 415.

31) Von den Arten der Vereinfachungen (Vgl. 2) finden sich nur 3 angewendet.

1) die Anwendung eines Recheninstrumentes,

2) die Verwendung der Finger,

3) der Gebrauch zusammenfassender Zeichen.

In wieweit die Römer auch ihre Buchstaben als Zahlzeichen anwendeten, lässt sich noch nicht bestimmen, da nur ganz wenige Spuren davon bekannt sind, und auch das Alter von diesen nicht ermittelt ist. In dem Werke Auctores lat. linguae in unum redacti corpus. Notae Dion. Gothofredi 1595 finden sich col. 1479 — 1480 unter der Ueberschrift De numero literarum ex antiquissimo codice die Buchstaben von A bis Z mit Zahlenwerthen verbunden, und ein zweites Mal dieselben Buchstaben mit einem Strich darüber und der Angabe des tausendfachen Werthes von dem in der ersten Reihe angeführten, mit wenigen Ausnahmen, die von Schreibfehlern herzurühren scheinen. Th. Mommsen (Berichte über die Verhandlungen der k. sächs. Gesellschaft der Wissenschaften zu Leipzig 5. Bd. 1853) hat ein solches Zahlenalphabet von E bis Z in einer Berner Handschrift B, 42 f. 191 (S. 97 — 98) und dieselben, welche Putsch S. 1683 — 1685 mittheilt, in der Handschrift von Einsiedeln gefunden (S. 112 — 113). S. 94 — 95 theilt er aus dem Wiener Codex 114 Memorialverse über das Zahlenalphabet mit, die er auch in der Wiener Handschrift 325 fand (S. 108 Note). Terquem theilt bei der Besprechung des Aufsatzes von Mommsen (III, S. 5 — 7), eben diese Verse mit einigen Abweichungen aus dem 1. Theil des general Trattato von Tartaglia (1556, p. 4) mit und spricht S. 9 die Ansicht aus, dass diese Zahlbezeichnungen nur bei Finanzoperationen oder im Handelsverkehr im Privatleben mögen angewendet worden sein. Die Buchstaben unserer Kaufleute und Buchhändler bieten allerdings etwas Aehnliches. Die Einsiedelner Handschrift hat dabei den Titel Item numerus de titulato alfabeto. Sollten damit Zahlbezeichnungen in Aufschriften, gemeint sein? Weiteres vermag ich nicht anzugeben, nur will ich erwähnen, dass ich im Ms. 1127 der Erlanger Universitätsbibliothek die lat. Buchstaben von A bis Z und dazu 4 weitere Zeichen (S. auf der Tafel Nr. 4) für die 9 Einer, 9 Zehner und 9 Hunderter fand, und dass die Memorialverse mit nicht unbedeutenden Abweichungen im Wortlaut bereits gedruckt sind in des Joann. Noviomagus de numeris libri II und zwar im 10. Kapitel des 1. Buches *). Derselbe bemerkt aber dazu am Schluss: Sed ista de fece haurire forte videbimur, quare ad illustriores paulo numeros transeo.

Von den erwähnten Zahlwerthen der lat. Buchstaben sind aber die zu unterscheiden, welche Lachmann, grom. vet. I S. 309, 17—22 mittheilt. Ueber die Verwendung dieser Zahlen steht ebendort 23—25: Has litteras si inveneris in terminibus scriptas, singillatim, vel binas, quantum compotum (Zahlwerth) habuerit, tantum quaeris ab eo in aliud signum.

Zum Theil mit denselben Zahlwerthen, zum Theil mit abweichenden finden sich die lateinischen Buchstaben ebendort S. 358—359.

Anderer Art ist weiter der Gebrauch der Buchstaben in der inst. mus. des Boetius, wie z. B. S. 270 ff. Hier wird zuerst eine bestimmte Zahl mit einem Buchstaben bezeichnet und dann im Folgenden nur dieser genannt, der Kürze wegen.

Endlich kommt ebendort, z. B. S. 285, auch der Gebrauch der Buchstaben als allgemeine Zahlzeichen vor, wie er sich in den Elementen des Euclides findet, z. B. VII, πρότ. 3.

---

*) Da dieses Werk nicht sehr verbreitet ist, so wird es nicht überflüssig sein, die erwähnten Verse mitzutheilen.

Possidet A. numeros quingentos ordine recto	500
Atque trecentos B. per se retinere videtur	300
Non plus quam centum C. litera fertur habere	100
Litera D. velut A. quingentos significabit	500
Litera ducentos E quinquaginta tenebit	250
Sexta quadringentos gerit F. qua differt ab alpha	400
G. quadringentos demonstrans cura patebit	400
H. designatos numeros dat habere ducentos	200
J. C. compar erit centum sibi iure reposcens	100
K. quoque centenos et quinquaginta tenebit	150
L. quinquaginta tibi simpliciter retinebit	50
M. caput est numeri quia mille videtur habere	1000
N. noningentos numerum designat habendum	900
Undenos facit O. sic dinosces numerando	11
P. similem cum G. numerum monstratur habere	400
Q. velut A. cum D. quingentos vult retinere	500
Octingenta dabit R. si quis eam numerarit	800
S. vero septenos numeratim significabit	7
T. tibi centenos et sexaginta tenebit	160
V. semper tibi quinque dabit bene si numerabis	5
X. semper denos numeranti dat retinendos	10
Y. vult centenos et quinquaginta teneri	150
Ultima zeta canit numeros bis mille teneri	2000

Bezüglich des Gebrauches von Ziffern ist auf 22--28 oben zu verweisen. Irgend eine Spur ausser der Geometrie des Boetius findet sich nicht und es kann also weiter erst später davon gesprochen werden. 32) Das Instrument, das die Römer zum Rechnen verwendeten, hat den Namen abacus. 2 Arten desselben sind bekannt, die eine, bei welcher Knöpfchen in Einschnitten verschiebbar waren, die andere, bei welcher Rechensteine, calculi, aufgelegt wurden.

Von der ersteren Art ist eine sehr sorgfältige Abbildung in der Grösse des Originals in M. Velseri opp. Norimb. 1682 S. 422 und 819 gegeben und ich habe dieselbe möglichst genau wiedergegeben auf der V. Tafel der Zeitschrift f. Math. und Phys. IX. Bd. 1864 (Vgl. eben dort S. 299 und auf der Tafel Nr. 21 zu 125). So klein die Erzplatte des Originals war, so reichte sie doch aus zur Darstellung aller ganzen Zahlen von 1 bis 9999999 nebst allen Brüchen mit dem Nenner 12 und den Brüchen $\frac{1}{24}$, $\frac{1}{48}$, $\frac{1}{36}$, $\frac{1}{72}$ und denen, die durch Addition dieser Brüche zu je 2, 3 oder 4 sich bilden lassen. Es dienten dazu 45 Knöpfchen (claviculi) in 19 Einschnitten (alveoli).

Ueber 8 grösseren senkrecht gegen den Rechner stehenden Einschnitten befanden sich 8 kleinere und rechts an der Seite der grösseren 3 kleine Einschnitte untereinander.

Der erste grössere Einschnitt links enthielt 4 Knöpfchen, von denen jedes eine Million bedeutete, der kleine Einschnitt darüber ein Knöpfchen, das 5 Millionen bedeutete; ebenso war es bei den folgenden Einschnitten für die Hunderttausender, Zehntausender, Tausender, Hunderter, Zehner, Einer; im 8. grösseren Einschnitt von links her befanden sich 5 Knöpfchen, von denen jedes eine uncia oder $\frac{1}{12}$ bedeutete, im kleineren Einschnitt darüber ein Knöpfchen, das 6 unciae bedeutete. In dem obersten Einschnitt an der Seite befand sich ein Knöpfchen für $\frac{1}{24}$, im mittleren eines für $\frac{1}{48}$, im untersten 2, jedes für $\frac{1}{72}$.

Es werden wohl andere solche Handabacus andere Einrichtungen gehabt haben, aber sicherlich im Wesentlichen dieselben.

33) Auf die 2. Art wurde der bekannte Vers des Horaz: Laevo suspensi loculos tabulamque lacerto (Sat. 1, 6, 74 u. Ep. 1, 1, 56) lange allein gedeutet, bis C. Fr. Hermann im Marburger Programm 1838 die tabula als Schreibtafel im Allgemeinen und die loculi als Schulränzchen mit seinem bekannten Inhalt erklärte. Wir haben zwar auch von dieser eine Abbildung, aber leider nur eine ungefähre. In C. A. Böttiger's kleinen Schriften, III. Theil, findet sich S. 9—13 auch ein Aufsatz über die Rechentafeln der Alten und dabei zu S. 10 eine Abbildung von dem Obertheil eines marmornen Sarkophages vielleicht

aus der Zeit der Flavier oder deren nächsten Nachfolger (Vgl. Musei Capitolini Tom. IV. Tab. XX.).

»Am Ende des Tischblattes, heisst es dort S. 10, zu den Füssen des liegenden Hausherrn, steht eine männliche Figur, die in der Linken eine länglich viereckige Tafel, die lange schmale Seite nach der Brust zugekehrt, hält und mit der Rechten auf die darauf reihenweise gelegten Rechensteine (calculos, ψήφους) hinzeigt.«

Die länglich viereckige Tafel ist nach der Zeichnung eher ein Kästchen zu nennen, aber ohne Zweifel liegen darauf Rechensteine, leider so unbestimmt, dass man nicht entscheiden kann, ob die Linien, auf denen sie liegen, senkrecht oder wagrecht gegen den Rechnenden zu denken sind. Doch lässt die länglich viereckige Form eher auf wagrechte Linien schliessen. Von den anderen Darstellungen des abacus, welche Marquardt, V, I S. 100 Anm. 530 erwähnt, konnte ich keine zu Gesicht bekommen.

Martin (II. S. 291) giebt für die Umwandlung der verticalen Linien des Abacus in horizontale den sehr wahrscheinlichen Grund an, dass bei einem Instrument, bei dem die Kugeln auf Schnüren laufen, dieses horizontal liegen muss, wenn die Schnüre vertical laufen, während man bei dem Unterrichte vieler Schüler lieber das Instrument vertical an der Wand haben wollte und daher die Schnüre wagrecht anbringen musste. Diess habe man beim Schreiben nachgeahmt. Vielleicht seien aber die wagrechten Linien eine Nachahmung dessen, was von Guido d'Arezzo im XII. Jahrhundert für die Musik geschah. Bezüglich des letzteren Grundes liegt es wohl näher das umgekehrte Verhältniss anzunehmen, zumal als man zugeben wird, dass der erste Grund frühzeitig sich muss geltend gemacht haben. Da wir jedoch hierüber nichts bestimmtes wissen, so soll über diese Art des Abacus mit wagrechten Linien erst später gesprochen werden bei der Zeit, aus welcher er wirklich nachweisbar ist.

34) Es wird vielleicht erwartet, dass noch von einer dritten Art des Abacus, von dem sogenannten Pythagoreischen hier gesprochen wird. Warum ich diess nicht für möglich halte, habe ich in den N. Jhrbb. f. Phil. u. Päd. 1866 8. Heft S. 569—576 dargethan. Es wäre davon hier zu reden, wenn über die Echtheit der Geometrie des Boetius kein Zweifel bestünde. So aber ist hier nur zu sagen, dass diese Geometrie allein aus Manuscripten des 11. Jahrhunderts in ihrer ältesten Gestalt bekannt ist, und vor dem 10. Jahrhundert keine Spur von dem Vorhandensein eines solchen Abacus bei den Römern vorliegt. Es wird also später davon die Rede sein. Dafür sei es gestattet auf den in dieser Geometrie erwähnten Architas zu kommen,

von dem es (Boetius S. 393, 6—8) heisst: Sed iam tempus est ad geometricalis mensae traditionem ab Archita, non sordido huius disciplinae auctore, Latio accommodatam venire, und S. 425, 20—24, reliquum est, ut de unciali et digitali mensura et de punctorum et minutorum ceterisque minutiis, sicut promisimus, dicamus, mirabilem et arti huic ceterisque matheseos disciplinis necessariam figuram, quam Archita praemonstrante didicimus, edituri.

35) In dem Schriftchen Gerbert etc. S. 16 habe ich auf Grund der ganz verschiedenen Redeweise des Verfassers der Geometrie von diesem Architas und der des Boetius von dem Tarentiner Archytas ausgesprochen, dass ersterer von letzterem müsse unterschieden werden. Martin spricht dasselbe aus (I, S. 596), weil Architas nach dem, was in jener Geometrie von ihm gesagt ist, ein lateinischer Geometer gewesen sein muss. Cantor. (m. B. S. 190—193) lässt beide Gründe nicht gelten, sondern nimmt das gleiche Resultat desswegen an, weil von Architas gesagt ist, dass er nach Euclides lebte und der Verfasser der Geometrie, wohl wissend, dass dieser Architas ein anderer ist als der Tarentiner, dem Leser diesen modernen Archytas, der früher noch nicht erwähnt worden war, mit den Worten vorstellt: »ein gar nicht unbedeutender lateinischer Schriftsteller.« Martin (II. S. 303) bleibt bei seinem Beweisgrund, nimmt aber den letzten Grund Cantors noch dazu. Dieser mag nun füglich dahin gestellt bleiben, zumal die Vorstellung etwas anders lautete (S. die oben mitgetheilte Stelle) und auch Euclides (S. 414, 17) in ähnlicher Weise als non segnis geometer prädicirt wird.

Neben diesen Annahmen eines wirklichen Architas steht die Vermuthung von Boeckh (S. Cantor m. B. S. 225), dass der Name des alten Archytas nur fälschlich der Schrift beigelegt worden sei, aus welcher Boetius oder vielmehr der Compilator jenes Anhangs in der Geometrie des Boetius schöpfte, und endlich der Gedanke von Hultsch (N. Jhrbb. f. Phil. u. Päd. 1863. S. 423), dass an Niemand anders als an den alten Pythagoreer Archytas zu denken sei, dessen Name typisch als Vertreter der alten Pythagoreischen Zahlenweisheit bis in jene späte Zeit sich erhalten habe. Die eigenthümliche Fassung der Worte: geometricalis mensae . . . . Latio accommodatam zeuge nur für die Unwissenheit dessen, der im 10. Jahrh. die ganze Auseinandersetzung über den Abacus aus bereits getrübten Quellen compilirte.

36) Mag man nun hierüber denken, wie man will, dies eine ist nach jeder Annahme sicher, dass der Verfasser der ars geometrica, wie ich künftig die Schrift bei Boetius S. 373—428 nennen will, eine

Schrift aus früherer Zeit vor sich hatte, die nicht nur geometrische
Berechnungen, sondern auch Hülfsmittel bei der Ausführung dieser Berechnungen enthielt. Wenn es möglich ist, Stücke von dieser Schrift
in der ars geometrica nachzuweisen, lässt sich vielleicht auch auf die
Zeit der Abfassung und den Grad des Wissens ihres Verfassers schliessen. Ich habe dieses (Gerbert etc. S. 18—19) von der Stelle S. 425,
25—426, 21 versucht und in der Ztschr. f. M. u. Ph. IX. S. 307—312
den Inhalt dieser Stelle ausführlich untersucht und daraus das Ergebniss gewonnen, dass der Inhalt in das Ende des 9. oder den Anfang
des 10. Jahrh. zu gehören scheint, der Verfasser aber ein unwissen-
der Compilator muss gewesen sein.

Cantor (m. B. S. 193 und 223) scheint dagegen nicht abgeneigt,
den Archytas in das 1. Jahrhundert nach Chr. zu setzen, wenigstens
mehrere Jahrhunderte vor Boetius. Martin (II. S. 344) hält dies für
unmöglich, schon wegen des Wortes firmamentum für caelum,
welches das στερέωμα der Septuaginta ist und das erst nach der Einführung des Christenthums als Staatsreligion sich ins Lateinische
könne eingebürgert haben. Soll dieser Beleg gelten, dann muss das
Wort firmamentum von Archytas herrühren, also auch die Stelle 395,
25—396, 6, wovon aber nicht das geringste Anzeichen vorhanden ist.
Wenn noch eine Stelle in Frage kommt, so ist es die auf Seite 396,
6—17. Ich kann die Möglichkeit nicht bestreiten, dass auch dieses Stück mit der Tafel des Abacus, wenigstens mit irgend einer Form
desselben, auf die mit dem Namen Archytas in Verbindung gebrachte
Schrift zurückgeht und also die Tafel der Minutien in einem näheren
Zusammenhang mit der des Abacus steht, als ich in dem Schriftchen
Gerbert etc, S. 18 und 21 zuzugeben vermochte. Damals dachte ich
mir, durch Boeckh bestimmt, den Archytas noch im 1. Jahrh. nach
Chr. Nachdem aber das von ihm d. h. von der unter seinem Namen
gehenden Schrift herrührende Stück in der ars geom. dem 10. Jahrh.
näher gerückt erscheint, kann ich mir auch denken, dass man damals,
angeregt durch das bei den Arabern auftauchende Verfahren der Inder, die Form des röm. Abacus mit Linien und Knöpfchen in eine
geschriebene umzuwandeln versuchte, indem man die Ueberschriften
über den Einschnitten zu Ueberschriften der Columnen machte und
die Zahlen, die man auf die Striche nicht gut schreiben konnte, neben
d. h. zwischen die Striche setzte. Dabei kann die Tradition den Ursprung dieses Abacus gar wohl dem Pythagoras zugeschrieben (Vgl. Z.
X. S. 281—282) und ebenso auch den alten Archytas beigezogen haben. Damit befindet man sich aber bereits auf dem Boden von Spanien und Gallien und zur Anknüpfung an die Alexandriner einer-

seits und der Araber andererseits bedarf man Nordafrika oder die Berberei (Maghreb), und kommt dadurch von den Römern im engeren Sinne ab.

37) Um nun das Ergebniss dieses Excursus über Architas zusammenzufassen, spreche ich meine Ansicht dahin aus, dass ich Martin zur Annahme eines Architas »le jeune« (II, S. 358) nicht folgen kann. Vielmehr will ich dagegen eine Aeusserung von Heinrich Keil in Erlangen vorführen, welcher in den N. Jahrbb. f. Ph. u. Päd. 95 Bd. S. 643 sagt: »(Es) bietet die Litteratur der griechischen Grammatiker Beispiele genug von Büchern mit einem berühmten Namen, in denen Niemand echte Werke des Grammatikers dessen Namen sie tragen sucht, ohne deswegen überall einen gleichnamigen jüngeren Grammatiker unterzuschieben. Nehmen wir nur die grammatischen Schriften Herodians und lassen alles, wobei andere Herodiane in Betracht kommen können, bei Seite. Neben den echten Schriften Herodians trägt manches seinen Namen, von dem einiges Herodianische Lehren mit fremdem Gut gemischt und verunstaltet giebt, anderes schwerlich mehr als den Namen mit ihm gemein hat, wofür wir ihm aber doch nicht sogleich einen neuen Namensgenossen geben.« Dagegen gewinnt mir die Ansicht von Hultsch an Wahrscheinlichkeit, nach welcher Boetius wie Archytas nur die Namen hergeben mussten, die überlieferte ars geometrica aber in das 10. Jahrh. gehört.

38) In Betreff der Darstellung der Zahlen mit den Fingern bei den Römern ist am bessten auf den bereits (4) erwähnten Vortrag von Rödiger zu verweisen. Dort finden sich auch die Stellen aus lat. Classikern angegeben, welche die allgemeine Verbreitung dieses Gebrauches und die Nothwendigkeit der Geübtheit in demselben bezeugen. Dieselben Stellen sprechen auch dafür, dass diese Darstellungen ebenso geschahen, wie sie in 5 bis 7 angegeben wurden. Wie weit auch die in 8 besprochenen Darstellungen mit den Händen altrömisch waren, weiss ich nicht zu sagen.

39) Dagegen kommt man auf andere Arten der Darstellung von Zahlen durch die Finger, wenn man die Aufsätze liest, welche von der Entstehung der Zahlwörter und der römischen Zahlzeichen handeln. Ich kenne davon folgende: Leupold, theatrum arithmetico-geometricum S. 3—4 §. 6 und Taf. III, Fig. I, b, wo die Zeichen IIII, V, VIIII, X, L, C, D, (I) sehr hübsch mit 2 Händen und deren Fingern gezeichnet sind; E. Huschke, die iguvischen Tafeln u. d. ä., in welchem Werke S. 528—530 zu den Fingern der Hände auch die Füsse noch beigezogen werden; Fr. Müller's Bemerkungen über die Zahlwörter in »Orient und Occident« 1862 S. 127 — 132, worin die

einfachste Darstellung der Zahlen durch die Anzahl der Finger vor-
ausgesetzt wird, ähnlich, wie sich eine solche in einem Scholion des
Noviomagus findet (Vgl. Gerbert etc. S. 23. Z. X. S. 251—252). Doch
ist hier alles nur Vermuthung und man wird auch schwerlich über
diesen Stand hinauskommen.

40) Ueber die Entstehung der römischen Zahlzeichen
handeln weiter Nesselmann S. 86 — 90, Cantor m. B. S. 159 — 162.
Auch E. Göbel mag genannt sein, der in der Ztschr. f. d. östr. Gymn.
1856. S. 764 M auf Φ und C auf Θ zurückführt. Besonders beachtenswerth ist, was Mommsen I S. 19—20 und S. 33—34 sagt, woraus
zugleich erhellt, dass die Römer desshalb nicht darauf kommen konnten, ihre Buchstaben so wie die Griechen zu verwenden, weil es ihrem
Alphabet an der dazu nöthigen festen Ordnung von Anfang an fehlte.
Nach Mommsen nun verwendeten die Etrusker für 10 und 100 die
vacant gewordenen Doppelbuchstaben κσ und σσ (S. auf d. Tafel N. 5),
wie die Griechen Koppa, San und Stigma, und nachdem sie sich an-
fangs mit diesen nothwendigsten Ziffern begnügt, fügten sie später
die Zeichen für 5, 50 und 1000 (S. auf der Tafel N. 6) bei, wie O.
Müller vermuthet, nach den Anfangsbuchstaben u χ f der betreffenden
Zahlwörter. Dass nun V nicht die Initiale des Zahlwortes für 5
ist, bringt Mommsen in der Anm. 43 auf S. 43 bei, und nachdem er
bezüglich der römischen Zeichen (S. auf der Tafel N. 7) für 10, 50
und 1000 bemerkt hat, dass sie genau den von den Römern aus dem
Alphabet entfernten Buchstaben für χ, ϑ, φ entsprechen, fügt er selbst
bei, dass freilich unverkennbar zwischen den römischen und etruski-
schen Ziffern eine gewisse Ausgleichung stattgefunden hat, und
weiter, dass er nicht zu sagen wisse, warum V oder Λ für 5
stehe.

Unter solchen Umständen und da auch die Analogie mit den
Griechen nicht zutrifft, weil diese ihr ganzes Alphabet zu Zahlzeichen
benützten und also auch leicht auf den Gedanken kommen konnten,
nicht mehr gebrauchte Buchstaben dafür zu verwenden, während die
Etrusker und Römer ihre Buchstaben nicht als Zahlzeichen gebrauchten und es ihnen daher ferner lag, nicht nöthige Buchstaben so zu
verwenden, unter solchen Umständen also dürfte es das gerathenste
sein, an die Anlässe zu denken, welche die Etrusker und Römer überhaupt haben konnten, Zahlen durch Zeichen darzustellen.

Mit grösster Wahrscheinlichkeit ist dieser Anlass die Vermessung
des Landes durch die Gromatiker gewesen, zu welcher als Messruthe
die pertica oder decempeda diente, und wenn es nun als das natürlichste erscheinen muss, dass man die Stellen von 10 zu 10 Fuss mit

einem Querstrich durch die abzumessende Linie bezeichnete, so liegt
es doch sehr nahe, dass das Zeichen + oder in bequemerer Form ⨉
als das für 10 gewählt wurde, und die Hälfte desselben, nämlich V
oder ⋏ als das Zeichen für 5. Ganz natürlich war es dann weiter die
Einfassung von 10 (S. auf der Tafel N. 8) als Zeichen für 100 zu
nehmen, und die Hälfte davon als Zeichen für 50.

Für 1000 war es am natürlichsten auf 1 zurückzugehen und durch
Einfassung diese neue Einheit ebenso von dem gewöhnlichen 1 zu
unterscheiden, wie das Zeichen für 100 von dem für 10. (S. auf der
Tafel N. 9). Die Hälfte davon gab wieder ein Zeichen für 500.

Frühzeitig jedoch — wann es geschah vermochte ich nicht zu
ermitteln — scheint die naheliegende Abkürzung der Worte centum
und mille für 100 das Zeichen C und für 1000 das Zeichen ⋀⋀, und
nach Augustus M (Mommsen I. S. 30) aufgebracht zu haben. Ein
blosses Fortsetzen des Einfassens und Halbirens ergab die Formen für 10000, 5000, 100000 und 50000 (S. auf der Tafel N. 10).

Ein mehr als 3 maliges Einfassen durch Bögen musste undeut-
lich werden, man ersetzte daher dasselbe durch Einfassung vermittelst
zweier verticaler Striche. Dies zeigen die auf dem oben (32) erwähnten ehernen abacus befindlichen Zeichen (S. auf der Tafel N. 11).
Bei Claude du Molinet, Cabinet de la bibl. de S. Genev. Tab. II
Fig. 1, und bei Leupold theatr. arithm.-geom. S. 8 findet sich das
Zeichen |⨉| *).

Von grossem Interesse war es mir im Rheinischen Museum XXIV,
1 S. 31 von Ritschl die Worte zu lesen: »Wer einer [Hypothese] abgeneigt ist, wird sich entschliessen müssen, die veränderte Gestalt der
Zahlzeichen von aller Analogie der Buchstabenveränderung gänzlich
los zu trennen.« Es bestätigt mir diese Aeusserung, dass es richtiger
ist in den röm. Zahlzeichen keine Buchstaben zu suchen. Auch Ritschl
bemüht sich ebendort S. 12—13 erfolglos den Zusammenhang mit den
Buchstaben klar zu machen.

41) Für das Anschreiben von 3000 und 4000, 8000 und 9000
und ebenso für die entsprechenden Zehntausender und Hunderttausender war die Wiederholung der Zeichen mit den Bögen um das Zeichen
für 1 allzulästig, als dass man nicht ein anderes Mittel der Darstellung hätte suchen müssen. Als das nächste Auskunftsmittel bot

---

*) Keil giebt in seiner Ausgabe der Prisciani opera minora 1860 für 500000
das Zeichen q' d. h. den Buchstaben q für quingenta und den Apostroph für
milia, und für 1 Million ((I))

schon die Sprache die Wiederholung der Zeichen für die Einer, Zehner
und Hunderter auch für die der Tausender dar. Die Beschreibung des Wortes milia, oder, wenn keine Zahlen unter Tausend vorhanden waren, die
Beisetzung von M als Abkürzung von milia, deuteten genügend an,
wie die Zeichen zu nehmen waren. So steht bei Cic. fragm. ed. Klotz
S. 288 §. 53 XII milia DCCCCLIV. Beispiele für M am Ende geben
Nesselmann S. 90 und Marquardt III, 2 S. 33. Dafür, dass ein blosses M auch dann steht, wenn kleinere Zahlen noch darauffolgen, weiss
ich jetzt nur anzuführen die Stelle bei Cic. fragm. ed. Klotz. S. 288.
§. 54. XIIMDCCCCLIV und das Citat aus dritter Hand DCC. M.
XXVII bei Nesselmann S. 90 Anm. 37. Herr Rektor v. Jan, von dem
ich wiederholt freundlichste Auskunft über die Zahlausdrücke bei Plinius auf meine Bitte erhielt, hält diese Schreibweise auch nicht für
richtig. Dagegen scheint frühzeitig als Zeichen für die Tausender der
horizontale Strich über den Zahlzeichen verwendet worden zu
sein, wenn es auch längere Zeit gebraucht hat, bis man auch $\overline{\text{I}}$ statt
M schrieb. Dass auch ein Häkchen ‘, seltener ’, die Tausender bezeichnete, theilt Mommsen IV, S. 47 mit. Wenn aber Marquardt III,
2 S. 32 Anm. 161 angiebt, dass in dem aus einem Pariser Codex mitgetheilten fragmentum mathematicum bei Bredow, epist. Paris. Lips.
1812 S. 221 die Tausender durch 2 Striche bezeichnet seien, z. B.
II $\overline{\text{D}}$ = 2500, so ist das ein Versehen. Denn das Facsimile des Codex hat diese Striche nicht, und ausdrücklich heisst es S. 222: 700,000
scribitur a Romanis $\overline{\text{DCC}}$: sed omissae sunt lineolae in mem-
branis.

Endlich bemerkt Nesselmann S. 90, dass M wohl auch ausge-
lassen worden sei und ein Punkt zwischen den Tausendern und den
niederen Zahlen die Stelle vertreten habe. Es scheint jedoch nur ein
Schreibversehen oder auch Bequemlichkeit oder Unachtsamkeit gewesen zu sein, dass man das eigentliche Zeichen für die Tausender wegliess, denn die Punkte finden sich bei jeder Zahl vor und nach ihr
und auch oft zwischen den Hundertern und Zehnern, oder Einern, um
sie besser von den Worten zu unterscheiden und sie selbst übersicht-
licher zu machen. Ebenso wenig ist eine multiplicative Methode
in allen diesen Abkürzungen zu sehen, da sie ja alle nur die Stelle
des Wortes milia vertreten und die Zahlen vor diesem Wort ganz in
derselben Weise stehen, wie vor jedem anderen Substantivum.

42) Für grössere Zahlen ergab sich eine ähnliche Abkürzung
von centena milia oder nur centena, wenn noch andere Tausender
folgten. Man hatte dafür als Zeichen zwei senkrechte Striche

zu beiden Seiten der Zahl der Hunderttausender, die oberhalb der Zahl mit dem horizontalen Strich der Tausender verbunden wurden. Doch that man dieses nur bei 1 Million und den Zahlen darüber hinaus. Vgl. Marquardt III, 2 S. 32, insbesondere Anm. 161 und V, 1 S. 98 Anm. 522, wo besonders der Nachweis der verschiedenen Stellenvertheilung in der nämlichen Urkunde, nämlich undeciens LVIII . CL $= 11,58$, 150 und $\overline{X}|CLX\overline{\overline{X}}X$ DC $= 1,180,600$ zu beachten ist. Es ist also bei den Zahlformen aus Plinius, die Nesselmann S. 90 und Cantor S. 164 besprechen, an keine Verhundertfachung durch einen Punkt zu denken, sondern statt . XVI . XX . DCCCXXIX muss . |XVI| . $\overline{XX}$. DCCCXXIX geschrieben stehen, wie es sich im Bamberger Codex auch findet. Da man aber beim Aussprechen die Zahladverbien für die Millionen anwendete (Plin. hist. nat. 33, 10), so konnte als Abkürzung für sedecies oder sedeciens auch XVIes oder XVIens von einem Copisten geschrieben werden und daraus das blosse XVI entstehen, wie man auch XHS für decies HS oder HS $\overline{|X|}$ schreiben konnte. Wurde milia geschrieben, so konnte für die Hunderttausender auch der einfache Strich genügen, wie z. B. Hultsch II. S. 34 $\overline{L}$ DCCLX milia für quinquagies centena septingena sexagena milia erklärt, wobei jedoch zur Vermeidung der Zweideutigkeit besser septingenta sexaginta geschrieben stünde. Uebrigens hält v. Jan diese Art der Bezeichnung der Hunderttausender, die man durch Sillig's und auch seine eigene Ausgabe von Plinius bestätigt sehen könnte, nicht für richtig, und er zieht selbst die Einfassung durch 2 Striche an der Seite, wie sie Detlefsen hat, jetzt vor.

Noch mehr sind mir die anderen Zahlformen bei Plinius, in welchen der horizontale Strich verhundertfachen soll, als echt römische Zahlformen sehr zweifelhaft geworden. Ich habe auf die scharfsinnige Erklärung Martin's II S. 295 — 297 in den Blättern für das Bayerische Gymnasialschulwesen II S. 174 — 175 aufmerksam gemacht, wornach für alle die Zahlausdrücke, welche aus 2 oder mehreren Abtheilungen bestehen und bei denen die Abtheilung zur Rechten ihrer einfachen Bedeutung nach zu nehmen ist, folgende Regel bestünde: Wenn die Abtheilung zur Rechten Hunderter enthält, so ist die Abtheilung zur Linken tausendfach zu nehmen, wenn aber jene nur Zehner und Einer enthält, dann ist diese nur hundertfach zu nehmen. Ich konnte damals keine zustimmende oder abweisende Bemerkung dazu machen. Bei der näheren Betrachtung der römischen Zahlzeichen aber kann ich einerseits es nicht für möglich halten, dass Plinius eine vom gewöhnlichen Gebrauch abweichende Schreibweise anwendete, ohne auch nur ein Wort davon zu sagen, andererseits sehe ich aber auch nicht ab, wie ein Römer XXIV . XXV $=$ 2425 hat lesen und aussprechen können, da ich centenus in der Bedeutung Hunderter erst seit dem X. Jahrhundert nachweisbar finde. Martianus Capella sagt im 7. Buch §. 746 Fines ergo vel limites mihi sunt Monas, Decas, Ecatontas et mille. Ich habe in dem Bullettino di bibliografia e di storia delle sc. matem. e fis. Roma 1868 Tom. I S. 48—49 auf diesen Umstand aufmerksam gemacht und den Wunsch ausgesprochen, dass sich Jemand finden möge, der nicht nur die echten Zahlen bei Plinius einsetzt, sondern dieselben auch in den echten Zeichen. Nachdem mir der Anfang der Ausgabe des Plinius von Detlefsen bekannt wurde, scheint mir die Erfüllung dieses Wunsches bereits begonnen zu haben.

43) Es dürfte hier die passendste Stelle sein auch von den Feuersignalen der Römer zu reden, weil bei diesen durch die Stellung gleichfalls eine Verhundertfachung und auch eine Verzehnfachung der 9 Einer vorzukommen scheint. Cantor hat, m. B. S. 165 —165, eine Uebersetzung der griech. Stelle (Veterum Mathematicorum opera. Paris 1693. p. 315) geliefert, die nicht ganz dem Original entspricht. Er übersetzt πάντα ὅσα καὶ βοίλονται durch »alle Zahlen« und nimmt sich dadurch von vornherein die Möglichkeit des richtigen Verständnisses der Stelle. Nicht Zahlen, sondern Worte telegraphirten die Römer und zwar mit griechischen Buchstaben und mit diesen natürlich »alles, was sie wollten.«

Die nöthigen Verbesserungen des griechischen Textes und eine lat. Uebersetzung desselben, habe ich in dem oben erwähnten Bullettino S. 49 und 50 gegeben. Ich will hier eine deutsche Uebersetzung einschalten: »Ausserdem unternehmen die Römer etwas für mich sehr staunenswerthes. Sie drücken nämlich, was sie nur wollen, durch Feuerzeichen aus. Dies thun sie in folgender Weise: Sie bestimmen drei Plätze, die sich für Feuerzeichen eignen, den einen zur Rechten, den anderen zur Linken, den dritten in der Mitte. Auf diese vertheilen sie die Buchstaben so, dass α bis ϑ auf den linken, ι bis π auf den mittleren, ρ bis ω auf den rechten Platz kommen. Wenn sie nun α ausdrücken wollen, lassen sie links ein Feuerzeichen aufleuchten, wenn β, zwei, wenn γ, drei u. s. w. Wenn sie aber ι ausdrücken wollen, geben sie in der Mitte ein Zeichen, wenn λ, drei u. s. w. Ebenso geben sie, wenn sie ρ ausdrücken wollen, rechts ein Zeichen, wenn σ, zwei, wenn τ drei u. s. f. Dies thun sie, um der Nothwendigkeit auszuweichen, so oft mal die Zeichen zu geben, als eigentlich die Buchstaben bedeuten. Denn wenn sie ρ ausdrücken wollen, geben sie das Zeichen nicht hundert Mal, sondern, wie gesagt, nur ein Mal rechts. So verfahren sie aber nach Verabredung unter sich. Die Einen geben die Nachricht in Zeichen, die anderen nehmen dieselbe in Empfang, schreiben die ausgedrückten Buchstaben auf, lesen die Worte, und geben sie weiter an die nach ihnen dazu Aufgestellten, und diese übergeben sie den Folgenden bis zu den letzten, welche Zeichen zu geben haben.«

Es wird also allerdings an Stelle einer zehn- und hundertfachen Wiederholung desselben Zeichens, die einmalige Vornahme desselben gesetzt und zwar durch Anwendung eines anderen Ortes. Dass aber hieraus für das Anschreiben der Zahlen bei den Römern gar nichts folgt, hat Martin, I. S. 600, richtig gesehen. Man beachte auch, dass zwar die griechischen Buchstaben nach ihrem Zahlenwerth dabei in Betracht kommen, aber doch nur, um sie als Buchstaben deutlich zu machen, und ferner, dass es nur 3 mal acht Buchstaben sind, die zur Anwendung kommen.

44) Es läge nun nahe über die Zeichen zu reden, welche für die Millionen selbst, ohne Zurückführung auf die Hunderttausender, und für die höheren Potenzen von 10 gebraucht wurden und von denen einige bereits oben (40 am Ende und in der Anm.) mitgetheilt wurden. Da sich aber die übrigen erst auf den Abacustafeln des 10. Jahrhunderts nachweisen lassen, so soll von ihnen später die Rede sein. Dafür ist eine Eigenthümlichkeit zu erwähnen, die nur bei den Römern sich nachweisen lässt (S. Cantor, m. B. S. 156 aber auch das oben (10) von den Zahlzeichen und den .Herculanischen Papyrus bemerkte), nämlich die subtraktive Bedeutung der Zeichen für kleinere Zahlen auf der linken Seite von den nächst oder zweitnächst grösseren; ich meine die Formen IV, IX, XL, XC, CD, zu denen Cantor (S. 158) noch IIX für 8, aber als Seltenheit nennt. Aus dem Werk Auctores lat. linguae in unum redacti corpus. Notae Dion. Gothofredi 1595 habe ich mir folgende Formen *) bemerkt: col. 1513 XIIX = 18, IX . I = 19, col. 1526 XXIIX = 28, col. 1549 IIX = 8, XIIX = 18, XXC = 80, und aus Sertorius Ursatus de notis Rom. bei Graevius thes. ant. rom. Vol. XI col. 790 C : IXIX = 18 und IXXI = 18. Weitere Ausdrücke siehe auf der Tafel N. 12). Varro de re rust. S. 129 ed. Bip. steht: XXCIX = 89. Hultsch, II S. VIII, 117 bringt aus dem plebiscitum des Silianus und aus anderen Inschriften die Formen IIL, IIX, XIIX, XXIIX bei.

---

*) Notae antiquitus magis quam nunc usurpatae ist dazu bemerkt.

Der Gedanke von Huschke, S. 529, dass diese Art der Darstellung mit auguralen Ansichten zusammenhänge und die günstige Seite additiv, die ungünstige subtraktiv wirkend gedacht sei, hat vieles für sich, es kommt aber darauf an, wie alt diese Darstellungsweise ist. Die älteren Handschriften geben 4 durch IIII und 9 durch VIIII u. s. w. Huschke S. 595. Anm. behauptet, dass IV erst sehr spät vorkomme und schon Noviomagus, de numeris I, 8 und 11 trennt IV von IX, XL u. ä. als eine Form, welche die Alten nicht anwendeten. Es könnte also diese Art erst später zur Bequemlichkeit des Anschreibens aufgebracht worden sein und es lässt sich nicht leugnen, dass die Sprache durch ihr undeviginti u. a. dies recht nahe legte. Näheres habe ich nicht ausfindig machen können.

Einem ähnlichen Verlangen abzukürzen verdankt wohl die Form Ꝺ für 6 ihre Entstehung, die, wie ich glaube, nur eine bequeme Schreibweise für VI ist. Lachmann wendet sie in seiner Ausgabe der grom. vet. an, z. B. 209, 10. 19. 212, 7. 214, 7. 224, 8. 300, 8. Hultsch (II, S. VI) führt dieselbe aus 2 vetustissimis libris, einem cod. Petropolitanus 207 und einem liber Isidori (cod. Guelferbytanus Weissenb. 64 saec. VIII? S. XVI) an. In der Diplomatik einiger Benediktiner von der Congregation des heil. Mauri finde ich (S. 68 der Uebersetzung, Erfurt 1767), dass dieses Zeichen, welches jene für das Episemon ς der Griechen hielten, seit dem 5. Jahrhundert in den lat. Handschriften üblich war. Von einer Münze aus dem 6. Jahrh., welche dieses Zeichen trägt, spricht Alemannus in seinen notae in hist. arc. Procopii (S. 391 im corp. script. hist. Byz. Vol. III. Bonn 1838).

45) Eine andere merkwürdige Thatsache ist, dass die Römer frühzeitig besondere Zeichen und Namen für bestimmte Brüche hatten. Es beweist sich dadurch ihr Sinn für das praktische Leben, wie er in gleicher Weise bei den alten Aegyptern sich fand, bei denen die Brüche mit dem Zähler 1 eine grosse Rolle spielen *). Zu beachten ist auch, dass bei diesen Brüchen das Duodecimalsystem sich findet, wie bei den attischen Rechnungen mit Drachmen zu 6

---

*) Man vergleiche hierüber Lepsius in der Zeitschrift für ägyptische Sprache und Alterthumskunde 1865. Dec. S. 101—110. Brugsch ebendort 1865 Aug. S. 65—70 (Gelegentlich sei hier bemerkt, dass die mühsamen Wendungen S. 68, um $\frac{1}{4}$ aus $\frac{1}{2}$ $\frac{1}{4}$ durch eine überdies unrichtige Rechnung herauszubringen, durch das einfache $\frac{1}{2}$. $\frac{1}{2}$ d. h. die Hälfte von $\frac{1}{2}$ sich ersetzen lassen; doch weiss ich nicht, ob die Hieroglyphen diese einfache Erklärung zulassen.) und in der Schrift numer. ap. vet. Aegypt. demot. doctr. S. 14—25. S. 30 und Taf. II. Pihan S. 33. und 38—39.

oboli und 12 dimidii oboli (S. Brugsch S. 14) und man wird dadurch
sofort an die auffallende Aehnlichkeit der römischen Zahlzeichen und
der Verwendung von 5, 50 u. s. w. dabei mit den altgriechischen,
oben (9) erwähnten erinnert, eine Aehnlichkeit, die höchst wahrscheinlich ihren Grund hat in dem ebenso von den alten Griechen wie von
den Etruskern und Römern gebrauchten Abacus mit Linien (Vgl. 3).
Völlig stimmt dazu, dass auf dem römischen Abacus (Vgl. 32) die unciae,
die semiuncia, der sicilicus (= $\frac{1}{7}$ uncia), die sextula (= $\frac{1}{6}$ uncia) besondere Einschnitte und Zeichen haben, und auf der salaminischen Ta-
fel (Vgl. 3. 10. 20) die Zeichen und sehr wahrscheinlich auch die Li-
nien für $\frac{1}{2}$ obolus, $\frac{1}{4}$ obolus und den $\chi\alpha\lambda\kappa o\tilde{v}\varsigma$ = $\frac{1}{8}$ obolus dargestellt sind.

46) Zunächst giebt allerdings die Einführung solcher Namen für
Theile eines Ganzen und auch die von Zeichen dafür kein Recht von
einer Bruchrechnung zu sprechen. Wenn man mit Kreuzern und
Pfennigen, mit Loth und Quint, Zoll, Linien, Minuten, Secunden u. ä.
rechnet und auch die Zeichen xr., dl., ' " u. ä. gebraucht, hat man
keine Bruchrechnung, sondern eine Rechnung mit ganzen Zahlen.
Wird aber Name und Zeichen für einen bestimmten Theil eines beliebigen Ganzen gebraucht, dann wird das Wort ein abstrakter
Zahlbegriff und das Zeichen ein allgemeines Zahlzeichen. Dies
geschah aber bei den Römern mit dem as und seinen Theilen. Es ist
auf das bestimmteste ausgesprochen, dass as jedes Ganze als Eins
darstellt. Balbus ad Celsum de asse 1 sagt: quidquid unum est, assem
ratiocinatores vocant (s. Hultsch M. S. 111. Anm. 3. Marquardt III, 2
S. 42—44). Im calculus des Victorius heisst es unitas assis vocatur
(s. Christ in den Sitzungsberichten der Akademie zu München 1863
S. 133); daher der Ausdruck in assem und in asse = auf eine Person
oder Sache gegenüber irgend einem Vielfachen, das erwähnt ist; z. B.
bei Columella II S. 88 und 89. III, S. 115 ed. Bip.

Dass ebenso die Theile des as als allgemeine Zahlbegriffe angewendet wurden, dafür giebt es allenthalben Belege. So steht Cic.
ad Att. 4, 15, 7 Fenus ex triente . . . . factum erat bessibus.
Liv. 5, 24, 4 heisst es terna iugera et septunces, 6, 16, 6 bina
iugera et semisses agri. Columella II S. 65 ed. Bip. ist dodrans
und quadrans von $\frac{3}{4}$ und $\frac{1}{4}$ eines Arbeitstages gebraucht. Belege
für Längenmasse giebt Hultsch, M. S. 61. Anm. 5, wo auch Beispiele
von einem ähnlichen Gebrauch von dupondius für 2, sestertius
für 2½ sich finden. Vgl. S. 113 Anm. 12 und 13. Allbekannt ist die
Anwendung dieser Namen der Theile des as in der Bruchrechnung
aus der ars poetica v. 325—330. Wird daher der Name eines Theiles

einer Sache als ein Theil von as bezeichnet oder als ein Theil eines
Theiles desselben, dann hat es Wahrscheinlichkeit für sich, dass dieser
als abstrakte Bruchzahl in der Bruchrechnung seine Verwendung fand.

Die Namen und Zeichen für as und seine Theile siehe auf
der Tafel unter N. 13. Man sieht daraus, dass man die unciae wie
die asses behandelte, nur gebrauchte man Punkte oder legte die
Striche horizontal, während die für die Asse vertikal stehen.
Wiederum ganz entsprechend dem abacus ging man nicht bis 5 sondern bis 6 und wählte dafür als abkürzendes Zeichen den Anfangsbuchstaben von semis. Dass dies schon von den Umbrern geschehen
zu sein scheint, sagt Huschke S. 531. Nicht alle diese Namen und
Zeichen waren aber gleich gebräuchlich; so macht Ernesti in seinen
initia doctrinae solidioris Lips. 1758 S. 841 mit Recht darauf aufmerksam, dass man im gewöhnlichen Leben statt decunx semis et triens
d. h. statt $\frac{10}{12}$, $\frac{1}{2}$ und $\frac{1}{3}$ sagte. (S. Keller im Württemberger Correspon-
denzblatt 1866 N. 3. S. 67).

47) Wie weit die Römer in dieser eigenthümlichen Art von
Bruchrechnung gingen, darüber habe ich eine kurze Darlegung in Z.
IX, S. 308—309 versucht. Ich habe dort, wie es scheint, zu enge
Grenzen gezogen. Auf Grund der inzwischen erschienenen Werke von
Hultsch, metrol. script. rell. und Olleris, Oeuvres de Gerbert, in welche
S. 357—400 das Werk des Bernelinus aufgenommen ist, zu dessen 4.
Buch der calculus des Victorius benützt ist, will ich mit Beiziehung
dessen, was ich selbst noch weiter fand, nun eine eingehendere Dar-
legung geben.

48) In seiner Metrologie sagt Hultsch S. 111. Anm. 6: »Varro
»a. a. O. (de l. L. 5, 171 f.) kennt nur die semuncia und die sextula,
»letztere bezeichnet er ausdrücklich als den kleinsten Theil des As:
»assis (zu lesen für aeris) minima pars sextula. Die übrigen oben ge-
»nannten Theile fügen Balbus de asse §. 15, Volusius §. 27 ff. Anthol.
»Lat. N. 1067 hinzu.« In I S. 67 Anm. 4 aber macht er die Bemerkung »et sicilico et sextula et scripulo ex eo ipso tempore quo primum
argentum signaverunt Romanos in ponderationibus uti coepisse existimo.«
Christ knüpft daran in den N. Jhrbb. f. Ph. und Päd. 91. Bd. S. 435
die Behauptung: »Der älteste römische Denar betrug $\frac{1}{2}$ Unze und
»das entsprechende Viertel einen Scrupel und diese Gewichte führten
»die Einführung der sextula und des scriptulum in die römische
»Bruchrechnung herbei.«

Dass dies richtig ist, und dass Varro (114—26 vor Chr.) nicht
nur die sextula als Bruchbezeichnung kannte, ergiebt sich auf's
klarste aus der Stelle de re rustica I, 10, welche auch Hultsch II,

S. 52, 7—14 mittheilt: iugeri pars minima dicitur scripulum . . . . ab hoc principio mensores nonnumquam dicunt in subsicivum esse unciam agri aut sextantem aut quid aliud, cum ad iugerum pervenerunt, quod habet iugerum scriptula CCLXXXVIII, quantum as antiquos noster ante bellum Punicum pendebat. Es ist hier deutlich genug das scriptulum der uncia und dem sextans gleichgestellt und als $\frac{1}{288}$ des alten as bezeichnet, so dass nicht länger gezweifelt werden kann, dass Varro als kleinste jener Bruchzahlen, die von dem as als Einheit ausgehen, das scriptulum kannte. In eben diesem Sinn ist auch das scripulum bei Cicero ad Att. 4, 16, 13 zu nehmen und nicht blos als eine allgemeine Bezeichnung für eine geringe Masse ohne bestimmten Zahlenwerth, wie ich in der oben erwähnten Stelle noch meinte. Wenn daher Varro sagt aeris minima pars sextula, so meint er damit die Theile des aes gegenüber dem argentum, und es ist also die Ersetzung des aeris durch assis, die Hultsch vornehmen will, nicht zulässig. Es stimmt dazu, dass auf dem röm. Abacus (s. 32 und 45) die sextula als der kleinste dargestellte Bruch erscheint.

Für die Rechnung mit dem Silber nennt Varro nicht nur den denarius, quinarius und sestertius sondern auch die besonderen dafür gebräuchlichen Bruchtheile, die libella $= \frac{1}{10}$ denarius, die sembella $= \frac{1}{2}$ libella und den teruncius $= \frac{1}{4}$ libella, wie tres unciae $= \frac{1}{4}$ as. Hultsch, M. S. 207. Anm. 21, weist aus dem Ausdruck heres ex libella für den Zehntelerben (Cic. ad Att. 7, 2, 3: fecit palam te ex libella, me ex teruncio) nach, wie sehr diese Bezeichnung auch in den gewöhnlichen Sprachgebrauch überging, wofür sich auch weitere Beispiele noch finden, die in den lat. Wörterbüchern angegeben sind. Ebendort S. 111 Anm. 5 setzt aber Hultsch den teruncius gleich dem quadrans, was zu dem obigen nur stimmen würde, wenn ihm der heres ex libella = heres ex asse wäre. Näheres wird sich weiter unten aus der Schrift des Maecianus ergeben. Hier ist zunächst anzufügen, dass die Bruchrechnung zur Zeit Varro's ausser den oben genannten noch folgende Brüche umfasste: semuncia, sicilicus, sextula, dimidia sextula, scriptulum. Vgl. Hultsch II S. XXV —XXVIII. Die Zeichen siehe auf der Tafel unter N. 14. Was das Zeichen für semuncia auf dem römischen Abacus betrifft, so ist es höchst wahrscheinlich das für $\frac{1}{2}$, da der Einschnitt für die unciae daneben sich befindet, also eine Verwechslung mit $\frac{1}{2}$ as nicht zu besorgen war.

49) Vitruvius (c. 50 vor Chr.) bietet in seinem Werk de architectura besonders im 15. und 17. Kapitel des 10. Buches viele Brüche, aber leider haben auch die neuesten Herausgeber Rose und

Müller-Strübing (Lips. 1867) die dortigen Räthsel nicht zu entziffern vermocht, sondern sich begnügen müssen, die Zeichen wiederzugeben, welche die beiden wichtigsten Handschriften, der codex Harleianus aus dem IX. und der codex Gudianus aus dem XI. Jahrhundert enthalten. Aber auch diese scheinen nicht ganz genau wiedergegeben, da die Buchstaben T, K, F, Z, C, A, Ξ, Γ, die Ziffer 9 und das in 44 erwähnte Zeichen für 6 dafür gedruckt sind, welche zwar bekannten Zahlzeichen ähnlich sehen *), aber nicht identisch mit ihnen sind.

Die Beiziehung von Reber's Uebersetzung (Stuttgart 1865) hilft über die Schwierigkeiten nicht hinweg, vielmehr überzeugt man sich bald, dass die dort angegebenen Zahlen zur handschriftlichen Ueberlieferung nicht stimmen; insbesondere ist es durch diese ausser Zweifel gestellt, dass die S. 334 §. 3 von der Grösse des Spannloches für verschiedene Gewichte der Schleudersteine angegebenen Zahlen zu hoch gegriffen sind. Zweifelhaft könnten auch die Sechzehntel, die auf S. 335 — 337, und die Achtzehntel, die auf S. 335 genannt sind, erscheinen; aber es konnten diese Zahlen in Zeichen ausgedrückt werden, weil für ein Sechzehntel und ein Achtzehntel zwei Zeichen aushalfen. Vgl. unten 55.

In Worten ausgedrückt finden sich folgende Brüche: sicilicus S. 207, 2. 271, 8, sextans 67, 7. 264, 25. quadrans 68, 3. triens 67, 7. semis 67, 7. 72, 4. 6. 74, 13 u. ö. bessis (bes?) 67, 7 ss. dodrans 163, 17. 266, 13. Häufig findet sich dimidia pars; von pars tertia ist die Rede 65, 15 ss. 77, 11. von p. quarta 65, 15 ss. 68, 8. 72, 10. 266, 20. 270, 4. 277, 2 u. ö. p. sexta 65, 14 ss. 270, 1. 7 u. ö., p. septima 81. 5. 12. 87, 17 u. ö., p. octava 26, 13. 27, 5. 65, 13. 73, 10. 269, 18 u. ö., p. nona p. 73, 22. 266, 8 u. ö., p. decima 65, 10. 73, 22 u. ö., p. duodecima 79, 19. 82, 13 u. ö., p. XIIII 97, 9. 26, p. sexta decima und decuma 26, 7. 29, 2. 271, 15 u. ö., octava decuma 68, 17., duodevicensima 78, 20. quinquagesima 74, 5. octagesima 48, 27. S. 68, 1 ss. wird zwar

---

*) T könnte aus ⊤ = 2 unciae, Γ gleichfalls aus = 2 unciae, F aus | ⁼ = 3 unciae, Ꙁ aus ⁚ gleichfalls = 3 unciae entstanden sein; K ist höchst wahrscheinlich das Zeichen der sescuncia, also = ⅛ und daher S. 271, 3 der erwähnten Ausgabe des Vitruvius von pars VIII K das erstere pars VIII die Glosse zu K. Das Zeichen für 6 könnte das der semuncia sein und C das für die sextula, es ist aber wahrscheinlicher, dass beides Verstümmelungen der Zeichen für 6 oder für 2 unciae sind. Die Ziffer 9 kann den sicilicus vorstellen, welches Wort sich S. 207, 2 und S. 271, 8 findet, kann aber auch = 1 uncia sein. z ist das Zeichen für den sextans, A ist für das a der Handschriften gedruckt und könnte ein Zeichen für 1 sein.

von drachma und oboli gesprochen, aber nur als von griechischen Münzen. S. 177, 20 steht auri scripulum gegenüber einem centenarium poudus, so dass es als kleinstes Gewicht aber nicht als Bruchzahl gebraucht ist. Für kleine Stückchen Gold steht S. 178, 5 micae auri. Es berechtigt also mindestens nichts zu der Annahme, dass Vitruvius eine ausgedehntere Zahl von Bruchzeichen gekannt hätte als Varro. Auf diese Annahme aber kann man kommen durch die Erklärung der Zeichen, die Philander in seiner Ausgabe des Vitruvius von 1586 S. 460 giebt. Es fehlt aber derselben an jedem Halt.

50) Bei Columella (c. 50 n. Chr.) findet sich als minima pars iugeri (Hultsch II, 55, 4—6) das dimidium scripulum, aber es muss dabei berücksichtigt werden, was im Vorhergehenden gesagt ist (ib. 54, 19—22) iugeri partes non omnis posuimus, sed eas quae cadunt in aestimationem facti operis. nam minores persequi supervacuum fuit, pro quibus nulla merces dependitur. Es giebt also Columella keine Angabe der Grenze der angewendeten Bruchzahlen, sondern nennt nur $\frac{1}{2}$ als den einzigen Bruchtheil des scripulum eines Ackers, dessen Bearbeitung noch bezahlt wurde, der also allein in Rechnung gebracht zu werden verdient. Dabei deutet er auch an, dass es noch andere Bruchtheile eines scripulum giebt, die kleiner als $\frac{1}{2}$ sind. Wie man diese darstellte, zeigen die Stellen im 5. Buch des Columella, in denen quinta et vicesima pars und decima pars scripuli angeführt sind. Bezüglich der Brüche zwischen $\frac{1}{2}$ und $\frac{1}{24}$ uncia ist zu bemerken, dass Columella für duo scripula keinen besonderen Namen hat, wohl aber für 4 und 6 die Namen sextula und sicilicus.

51) Eine reiche Fundgrube für Brüche ist Frontinus de aquae ductibus (c. 90 n. Chr.). Durch die erfolgreichen Bemühungen Buechelers (ed. Lips. 1858) ist möglichste Verlässigkeit in den Zahlzeichen nunmehr hergestellt und es zeigt sich, dass Frontin den Inhalt der fistulae bis auf scripula bestimmte, dabei aber nur die Bruchzeichen der unciae, das der semuncia und das des scripulum anwendete. Von letzterem fügt er die Anzahl in römischen Ziffern rechts von dem Zeichen bei und erspart sich damit die Zeichen für sicilicus und sextula. Ersterer wird aber im 28. und 32. Kapitel erwähnt.

52) Aus des Balbus expositio ad Celsum (c. 103) ist hervorzuheben, dass als kleinstes Längenmass der digitus angegeben und dazu bemerkt wird (Hultsch, II, 58, 8—9) si quid infra digitum metiamur, partibus respondemus, ut dimidiam aut tertiam. Es geschieht also bei dem digitus dasselbe, was Columella bei dem scripulum that. Von den Bruchzahlen, die zum as gehören, ist nur die Spur vorhanden, dass (ib. 13—14) als ein Mass genannt ist sextans, quae eadem

dodrans appellatur, was Hultsch (II, 13) dahin erklärt, dass dieses
Mass $=\frac{1}{8}$ ξύλον $=\frac{3}{4}$ pes war.

53) Das Buch des Hyginus de condicionibus agrorum würde
ein Zeichen für das dimidium scripulum enthalten, wenn, was Lachmann, Grom. I, 123, 8, drucken liess, den Handschriften und dem,
was man über diesen Bruchtheil weiss, gemäss wäre. Hultsch hat
(ib. S. VI — VII) die Unhaltbarkeit desselben dargethan und spricht
seine Ansicht dahin aus, dass Hygin für das halbe Scripulum ein ganzes angenommen und dessen Zeichen geschrieben habe. Könnte aber
nicht auch nach dem Zeichen für das scripulum das Zeichen S gestan-
den sein, wie I, II u. s. w. bei Frontin und P I S : : S (Ϟ ?, ϶ VIIIS
bei Marquardt III, 2, S. 43 Anm. 199? Man könnte diese Bezeichnung
wenigstens kein besonderes Zeichen für $\frac{1}{2}$ scripulum nennen.

54) Von besonderer Wichtigkeit ist des Volusius Maecianus
assis distributio (c. 146), welchen Namen mir wenigstens Böcking mit
Recht als Titel angenommen zu haben scheint. Denn die assis distributio ist, wie Maecianus selbst sagt (Hultsch ib. 61, 13), sein Haupt-
zweck, und er handelt davon auch von §. 1 bis §. 76. Dazu will er
aber auch gelegentlich noch anderes beiziehen, und so kommt er im
§. 77 auf die divisio ponderis, im 78. auf die numerata in aere
pecunia und im folgenden auf die mensurae, so dass hierdurch das
item in den Ueberschriften der Handschriften, welches Hultsch für
eingeschoben zu halten geneigt ist, seine volle Berechtigung erhält,
Nach Hultsch (II, 17) lautete der Titel: Distributio item vocabula ac
notae partium in rebus quae constant pondere numero mensura.

55) In dem Haupttheil seiner Arbeit setzt Maecianus zuerst die
Theilung des solidum, quod as vocatur, d. h. die Theilung eines
beliebigen Ganzen in 2, 3, 4, 6, 8, 9 und 12 gleiche Theile auseinander und giebt die anderen Bruchtheile an, die sich daraus bilden
lassen. Von dieser divisio maiorum [τῆς μονάδος] partium, die er §. 26
celebris et nota nennt, unterscheidet er die unciae divisio als eine non
tam celebris quidem, sed tamen non adeo ignota, und giebt sie an als
vollzogen in 2 semunciae, 3 binae sextulae, 4 sicilici, 6 sextulae, 12
dimidiae sextulae und 24 scriptula. § 39 bemerkt er, dass man zwar
auch diese Theile wieder beliebig theilen könne, aber dass man dafür weder Zeichen noch besondere Namen finde. Nur vom
Hörensagen kennt er den Namen simplium für das dimidium
scriptulum. Zu beachten ist, dass Maecianus ein lebhaftes Gefühl von
der Dürftigkeit dieser Bruchrechnung hat. Schon im Vorwort
bemerkt er: deprehendes distributionem quidem partium infini-
tam, oppido autem quam exigua vocabula et notas.

In den §§. 40—42 weist er hin auf den Mangel von besonderen Namen und Zeichen für die 11tel, 10tel, 7tel, 5tel und darauf dass von den Brüchen über die 12tel hinaus bis zu den 100teln nur $\frac{1}{16}$ mit semuncia sicilicus, $\frac{1}{48}$ mit semuncia sextula und die den Namen semuncia, duae sextulae, sicilicus, sextula, dimidia sextula und scriptulum entsprechenden Brüche mit diesen Namen bezeichnet werden können. Als eine früher bei Zinsrechnungen vorkommende Bezeichnung für centesima nennt er (§. 43) das nach rechts gewendete Zeichen des sicilicus, also C, welches so oft gesetzt wurde, als centesimae zu rechnen waren.

Die §§. 44—63 zeigen die Anwendung der im vorhergehenden genannten Brüche bei der ratio, quae conficitur ad denarium d. h. bei Geldrechnungen nach dem denarius. Der §. 64 deutet nur an, wie man verfahren könnte, wenn man mit dem quinarius oder victoriatus rechnen wollte, wovon er jedoch kein Beispiel eines wirklichen Gebrauches weiss.

56) Dagegen enthalten die §§. 65—76 die Namen und Zeichen der Bruchtheile, welche bei der ratio sestertiaria vorkommen, nämlich $\frac{1}{10}$ sestertius = libella (—), $\frac{1}{20}$ sestertius = singula ($\varXi$), $\frac{1}{40}$ sestertius = teruncius (T). Hier ist zuerst hervorzuheben, dass eine Veränderung mit dem Werth der libella seit Varro's Zeit (s. oben 48) vorgenommen wurde. Jener setzt sie = $\frac{1}{10}$ denarius, hier erscheint sie = $\frac{1}{10}$ sestertius, also auf den 4. Theil herabgesetzt; ihre Hälfte, welche bei Varro sembella hiess, hat jetzt den Namen singula; bei dem teruncius blieb Zeichen und Namen aber mit verändertem Werth. Ferner ist zu bemerken, dass für die libellae bei Maecianus dieselben Zeichen gebraucht werden, wie für die unciae (s. auf der Tafel N. 13), für die singula dasselbe, wie für die semuncia, für den teruncius T, wohl der Anfangsbuchstabe des Namens. Warum nicht auch hier das Zeichen für $\frac{1}{1}$ uncia, nämlich das Zeichen des sicilicus beibehalten wurde, ist nicht zu ersehen, wenn es nicht eben um des Namens willen geschah. Es kann aber dieses T nicht als ein allgemeines Bruchzeichen angesehen werden, da es nur bei der Rechnung mit Sesterzen in Anwendung kam und zum Anschreiben der Werthe diente, die kleiner als 1 sestertius waren, weshalb Maecianus angiebt, wie man, da 4 asses = 1 sestertius, $3\frac{1}{2}$, 3, $2\frac{1}{2}$, 2, $1\frac{1}{2}$, 1 und $\frac{1}{2}$ as mit den Zeichen der libella, singula und des teruncius zu notiren habe. Unter $\frac{1}{2}$ as steige, sagt er, die Rechnung nicht leicht herab; sie könne es aber, und er giebt noch an, dass $\frac{1}{4}$ as durch singula und dimidio teruncio bezeichnet (notari) werden könne. Es ist zu bedauern, dass das Zeichen für den letzten Ausdruck nicht gegeben ist, weil man daraus abnehmen könnte, wie das dimidium scriptulum bezeichnet wurde

(vgl. 53 am Ende). Sollte TS ursprünglich geschrieben gewesen und dies nur später in Worten gegeben worden sein?

Endlich ist noch zu erwähnen, dass Maecianus den Ausdruck duella noch nicht kennt (§. 28 und §. 42), und drachma (§. 45) scheint er nur als ausländische Münze zu kennen, nicht als Name eines Bruches.

57) Die noctes atticae des Gellius (c. 160 n. Chr.) bieten für die Zahlbezeichnung der Römer nur das beachtenswerthe, dass es damals für hemiolios und epitritos u. ä. noch keine lateinischen Namen gab (XVIII, 14). Eine andere Schrift, die in dieselbe und in die nächstfolgende Zeit fällt und über die Zahlbezeichnung etwas bietet, ist mir nicht bekannt geworden. Ich gehe daher weiter zum liber de asse, der zwischen 232 und 306 anzusetzen ist. Vgl. Hultsch II S. 14—16.

In diesem begegnet man dem Ausdruck minutiae für die Bruchtheile im allgemeinen (§ 1). Bei der Zerlegung des as in Summanden (§. 2—12) findet sich der Name semiuncideunx für $10\frac{1}{2}$ unciae, es wird aber bemerkt, dass dieser Name nicht sehr gebräuchlich ist, und ein Zeichen dafür fehlt. Endlich werden in den §§. 15—16 als Theile der uncia, semuncia ($\frac{1}{2}$), duella ($\frac{1}{3}$), siliquus ($\frac{1}{4}$), sextula ($\frac{1}{6}$), drachma ($\frac{1}{8}$), hemisescla ($\frac{1}{12}$), tremissis ($\frac{1}{6}$), scripulus scrupulusve ($\frac{1}{24}$) genannt und ihre Werthe durch scrupuli ausgedrückt. Es liegt also erstens eine Erleichterung der Aussprache der Brüche vor, indem duae sextulae durch duella, dimidia sextula durch hemisescla ersetzt wird, zweitens aber eine Vermehrung der Ausdrücke für Brüche durch die Aufnahme der drachma und des tremissis. Letzterer weist auf die Zeit des Alexander Severus (222—235) von welchem diese Goldmünze zuerst geprägt wurde. (Hultsch II, 15) und man findet also die Bruchrechnung wieder Hand in Hand mit dem Münzwesen. Die Zeichen sind nicht angegeben, und es lässt sich also nur sagen, dass man seit Alexander Severus also seit Anfang des 3. Jahrhunderts folgende Namen für die minutiae hatte: semuncia ($\frac{1}{24}$), duella ($\frac{1}{36}$), siliquus ($\frac{1}{48}$), sextula ($\frac{1}{72}$), drachma ($\frac{1}{96}$), hemisescla ($\frac{1}{144}$), tremissis ($\frac{1}{192}$), scripulus ($\frac{1}{288}$). Ob also damit, wie mit den oben erwähnten Bruchzeichen gerechnet wurde, steht dahin.

58) Die Schrift des Censorinus de die natali (238 n. Chr.) bietet bereits als lateinischen Ausdruck für epitriton supertertium (ed. Hultsch S. 18, 9. 20) und spricht von sesquialtera portio (S. 18, 10). Man vgl. oben 57 am Anfang. An Bruchbezeichnungen finden sich S. 21, 3 tres quadras für $\frac{3}{4}$, S. 40, 17—20 diei partem MDCXXIII ($\frac{1}{1623}$), dierum quinque undevicensimam ($\frac{5}{21}$), dierum duum

et viginti partem undesexagensimam ($\frac{23}{39}$), S. 37, 7 diei parte quarta
neben S. 43, 28 pro quadrante diei. Zu beachten ist ferner, dass S.
35, 25 ff. das Gewicht der Herzen durch die dragma bestimmt wird.
Dieses Gewichtes bedienten sich zwar die Aerzte von alter Zeit her
(Hultsch, M. S. 85. Anm. 26 und S. 105), aber erst in der Kaiserzeit
kam es in das römische Gewichtsystem (ib. S. 114) und zwar ist die
Schreibweise mit g die gebräuchliche geworden.

59) Des Vegetius (c. 380) ars veterin. ist desswegen hier zu
erwähnen, weil sie die älteste Belegstelle für die siliqua enthält,
welche höchst wahrscheinlich seit Constantin als kleinstes Gewicht bei-
gezogen wurde. Vgl. Hultsch, I, S. 89 Anm. 3. II, S. 183 s. v. $\varkappa\varepsilon\varrho\acute{\alpha}$-
$\tau\iota o\nu$ und Metrologie S. 114 und 249. Wenn also derselbe (II, 27)
sagt: Ex his in vulgari usu apud Romanos fuerunt siliqua, obolus,
scripulum, so kann sich dies nur auf die Zeit nach Constantin beziehen.

60) Höchst wahrscheinlich vor Priscianus (Hultsch II, 30 — 31)
c. 400 ist das carmen de ponderibus (ib. 88—98) anzusetzen. In
demselben finden sich v. 1—55 die pondera, und es wird von denen
ausgegangen, welche von den Aerzten gebraucht wurden. Dieselben
sind, so weit sie hieher gehören: semiobolus, obolus, gramma oder
scriplum zu 2 obolus oder nach anderen zu 6 siliquae oder 16 grana
lentis oder 16 speltae oder 4 lupini, dragma oder olce = 3 scripla,
sicilicus = 2 dragmae, sextula = 4 scripla = $\frac{1}{6}$ uncia, duella = 2
sextulae, uncia = 8 dragmae = 24 scripla = $\frac{1}{12}$ libra. V. 41 — 55
wird die solida libra sive as in 2 Summanden zerlegt, uncia und deunx,
sextans und decunx, worauf bemerkt wird. dass für die semuncia und
sescuncia die entsprechenden zweiten Summanden keine bestimmten
Namen haben (Vgl. 57 das vom liber de asse Mitgetheilte), dann folgt
quadrans und dodrans, triens und bessis, quincunx und septunx, endlich semissis. Man kann also nicht sagen, dass hier die dragma und
siliqua, der obolus und semiobolus als allgemeine Bruchzahlen bezeichnet sind, aber es tritt doch hervor, wie sie den früher zu solchen allgemeinen Bruchzahlen gewordenen Namen später eingereiht werden konnten, da sie hier mit einem Theil derselben ohne Andeutung irgendwel-
chen Unterschiedes vereinigt erscheinen.

61) Von dem 7. Buch des Martianus Capella (c. 410 — 439)
de nuptiis Philologiae et Mercurii ist nur das zu erwähnen, dass er
für $\dot\eta\mu\iota\acute o\lambda\iota o\varsigma$, $\dot\epsilon\pi\acute\iota\tau\varrho\iota\tau o\varsigma$ u. s. w. superdimidius, supertertius u. s. w.
sagt. für die entgegengesetzten Verhältnisse $\dot\epsilon\varphi\eta\mu\iota\acute o\lambda\iota o\varsigma$, $\dot\upsilon\pi\acute o\tau\varrho\iota\tau o\varsigma$ u. s. w.
subdimidius, subtertius u. s. w. als wörtliche Uebersetzungen der griech.
Ausdrücke. Die Verhältnisse mit den Zahlen $1\frac{2}{3}$, $1\frac{3}{4}$, $\frac{2}{3}$, $\frac{3}{4}$ werden ganz

unbestimmt mit partium ratio supertertio, superquarto, subtertio, sub-
quarto proxima oder similis bezeichnet.

62) Dass den Angaben Priscians (c. 440) in dessen liber de
figuris numerorum nur ein ganz geringer Werth beigelegt werden
kann, hat Hultsch im Philologus XXII S. 202—213 dargethan (vergl.
II, 22 und 26); es genügt also von dieser Schrift zu erwähnen, dass
obolus, scripulus, siliqua, drachma sive argenteus, uncia und libra
vel as genannt sind und von den bekannten Theilen des letzteren dextans auch als decunx (= decem unciae) bezeichnet ist, die sescuncia
als sescunx.

63) Aus der Mitte des 5. Jahrh. (c. 440) liegt das einzige uns
bekannte Rechenbuch vor, der calculus des Victorius. Ich habe
nach dem, was Christ in den Sitzungsberichten der Akademie zu München 1863 S. 100—152 mittheilte, und was ich aus Handschriften entnehmen konnte, in der Zeitschr. f. M. u. Ph. IX, S. 314 — 320 und
S. 309 dargethan, dass, als die kleinste minutia in der Rechnung die
dimidia sextula und zur Umwandlung in ganze Zahlen die scripuli als
Hülfsmittel darin vorkommen. Ich muss bei dieser Ansicht bleiben,
habe mich aber durch die genauere Bekanntmachung des Werkes des
Bernelinus durch Olleris in seiner Ausgabe der Werke Gerberts überzeugt, dass ich dort S. 320 unter Nr. 5 dem Victorius eine Tabelle
zuviel beigelegt habe, veranlasst durch Worte des Bernelinus, die aber
auch von dessen eigener Arbeit verstanden werden können. Es ist
dies die Tabelle der Produkte aus den Minutien in sich und die kleineren, wofür ich in der Tabelle bei Olleris S. 393 — 396 die Zeichen
von dragma, obolus, cerates und calcus gebraucht finde, welche dem
Victorius nicht beigelegt werden können. (S. den Anhang.)

Victorius kennt nur die altrömischen Namen der Bruchtheile;
dagegen hatten sich die Zeichen wohl schon zu seiner Zeit durch die
häufige Benützung mehr vereinfacht und besonders wurden die Striche
der einzelnen unciae unter sich und mit dem S für semis in einen Zug
verbunden.

Auf der Tafel sind unter 15 die Namen und Zeichen dargestellt.
Nur diese waren im 5. Jahrhundert in die Bruchrechnung aufgenommen und was man sonst als minutiae mit beizog, waren in der That
nur Namen für bestimmte Theile von Gewichten oder Münzen, mit
denen man wie mit Ganzen rechnete.

64) Der Zeit nach ist nunmehr von Boetius zu reden und so
weit seine institutio arithmetica und musica hier in Betracht kommt,
findet sich nichts in denselben, was mit dem bisher bekannt gewordenen im Widerspruch stünde. Denn wenn im 1. Buch de inst. arithm.

von Kap. 22 bis ans Ende und im 2. Buch de inst. mus. vom 4. bis 11. Kapitel eine förmliche Theorie der superparticulares und superpartientes, multiplices superparticulares und multiplices superpartientes u. d. a. sich findet, wofür Gellius (57) noch keine lateinischen Namen wusste, so fanden sich doch bei Censorinus (58) und Martianus Capella (61) die Spuren von dem allmähligen Entstehen dieser Theorie. Von den Bruchzeichen finden sich die für triens und bes de inst. mus. 3, 3 und 4. (ed. Teubn. S. 274—276).

Dagegen enthält die Geometrie, die dem Boetins zugeschrieben wird, am Ende des 2. Buches (ed. Teubn. S. 425—428) einen höchst seltsamen Abschnitt De minutiis. An actus, pertica oder radius, passus, gradus, cubitus, pes, semipes und palmus werden als minutiae angereiht uncia, digitus, stater oder semuncia, quadrans, dragma, scripulus, obolus, semiobolus auf Griechisch ceratis, siliqua, punctum, minutum, momentum. Ueber den Werth derselben werden folgende Bestimmungen angegeben.

1 uncia   = 24 scripuli
1 digitus   = 18 „
1 stater   = 12 „
1 quadrans = 6 „
1 dragma   = 3 „
            1 scripulus = 6 siliquae
            1 obolus   = 3 „
            1 ceratis   = 1½ siliqua
$_2\frac{1}{1}$ solidus oder quadrans = 1 „
            $_2\frac{1}{8}$ quadrans = 1 punctum
            2½ minuta = 1 „
            1 minutum = 4 momenta.

Es genügt, um den Werth dieser Angaben klar zu machen, wohl schon das Eine, dass das Wort quadrans 3 Mal vorkommt und die ersten 2 Mal in verschiedenem Sinn, nämlich zuerst = 6 scripuli also = 36 siliquae, wie der κοδράντης der Hebräer (s. Hultsch II, S. 251 und 185) und dann = 1 solidus = 24 siliquae, so dass man bei dem dritten quadrans bereits nicht weiss, in welchem Sinn er gemeint ist. Es wird sich auch zeigen, dass er in der That wieder in einem anderen Sinn zu nehmen ist (s. 93). Ob sonst wo noch der quadrans dem solidus gleichgestellt wird, weiss ich nicht; so viel ich finden konnte ist der solidus stets der sextula gleich. Dazu kommt, dass die Zeichen ganz weggelassen und mit den Buchstaben des Alphabets ersetzt sind, was allen Sinnes entbehrt. Dies dürfte mehr als hinreichend sein, um darzuthun, wie Unrecht man that, ein solches Geschreibsel dem Boetius zuzutrauen. Welcher Zeit es angehört, wird sich später zeigen (s. 93).

65) Ich komme jetzt zum carmen de librae sive assis partibus (Hultsch II, 99—100), welches c. 500 anzusetzen scheint (Ib. S. 3. §. 109 und S. 31 §. 119). In diesem finden sich decunx = 10 unciae, stater = semuncia, duae sesclae = duella, siclus = sicel = sicilicus, sescla = sextula, dragma seltener olce, media sescla, scripulus = 8 calci, obolus = dimidium scripuli. cerates = ⅟ scripulus, siliqua = ⅓ scripulus, calcus = ciceris duo granula.

Von dem calcus und cerates sagt Hultsch (ib. S. 32): A vulgari Romanorum ratione diversa sunt apud utrumque scriptorem calcus, quarta pars oboli, et cerates sive ceratim. Atque hae quidem barbarae sunt appellationes, ex $\varkappa\varepsilon\varrho\acute{\alpha}\tau\iota o\nu$ depravatae; sed hi scriptores cum nomine etiam rem immutaverunt, semiobolo non siliquae ceratem aequantes. Priscian (ib. S. 84) sagt: siliqua est quod dicunt Graeci $\varkappa\varepsilon\varrho\acute{\alpha}\tau\iota o\nu$ vel $\lambda\varepsilon\pi\tau o\varsigma$ und es ist kein Zweifel, dass siliqua und $\varkappa\varepsilon\varrho\acute{\alpha}\tau\iota o\nu$ dieselbe Fruchtgattung bezeichnet (s. Hultsch I S. 89 Anm. 2) und höchst wahrscheinlich ist, dass $\varkappa\varepsilon\varrho\acute{\alpha}\tau\iota o\nu$ als Gewicht Uebersetzung des ächtrömischen siliqua ist (s. Hultsch M. S. 106. Anm. 14). Es scheint also hier der Fall vorzuliegen, dass das $\varkappa\varepsilon\varrho\acute{\alpha}\tau\iota o\nu$ durch die siliqua in das griechische Gewichtsystem kam und später als cerates mit verändertem Werth wieder in das römische Gewichtsystem Aufnahme fand, wenn es nicht überhaupt seine Existenz nur den Zusammenstellern von Tafeln der Gewichte, Münzen und Masse verdankt von denen es Unkundige auch in die Reihe der Bruchzahlen übertrugen. Aehnlich scheint es mit calcus sich zu verhalten.

66) Das letzte Werk, das vor Isidorus zu erwähnen ist, ist die vetus versio tractatus Epiphaniani de mensuris et ponderibus (Hultsch II. S. 100—106) c. 500. Mommsen versetzt sie in der jetzigen Form in das fränkische Reich (s. Hultsch ib. S. 32), da sie aber im Wesentlichen auf älteren Werken beruht — Epiphanius schrieb sein Werk $\pi\varepsilon\varrho\grave{\iota}\ \mu\acute{\varepsilon}\tau\varrho\omega\nu\ \varkappa\alpha\grave{\iota}\ \sigma\tau\alpha\vartheta\mu\tilde{\omega}\nu$ c. 392 n. Chr. (s. Hultsch I S. 140), so mag sie hier an der Grenze genannt sein. Es gehören von derselben hieher die Angaben der libra zu 12 unciae, der uncia zu 2 stateres, des staters zu ½ uncia oder 2 didragmae, des quadrans oder siclus zu ¼ uncia oder 2 dragmae, der dragma oder olce zu ⅛ uncia, des obolus auch zu ⅟ uncia aber aus Eisen, und eines zweiten obolus aus Silber zu ₄₈ uncia. Vergleicht man diese Uebersetzung mit den griechischen Texten, die Hultsch I S. 265 ff. giebt, so findet man §. 31—36 übereinstimmend mit §. 37—42 auf S. 265—266 (quadrans = $\chi o\delta\varrho\acute{\alpha}\nu\tau\eta\varsigma$), woraus hervorgeht, dass die

Worte quasi solidus quidem (quidam?) dem $\nu\acute{o}\mu\iota\sigma\mu\alpha\ \ddot{\omega}\nu$ entsprechen sollen, also solidus hier für Münze im Allgemeinen zu nehmen ist, was auch durch S. 268 §. 11 bestätigt wird, wo man weiter erfährt, dass der eiserne obolus ein $\beta\acute{\epsilon}\lambda o\varsigma$ war. S. 270, 3—17 wird die Eintheilung der $o\mathring{v}\gamma\varkappa\acute{\iota}\alpha$ in 2 $\sigma\tau\alpha\tau\~\eta\varrho\epsilon\varsigma$ zu 2 $\sigma\acute{\iota}\varkappa\lambda o\iota$ zu 2 $\lambda\epsilon\pi\tau\acute{\alpha}$ oder $\acute{o}\lambda\varkappa\alpha\acute{\iota}$ als eine hebräische gegenübergestellt der römischen Eintheilung der $\lambda\acute{\iota}\beta\varrho\alpha$ zu 12 $o\mathring{v}\gamma\varkappa\acute{\iota}\alpha\iota$ oder 288 $\gamma\varrho\acute{\alpha}\mu\mu\alpha\tau\alpha$ oder 1728 $\varkappa\epsilon\varrho\acute{\alpha}\tau\iota\alpha$ oder 3456 $\varkappa\acute{o}\varkappa\varkappa o\iota\ \varkappa\varrho\iota\vartheta\~\eta\varsigma$. Dies scheint dem thatsächlichen Verhältniss am nächsten zu kommen und der Name stater für die semuncia erst aufgekommen zu sein, als die Christen durch die Beschäftigung mit den Massen im neuen Testament auf den $\sigma\tau\acute{\alpha}\tau\eta\varrho$ geführt wurden.

67) Zu den in 46, 48 und 57 angeführten Namen kommen aus dem Vorstehenden, abgesehen von den im Pseudoboetius genannten, noch folgende: stater (semuncia) $\frac{1}{24}$, quadrans oder siclus $\frac{1}{48}$, olce oder dragma $\frac{1}{96}$, gramma oder scriplum $\frac{1}{288}$, obolus $\frac{1}{576}$ (auch $\frac{1}{96}$ u. $\frac{1}{960}$ nach 66), cerates oder semiobolus $\frac{1}{1152}$, siliqua $\frac{1}{1728}$, calcus $\frac{1}{2304}$. Von allen diesen findet sich nur das gramma als scripulus bei Victorius, der überhaupt keine weiteren Bruchzahlen kennt als die in 48 bereits angegebenen; denn dass er duae sextulae besonders erwähnt, ist nicht als die Einführung einer neuen Bruchzahl anzusehen, als welche höchstens die Abkürzung duella angesehen werden kann. Zeichen sind keine angegeben und auch keine bei irgend einem Zahlausdruck verwendet, so dass also kein Anhaltspunkt gegeben ist, diese neuen Namen als in die Bruchrechnung aufgenommen anzusehen. Weiteres darüber im nächsten Abschnitt.

3) Die Darstellung der Zahlen bei den adendländischen Christen vom 7. bis 13. Jahrhundert.

68) Ehe ich hierauf eingehe, scheint es mir nöthig die Werke anzugeben, aus welchen die zunächst und weiter noch folgenden Darlegungen entnommen sind, theils um die chronologische Ordnung leichter einzuhalten, theils um solchen, denen mehr Werke zu Gebote stehen, die für diesen Zeitraum von Bedeutung sind, die Lücken des von mir Beigebrachten leichter erkennbar zu machen. Es sind dies folgende Werke:

Isidori († 636) Hispalensis Etymologiae.
Bedae (672—735) opera.
Alcuini (735—804) opera.
Gerberts († 1003) mathematische Schriften.

Commentar des Abbo von Fleury zum calculus des Victorius
(c. 950).

Die Anhänge in der ars geometrica (Boetius S. 395—400. 425—
428), s. X. oder XI.

Ein Commentar zu Gerberts Regeln der Division s. XI. S. Z. X,
S. 242 u. 277; dort mit A_4 bezeichnet.

Das Werk des Bernelinus (ebendort B_2).

Eine Anleitung zur Division (ebendort A_1).

Eine Abhandlung über das Rechnen auf dem abacus (ebendort A_3).

Das Werk des Gerland (ebendort G_2).

Ein Werk de disciplina numerorum abaci (ebendort A_2).

Das von Chasles (II, S. 237—246) bekannt gegebene Werk über
das Rechnen auf dem abacus (ebendort A_6).

Regulae Oddonis (ebendort O).

Liber algorismi, die Uebersetzung des Werkes des Mohammed ben
Musa Alkhârizmî. Im Folgenden kurz mit L_1 bezeichnet.

Joannis Hispalensis (s. XII) liber algorismi. (L_2).

Liber algorizmi, von Cantor in Z. X. S. 1—16 bekannt gemacht (L_3).

Liber abbaci des Leonardo Pisano (1202). L_4).

69) Dass die einfachste Darstellung einer Zahl durch blosse Wiederholung desselben Zeichens (vgl. 1 u. 30) angewendet wurde, wo
solches zur Veranschaulichung nöthig war, versteht sich von selbst.
Von den Arten der Vereinfachung (vgl. 2 u. 31) finden sich vier:

1) Die Anwendung eines Recheninstrumentes.

2) Die Verwendung der Finger.

3) Der Gebrauch zusammenfassender Zeichen.

4) Die Anwendung von Ziffern.

70) Von der Verwendung der lat. Buchstaben als Zahlzeichen
ist vielleicht alles, was in 31 mitgetheilt wurde, hieher zu beziehen;
vielleicht gehört es aber nicht einmal hieher, sondern fällt noch über
den Anfang des 13. Jahrh. hinaus. Doch ist zu erwähnen, dass in
der ars geometrica (Boetius S. 426 u. 427) der Verfasser des Ab-
schnittes über die Minutien die Buchstaben A bis M für die Zeichen
der unciae und der kleineren minutiae, also gewissermassen als Zahlzeichen verwendet, dass es ferner ebendort S. 397, 9—13 heisst:
Quidam vero in huius formae (abaci) descriptione literas alfabeti sibi
assumebant hoc pacto, ut littera quae esset prima unitati, secunda
binario, tertia ternario, ceteraeque in ordine naturali numero respon-
derent naturali, wobei freilich unentschieden bleibt, ob die lateinischen
oder griechischen Buchstaben gemeint sind. Letztere führt Bernelinus

neben den Gobarziffern an (Olleris S. 361) und auch A_2, aber diese
Schrift so, als ob die griechischen Buchstaben die Quelle der Gobarziffern wären.

71) Von den Recheninstrumenten können drei in Gebrauch gewesen sein, doch ist nur eines davon direkt nachweisbar. Es ist
nämlich nicht unwahrscheinlich, dass der römische Abacus mit
senkrecht gegen den Rechnenden gerichteten Einschnitten und verschiebbaren Knöpfen (32) fort und fort in den von römischer Cultur
durchdrungenen Gebieten benützt wurde, in welchen auch die römischen Zahlzeichen in ausschliesslichem Gebrauch waren, bis die Gobarziffern ihnen den Platz streitig machten.

Ebensowenig ist es unwahrscheinlich, dass die 2. Art des röm.
Abacus (33), bei welchem Steinchen oder Rechenpfennige
auf Linien aufgelegt wurden, ausser Gebrauch gekommen wäre. Vielmehr spricht dafür, dass z. B. Isidorus in den Etymologieen III, 4
vom calculi computus spricht und III, 5 den Ausdruck simul ducere vom Addiren gebraucht, wie man bei dem Gebrauch der calculi
zu reden pflegte. Alcuinus nennt in seinen Briefen an Karl den
Grossen (Alcuini opera cura Frobenii Tom. I. Vol. I. S. 91 u. 101)
die Rechner calculatores. Sehr häufig ist die Anwendung der
Wörter colligere und collectio vom addiren, was bei der Ersetzung
der bestimmten Anzahl von Steinchen in einer tieferen Linie durch
eines in der nächst höheren in einem Auflesen der Rechensteine auf
der Tafel bestand. Am meisten aber spricht dafür, dass neben dem
Rechnen mit den Ziffern im 15. und 16. Jahrhundert ein algorithmus oder algorismus linealis sich findet, der in dem Exemplar,
welches ich auf der Erlanger Universitätsbibliothek unter Med.
III 522 zusammengebunden mit Drucken aus den Jahren 1501. 1502. 1495 und
1488 fand, auf Appuleius zurückgeführt wird. Es heisst dort am
Anfang: Ad evitandum multiplices mercatorum errores et alterius
Arithmeticae partis (d. h. der theoretischen Arithmetik) difficultates
inventa est quaedam alia apud Apuleium, virum in omni doctrina
peritissimum, huiuscemodi artis speculatio, quae altera tanto praeclarior quanto facilior et cuiusque ingenio accomodatior, quae et
linealis apud nostros appellata est calculatio. Es ist damit freilich
nicht viel gewonnen, da Apuleius z. B. in der margaritha philosophica des Gregorius Reisch (tractatus primus, cap. 1) wohl nach Cassiodorus oder Isidorus (s. Cantor S. 172 u. Anm. 58 u. 350) als Vorgänger des Boetius in der Uebersetzung der von Pythagoras erfundenen Arithmetik d. h. der Arithmetik des Nicomachus ins Lateinische
genannt wird, und zu einer spera phitagori, die mir auf einem ver-

einzelten Pergamentblatt zu Gesicht kam, und aus der man ausrech-
nen konnte, ob ein Kranker genesen oder sterben würde, bemerkt ist,
dass Appuleius sie beschreibe.

72) Es ist Appuleius durch die Tradition ebenso wie Boetius mit der Arithmetik überhaupt verbunden und, wenn er für eine
besondere Art derselben genannt wird, darf man daraus allein nicht
schliessen, dass er sich wirklich mit derselben beschäftigt hat. Nicht
zu übersehen ist aber die Notiz, welche Cantor (S. 399 Anm. 351
nach Voss) bringt: Huius disciplinae tota vis in exemplis additionibus et detractionibus partium est sita; quam partem qui volet plenis-
sime pernosse, L. Appulejum legat, qui primus Latinus haec argu-
menta illustravit. Das Werk des Appuleius könnte allerdings, ob-
wohl Martin (II, S. 298) dies sehr unwahrscheinlich findet, ausgeführte
Rechenbeispiele und dazu die nöthigen Erläuterungen enthalten haben,
also auch eine Arbeit über das Rechnen auf dem abacus mit Linien gewesen sein. Dies gewinnt an Wahrscheinlichkeit, weil sich
auch eine Spur findet, dass Boetius ähnliches geschrieben hat. In
dem Programm: »Wie man vor tausend Jahren lehrte und lernte«
dargestellt von einem Zeitgenossen des hl. Meinrad: Walafried
Strabo, Einsiedeln 1857, fand ich nämlich aus dem Tagebuch des
Strabo folgende Stellen: S. 12: »Mit solchen Gesinnungen begann
ich nun im Sommer 1822 unter Tatto's Leitung das Studium der
Arithmetik; zuerst erklärte er uns die Bücher des Consul Manlius
Boethius über die verschiedenen Arten und Eintheilungen, sowie über
die Bedeutung der Zahlen; dann lernten wir das Rechnen mit den
Fingern und den Gebrauch des Abacus nach den Büchern, welche
Beda und Boethius darüber geschrieben haben.« — »Jahr 823.
(Wir) setzten unsere Studien nach Boethius fort; zunächst beschäftigten uns seine drei Bücher über die Geometrie, wozu wir überdies
eine Sammlung mehrerer anderer geometrischer Schriften benützen
konnten.« S. 13. »Mit Ostern des folgenden Jahres (824) machten
wir uns an das Studium der Musik.« — »Mit um so mehr Eifer
studierte ich daher die Bücher des Boethius und las Beda.« —
S. 15. »Jahr 825. Astronomie: Grundriss des Boethius und
die Schriften Beda's über Sonnen-, Mond- und Planeten-Lauf. —
Gebrauch des Astrolabs und Horoscops, der Sonnenuhr und des Tubus.«

Hier ist ganz deutlich die Schrift des Boetius de inst. arithm.
und seine Geometrie (wenn 3 Bücher genannt sind, so war es wohl
die Uebersetzung der Lehrsätze in den ersten 3 Büchern der Elemente
des Euclides) von dem Buche oder den Büchern über den Gebrauch
des abacus unterschieden. Und warum sollte auch Boetius, der

für den Unterricht allseitig wirkte, nicht die Behandlung des abacus mit Linien erläutert haben? Um jedes Missverständniss zu vermeiden, füge ich ausdrücklich bei, dass die Stelle in der ars geometrica (Boetius S. 395—401), De ratione abaci, nicht von diesem Abacus mit Linien, sondern von dem mit Columnen handelt.

73) Aber wie auch die Sache bezüglich des Appuleius und Boetius sich verhalten mag, soviel ist gewiss, dass es im höchsten Grad unwahrscheinlich ist, dass das Rechnen mit calculi, welches wir von den Römern bestimmt wissen, von dem Rechnen mit proiectiles oder denarii proiectiles oder nummi, wie sie Noviomagus 1539 nennt, durch 1000 Jahre getrennt sein sollte; da es vielmehr nur natürlich ist anzunehmen, dass dasselbe auch vom 7. bis 13. Jahrhundert geübt wurde, so ist zunächst anzugeben, wie dabei die Zahlen dargestellt wurden. Das Bild des abacus mit Linien, welches der oben (71) erwähnte algorithmus linealis giebt, ist auf der Tafel unter N. 16 dargestellt. Von den 2 Reihen von V bis M sollte die obere wohl mit Strichen über den Buchstaben versehen sein; doch liess man diese vielleicht aus dem Grunde weg, weil eine Verwechslung doch nicht möglich war. Bei der Darstellung im tractatus quintus der margaritha philosophica (Ausgabe von 1508) fehlen die römischen Zahlzeichen und die Reihe der Rechenpfennige ganz und mit den Ziffern sind nur die Potenzen von 10 geschrieben. In der Schrift des Noviomagus de numeris Coloniae 1539 ist im Kap. 23 nur der Werth der Linien und der Zwischenräume von 1 bis 500000 in Ziffern angegeben, bei den darauf folgenden Rechnungen aber ist jede Bezeichnung weggelassen und sind nur Punkte als Zeichen für die Rechenpfennige angewendet.

74) Man konnte also mit diesen Linien alle Zahlen von 1 bis 4999999 und, wenn man auf die oberste Linie mehr als 4 Rechenpfennige legen oder den Platz oberhalb noch benützen wollte, alle Zahlen von 1 bis 9999999 darstellen. Da man aber auf grösseren Tischplatten noch mehr als 7 Linien ziehen konnte, so konnten auch noch grössere Zahlen zur Darstellung gebracht werden. Von den Brüchen war $\frac{1}{2}$ auf dem Platz unter der die Einer aufnehmenden Linie darstellbar; wie die übrigen gelegentlich nothwendigen behandelt wurden, darüber giebt das Beispiel $22\frac{1}{2} . 16\frac{1}{2}$ bei Noviomagus eine Andeutung. Es steht nämlich dort $\frac{1}{2}$ der Darstellung des übrigen Produktes in Rechenpfennigen beigeschrieben. Früher mag man sich durch Anschreiben der Brüche in Worten, so weit die römischen Bruchzeichen nicht ausreichten, geholfen haben.

Es hat also dieser abacus mit wagrechten Linien und losen Plättchen sehr viel Aehnlichkeit mit dem mit senkrechten Linien

und verschiebbaren Knöpfen, aber er hat folgende Vortheile vor
ihm voraus:

1) Die Darstellung konnte auf Tischplatten oder auch auf dem
Papier in jeder beliebigen Ausdehnung geschehen.

2) Es waren nur die zur Rechnung benützten Plättchen zu
sehen, die nicht mehr nöthigen waren leicht zu entfernen und konnten sofort an einer anderen Stelle benützt werden.

3) Die Richtung der Darstellung der Zahlen ging gleichmässig
von unten nach oben, während sie bei den senkrechten Linien mit
den kleineren Einschnitten über den grösseren zum Theil nach oben
zum Theil nach links hin ging.

4) Es liessen sich beliebige Abtheilungen (cambia) neben einander machen und so mehrere Zahlen zugleich zur Darstellung bringen.

Sollten diese Vortheile, die das Rechnen so wesentlich erleich-
terten, so viele Jahrhunderte lang unbenützt geblieben sein? Wenn
aber dies nicht wohl anzunehmen ist, wenn man sich vielmehr denken
muss, dass man frühzeitig auf sie gekommen ist, und wenn man endlich auch sich sagen muss, dass dadurch alle nöthigen Zahlen rasch
sich darstellen und umändern liessen, so wird man aufhören müssen,
die Alten als unbeholfen und unpraktisch in diesen Dingen zu bezeichnen. Man wird vielmehr sagen müssen, dass sie das höchste
erreichten an Bequemlichkeit und Einfachheit der Darstellung der
Zahlen, was sich ohne den Begriff des Stellenwerthes bei den Ziffern
selbst und ohne die Kenntniss der Null erreichen liess.

75) Diese letztere Behauptung wird wohl von denen bestritten
werden, welche den abacus mit Columnen als eine höhere Stufe
ansehen. Von diesem ist nunmehr zu reden.

Die ältesten Darstellungen desselben finden sich in den Handschriften der Geometrie des Boetius und ich habe von diesen in der
Ausgabe der mathem. Bücher des Boetins Leipzig 1867 auf der Tafel
zu S. 396 sechs so getreu als möglich bekannt gegeben. Auf 5 derselben sind 12, auf einer 13 senkrechte Columnen hergestellt, deren
Bestimmung für die Einer, Zehner, Hunderter u. s. w. durch die römischen Ziffern ausgedrückt wurde, nach der einfachsten Art in folgender Weise:

Diese Linien zog Gerbert auf einer Tafel von Leder, und
zwar machte er 27 Columnen (Gerbert etc. S. 45—50). In diesen verwendete er 1000 Marken aus Horn, die aber nur 9 verschiedene Ge-

4 *

stalten hatten zur Darstellung von 1 bis 9. Bernelinus (Olleris S. 359) spricht von einer sorgfältig polirten Tafel, auf welcher die Geometer Sand zu streuen pflegen um auch ihre geometrischen Figuren darauf zu zeichnen. Cantor (m. B. S. 333) nimmt darauf hin mit Sicherheit an, dass Bernelinus auch für das Rechnen mit dem abacus die Tafel mit Sand bestreute. Der Wortlaut giebt dazu kein Recht. Denn nachdem Bernelinus ausgesprochen, dass er sich auf die Geometrie nicht einlassen wolle, erwähnt er nochmals, dass die Tafel sorgfältig polirt sein müsse, spricht aber vom Sand nichts mehr, sondern von der Eintheilung durch 30 Linien. Gleichwohl ist es möglich, ja wahrscheinlich (s. Chasles II, S. 1412), dass auch beim Rechnen die Tafel mit Sand bestreut wurde und die Linien in diesem gezogen wurden. Dass dieses geschah, weiss man nämlich von den Arabern und Indern (s. Woepcke I, S. 56, II, S. 60 u. 240 und an letzterem Ort die Stelle aus dem Rechenbuch des Planudes, S. 14 der Ausgabe von Gerhardt), und die Stelle des Planudes zeigt, dass man, als man längst den Abacus auch mit Tinte schrieb, doch die Vortheile des Zeichnens in den Sand wohl kannte.

76) Es ist aber wohl zu beachten, dass das Rechnen in Sand von den Arabern und Indern stammt, während von den Griechen und Römern nur das Zeichnen der geometrischen Figuren bekannt ist. Ich habe Z. X S. 244 gezeigt, dass der Ausdruck geometricalis radius nicht wohl einen Stift zum Rechnen auf der Staubtafel bedeuten könne, wie Chasles (II, S. 1410—1412) annahm, sondern ein Instrument der messenden Geometrie und Astronomie war. In Uebereinstimmung damit fand ich die mit Staub bedeckte Tafel nur für die Geometrie benützt und auf diese allein deutbar. Auf Geometrie bezieht sich eruditus ille pulvis, von dem Cicero de nat. deor. 2, 18, 48 spricht (s. Chasles I, S. 534 Anm. 160). Tusc. 5, 23, 64 heisst Archimedes ein homunculus a pulvere et radio wegen seiner Leistungen in der Geometrie. Seneca, Epist. 74, 27 (S. 520 B ed. Lipsii) sagt: Utrum maiorem an minorem circulum scribas, ad spatium eius pertinet, non ad formam: licet alter diu manserit, alterum statim obduxeris et in eum in quo scriptus est pulverem solveris, in eadem uterque forma fuit. Auch die Anmerkung von Lipsius zu dieser Stelle kann als Beleg dienen. Im 88. Brief (S. 569. C) heisst es: Jtane in geometriae pulvere haerebo? — Das ἀβάκιον, das bei Plutarch, Cato maior Cap. 70 gegen das Ende, erwähnt ist, heisst ἀβάκιόν τι τῶν γεωμετρικῶν. Persius (1, 131) stellt (in) abaco numeros und secto in pulvere metas zusammen, offenbar mit ersterem die Zahlen auf dem Abacus mit Linien, mit letzterem die Zeichnungen

von Kegeln also geometrischen oder stereometrischen Figuren auf der
Staubtafel andeutend. Die nämlichen 2 Haupttheile oder nur die Geometrie allein bezeichnet Appuleius, wenn er in seiner Rede de magia
(S. 20 d. I. Bandes der ed. Bip.) sagt: Quem tu librum (Werk des
Archimedes, in welchem von den Spiegeln gehandelt wird; dieser
heisst vorher vir in omni Geometria admirabili subtilitate) Aemiliane,
si nosses ac non modo campo et glebis verum etiam abaco et pul-
visculo te dedisses cet. Die Geometrie ist gemeint mit tenui scribens
in pulvere Musa in dem carmen de ponderibus (Hultsch II, S. 91, 54).
Im 6. Buch des Martianus Capella de nuptiis Philologiae et Mercurii
erscheint die Geometrie mit dem abacus und trägt vor abaci sui
superfusum pulverem movens, während die Arithmetik durch die
Darstellung der Zahl 717 mit den Fingern den Zeus begrüsst. (Gerhardt schreibt zwar in seinem Programme d'invitation a l'examen
public du collége royal français. Berlin 1856 S. 16 Anm. 3: »Mart.
Capella in 7: Sic abacum perstare iubet (arithmetica)« aber es ist
dies ein Versehen, da zu jubet offenbar prudens permensio terrae d. h.
geometria das Subject ist und die Arithmetica erst später auftritt,
§. 728 der Ausgabe von Eyssenhardt. (Leipz. Teubner 1866.) So erklärt sich hinreichend die Bezeichnung geometricalis mensa, die dem
abacus in der ars geometrica und in der mit A_3 bezeichneten Schrift
gegeben wird, und der ähnliche Ausdruck tabula geometricalis in A_2.
(Vgl. Z. X. S. 244—246).

77) Wie lange die Benützung der mit Staub bedeckten Tafel
für das Rechnen im christlichen Abendland dauerte, vermag ich
nicht anzugeben, weil ich hierüber bisher keine weiteren Angaben zu
finden vermochte als die Andeutung in L_3 (Z. X, S. 10), auf welche
Cantor (Jb. S. 16 Note 31) aufmerksam macht. Darnach rechnete
der Autor von L_3 noch auf einer mit Staub bedeckten Tafel. In den
Handschriften des XII. Jahrhunderts, z. B. in G_2, findet sich der
abacus mit Columnen, so weit er für die Rechnung nöthig war, mit
Tinte auf dem Pergament hergestellt, und ebenso kann er mit
Kreide auf jeder beliebigen Tisch - oder Bankplatte gezeichnet worden
sein. Doch liegen mir auch hierüber keine Belegstellen vor. Die
Worte in A_6 (Chasles II, S. 238): Si quis vero quomodo fiat abacus ignoret, his sequentibus auditis certus efficiatur. Disponuntur
quaedam spacia, XII vel plura lateraliter, quae spacia arcus no-
minantur. Et in primo arcu scribitur unitas cet. (Vgl. Z. X. S. 205)
lassen sich ebenso gut auf das Ziehen der Linien im Staub, als mit
der Feder oder der Kreide deuten. Die arcus, welche dabei erwähnt
sind und mit denen man die Columnen einzeln und auch zu drei und

drei überspannte, sind ein charakteristisches Merkmal des abacus mit
Columnen geworden, wie die Stelle im liber abbaci des Leonardo
Pisano (p. 1 ed. Boncompagni) zeigt: Sed hoc totum etiam et algorismum atque arcus pictagore quasi errorem computavi respectu modi
indorum. Eben diese Stelle zeigt, dass das Rechnen mit Columnen
am Ende des 12. und im Anfang des 13. Jahrhunderts geübt und bekannt war. Leonardo rechnete »in tabula dealbata in qua littere levi-
ter deleantur«. S. L₁ S. 7 u. Cantor in Z. X. S. 16 Note 31.

78) Die Darstellung der ganzen Zahlen geschah auf diesem Abacus durch besondere Zeichen für 1 bis 9. Der Verfasser der ars geometrica (Boetius S. 397) belehrt uns, dass dazu diverse formati apices
vel characteres oder die Buchstaben des Alphabetes oder apices naturali numero insigniti et inscripti genommen wurden. Ob mit letzteren
Marken gemeint sind mit soviel Punkten oder Strichen, als sie als
Zahl darstellen sollten, ähnlich den Flächen der Würfel, oder Marken
mit den römischen Zahlzeichen, oder Marken wie die hörnernen Gerberts ist nicht zu entscheiden, ebensowenig, ob mit den Buchstaben
des Alphabets die römischen gemeint sind, wie sie auf der Tafel der
Minutien (Boetius S. 426—427) vorkommen, oder die griechischen,
die bei Bernelinus neben den Gobarziffern sich finden. Gewiss aber
ist, dass mit den erstgenannten apices die Gobarziffern gemeint
sind; denn die Gestalten, welche dieselben in den Manuscripten zeigen (s. Boetius S. 397 und dazu die Tafel mit den Abbildungen des
abacus) sind unzweifelhaft identisch mit den Ziffern, welche bei den
Arabern des Westens als die Ziffern des Gobar bekannt geworden
sind. Vgl. 27.

79) Dass von diesen Ziffern keine Spur bei den Griechen und
Römern sich zeigt, habe ich bereits oben (25) erwähnt; dass sie
aber vom 10. Jahrhundert an von den Arabern konnten gelernt
werden, ist eine bekannte Thatsache. Wer also einfach an das wirklich Nachweisbare sich hält, wird nicht anders sagen können, als dass
die Ziffern in der ars geometrica in letzter Linie den Arabern entnommen sind und die ersten Spuren unserer gegenwärtigen Ziffern aus
dem 11. Jahrhundert, vielleicht schon aus dem Ende des 10. Jahrhunderts sind. Aeltere Spuren, die man zu haben glaubte, haben sich als
nichtig erwiesen (s. Z. IX. S. 84. 2. Anm.) und nachdem Bethmann
gestorben ist, ohne die in Aussicht gestellten Belege aus dem X. Jahrhundert beigebracht zu haben, ist die Erfüllung der daran geknüpften
Hoffnungen und Behauptungen eine sehr fragliche' geworden (s. Z. IX.
S. 321—324). Dass aber die Araber die Vermittler der indischen
Ziffern an uns sind, wird wohl mehr und mehr seine Hauptstütze in

den Namen finden, mit denen dieselben überliefert sind. Es sind dieselben für die Ziffern von 1—9: igin, andras, ormis, arbas, quinas, calctis (caltis, caletis), zenis, temenias (zemenias), cclentis. Zwar hat man dieselben zum Theil auf griechische Wörter zurückzuführen gesucht (s. Cantor S. 245—246), aber alle diese wenn auch höchst geistreichen Erklärungsversuche dürften die einfachen Darlegungen Sedillots überbieten (s. Olleris S. 580—581), wornach diese seltsamen Namen nur Verstümmlungen arabischer Wörter sind. Blos wegen des Namens sipos, der dem Griechischen $\psi\bar{\eta}\varphi o\varsigma$ so sehr verwandt klingt, bin ich zweifelhaft. Allerdings steht er in der Reihe der anderen auf den Abacustafeln, aber sein Zeichen ist nicht die einfache Null, sondern es ist ein Zeichen eingeschrieben, das am meisten einem α gleicht. Es könnte also dieses die Abbildung einer der Marken sein, die mit einem Zahlzeichen beschrieben waren (apices naturali numero insigniti et inscripti; s. oben 78). Es bestärkt mich in meinem Zweifel, dass Woepcke (II, S. 243 Anm. 12) die Ableitung von sipos aus dem Arabischen für unzulässig hält. Vielleicht kommt man der Wahrheit am nächsten, wenn man annimmt, dass ein Autor aus dem Ende des 9. oder Anfang des 10. Jahrhunderts mit den 9 Ziffern auch die Null kennen lernte, letztere aber für das Zeichen einer Marke oder eines Rechensteines hielt und desshalb aus dem arabischen cifron mit Bezugnahme auf $\psi\bar{\eta}\varphi o\varsigma$ die Form sipos bildete; denn dass alle diese Namen auf eine einzige Quelle zurückgehen, dürfte aus den geringen Varianten, die es davon giebt, mit Sicherheit zu schliessen sein. Dass man auch in der That das Zeichen Sipos als eine Marke benützte, beweist die Schrift des Radulph von Laon (s. Cantor S. 336 f. u. Woepcke II, S. 246 Anm.), in welcher die figura, cui sipos nomen est, in modum rotulae formata kurzweg rotula genannt und als Marke bei grösseren Multiplicationen zur Vermeidung von Irrungen benützt wird.

80) Wenn oben (78) gesagt wurde, dass mit den Gobarziffern oder den röm. Zahlzeichen von I bis VIIII oder den 9 ersten lateinischen oder griechischen Buchstaben auf dem Abacus mit Columnen ganze Zahlen dargestellt wurden, so darf dieses nicht so aufgefasst werden, als ob ein förmliches Anschreiben der Zahlen stattgefunden hätte. Die Zeichen deuteten die Zahlen nur so weit an, als es zum Multipliciren und Dividiren nöthig war. Wollte man z. B. 5090 multipliciren, so legte man (s. Olleris S. 343 u. 344) das Zeichen für 5 (bei den römischen Zeichen V, nicht V) in die Columne der Tausender, das für 9 (bei den römischen Zeichen VIIII oder IX, nicht XC) in die der Zehner und hatte dadurch die Zahl in ihren einzelnen

Theilen fixirt. Der Vortheil bestand nun darin, dass man es in jeder Columne nur mit einem der Einer zu thun hatte, was dazu führte, für diese einen besonderen Namen zu gebrauchen, der von der Fingerrechnung entlehnt wurde, nämlich den Namen digiti. (S. Z. X, S. 251—252).

81) Für die Brüche griff man zu den römischen Bruchzeichen, verwendete sie aber in 2 verschiedenen Weisen; Bernelinus nämlich zog für die Unzen, Scrupeln und die calci 3 besondere Columnen, aber nur um einen Platz für sie zum Notiren zu haben und sie besser auseinander zu halten. Einen Columnenwerth nahmen sie dadurch nicht an, sondern es bedeutete jedes den Bruch, den es auch ohne Columnen bezeichnet (s. Olleris, S. 397—400). Aehnlich behandelt der Verfasser von A_1 die Brüche, aber in einer einzigen Columne (s. Olleris S. 343 u. 344). Gerland dagegen verwendete die röm. Bruchzeichen in den Columnen der Einer, Zehner u. s. w. in der Art, dass z. B. das Unzenzeichen in der Columne der Zehner 10 Unzen bedeutete, das Zeichen des sextans in der Columne der Einer 2 Unzen; um 2 siliquae aber auszudrücken, musste er das Zeichen der siliqua 2 mal in die Columne der Einer setzen. Aehnliches geschieht bei O. Näheres lässt sich erst angeben bei der Darstellung des Rechnens mit dem Abacus mit Columnen.

82) Dass das Rechnen mit den Fingern durch die ganze Periode hindurch bekannt und geübt war, beweisen einerseits das Werk Beda's hierüber (s. 8) andererseits die Erwähnung in A_6 S. 239 und folgende Stellen im liber abbaci des Leonardo (S. 5 der Ausgabe von Boncompagni): Predictis figuris (Gobarziffern) earumque gradibus secundum materiam superius descriptam cum frequenti usu bene cognitis, opportet eos qui arte abbaci uti voluerint, ut subtiliores et ingeniosiores appareant, scire computum per figuram manuum secundum magistrorum abbaci usum antiquitus sapientissime inventam. Hierauf giebt er die Bildung der Einer, Zehner, Hunderter, Tausender nach der oben (5 u. 6) angegebenen Weise, lässt darauf (S. 6) die Additionstabellen (2 et 2 fiunt 4 etc.) und das Einmaleins (2 vices 2 fiunt 4 etc.) folgen und fügt dann noch S. 7 bei: Prescriptas igitur in tabulis iunctiones et multiplicationes in manibus addiscendo semper utantur colligere, ut animus pariter cum manibus in additionibus et multiplicationibus quorumlibet numerorum expeditior fiat. Welche Beihülfe dadurch dem Rechnen gewährt wird, zeigt sich am besten auf S. 379—380, wo 3 Faktoren zusammen multiplicirt und nur das Produkt derselben angeschrieben wird. Wenn aber ein Mann wie Leonardo so von dem Rechnen mit den Fingern schreiben konnte, so

ist deutlich, dass man dieses Rechnen sehr unterschätzte, wenn man glaubte, dass damit die Alten grössere Rechnungen nicht wohl ausführen konnten.

83) Für das Anschreiben der Zahlen dienten vorwiegend die römischen Zahlzeichen (vgl. 40 — 44), wobei es stets gebräuchlich gewesen zu sein scheint, die Tausender durch einen horizontalen Strich oberhalb der Zeichen für die Einer, Zehner und Hunderter derselben von den einfachen Einern, Zehnern und Hundertern zu unterscheiden. Doch finden sich in den Werken Beda's II. Bd. (Basel 1563) S. 153 die Zahlen IIMDCCCCXXII = 2922, IIIIMXIII = 4013, VIMDCCCCXXXV = 6935, undecies CCCLIIII fiunt IIIIMDCCCXCIIII u. S. 169. vicies octies VIM.DCCCCXXXV id est CXCIIIM.CLXXX, von denen ich aber nicht weiss, ob sie so den Handschriften entnommen oder vom Herausgeber so gebildet wurden.

84) Als der abacus mit Columnen aufkam, mussten, da man diese mit römischen Zeichen überschrieb, höhere Potenzen von 10 dargestellt werden als in den Zahlen gewöhnlich vorkommen und zwar jede für sich einzeln. Dies führte man in folgender Weise aus: In Gerberts regula de abaco computi (Olleris S. 311—324) wird

10^{26} bezeichnet mit $\overline{\overline{C}}\ \overline{\overline{I}}\ \overline{\overline{I}}\ \overline{\overline{M}}\ \overline{\overline{M}}\ \overline{\overline{I}}\ \overline{I}\ \overline{M}\ \overline{M}$ $= 100 \cdot 1000^{8}$

10^{25} » » X » » »

10^{24} » » » » »

10^{23} » » $\overline{\overline{C}}\ \overline{\overline{M}}\ \overline{M}\ \overline{I}\ \overline{I}\ \overline{M}\ \overline{M}$ $= 100000 \cdot 1000^{6}$

10^{22} » » $\overline{\overline{X}}$ ״ »

10^{21} » » $\overline{\overline{I}}$ » »

10^{20} ״ » C » »

10^{19} » » X ״ »

10^{18} » » » »

10^{17} » » $\overline{\overline{C}}\ \overline{\overline{I}}\ \overline{M}\ \overline{M}$ $= 100000 \cdot 1000^{i}$

10^{16} » » $\overline{\overline{X}}$ » »

10^{15} » » $\overline{M}$ » »

10^{14} » » C » »

10^{13} » » $\overline{X}\ \overline{I}\ \overline{I}\ \overline{M}$ $= 10000 \cdot 1000^{3}$

10^{12} » » $\overline{M}\ \overline{I}\ \overline{I}\ \overline{M}$ $= 1000^{i}$

10^{11} » » $\overline{\overline{C}}\ \overline{I}\ \overline{M}$ $= 100000 \cdot 1000^{2}$ und

$\overline{\overline{M}}\ \overline{I}\ \overline{\overline{C}}$ *) $= 1000^{2} \cdot 100000$

---

*) Bei Olleris steht $\overline{\overline{M}}\ \overline{I}\ \overline{I}\ \overline{C}$.

10^{10} bezeichnet mit $\overline{\text{X I M}}$ $=$ 10000 . 1000^2 und

$\overline{\text{C C}}$ $=$ 100000 . 100000

10^9 » » $\overline{\text{I I M}}$ $=$ 1000^3 und

$\overline{\text{X C}}$ $=$ 10000 . 100000

10^8 » » $\overline{\text{C M}}$ $=$ 100000 . 1000 und

$\overline{\text{I C}}$ $=$ 1000 . 100000

10^7 » » $\overline{\text{X I M}}$ $=$ 10 . 1000^2 und

$\overline{\text{C C}}$ $=$ 100 . 100000

10^6 » » $\overline{\text{I M}}$ $=$ 1000^2 und

$\overline{\text{X C}}$ $=$ 10 . 100000.

Die weiteren Potenzen sind mit $\overline{\text{C}}$, $\overline{\text{X}}$, $\overline{\text{M}}$, C, X bezeichnet. Man sieht also dass $\overline{\text{X}}$ überall $= 10^4$, $\overline{\text{C}} = 10^5$, $\overline{\text{I}}$ und $\overline{\text{M}}$ aber nur $= 10^3$ gerechnet wurde, dass bei den Potenzen über 10^{11} eine gleichmässige Ordnung beginnt, welche je 6 Potenzen in einen näheren Zusammenhang in so ferne bringt, als die paarweise vorkommenden Tausende gleichmässig geschrieben erscheinen, dass aber von 10^6 bis 10^{11} in wechselnder Weise die Potenzen von 1000 oder die Zahl 100000 Verwendung findet. Dieser Bezeichnung entsprechend findet sich im 3. Kapitel der Geometrie Gerbert's (ed. Pez im thes. anecd. III, 2, col. 15; doch scheint dieser Abschnitt nicht von Gerbert selbst zu stammen) die Zahl 2250000 ausgedrückt durch bis $\overline{\text{MI}}$. $\overline{\text{CCL}}$, wobei statt $\overline{\text{MI}}$ genauer $\overline{\text{M I}}$ stünde, 3375000000 durch ter $\overline{\text{MMM}}$, ter $\overline{\text{CMM}}$ et LXX es $\overline{\text{MM}}$ et Ves $\overline{\text{II}}$ (richtiger $\overline{\text{I I}}$), wofür jedoch Olleris (S. 409) ter $\overline{\text{MM}}$ et $\overline{\text{C C C}}$ et $\overline{\text{L X X V}}$ hat, ferner 10^6 durch $\overline{\text{MI}}$, 10^9 durch $\overline{\text{MM}}$ milia.

85) Dieselbe Art der Darstellung findet sich auch auf den Abacustafeln der ars geometrica (Boetius S. 396 und 427), auf deren ersterer ich jetzt statt $\overline{\text{M M}}$, $\overline{\text{C M}}$, $\overline{\text{X M}}$ und $\overline{\text{M}}$ schreiben würde $\overline{\text{I M I}}$, $\overline{\text{C M I}}$, $\overline{\text{X M I}}$, $\overline{\text{M I}}$, nachdem ich mich überzeugt habe, dass der Gebrauch der Form $\overline{\text{M}}$ für 1000 . 1000 nicht zulässig ist. Bei Bernelinus (Olleris S. 360) findet sich das Zusammenfassen von je 3 Potenzen nicht blos im Anschreiben, z. B. $10^6 = \overline{\text{M I}}$, $10^7 = \text{X } \overline{\text{M I}}$, $10^8 = \text{C } \overline{\text{M I}}$ und ebenso $10^9 = \overline{\text{M M I}}$, $10^{10} = \text{X } \overline{\text{M M I}}$, $10^{11} = \text{C} \overline{\text{M M I}}$, sondern auch durch äusserliche Beigabe eines Bogens, der die zusammengefassten Potenzen überspannt, und durch Beifügung der Buchstaben

C, D, S oder M für centeni, deceni, singulares oder monades als Ueberschriften. Gerland hat die Abtheilung von 3 zu 3 Potenzen ohne die Bögen und Ueberschriften; die regulae domni Oddonis erwähnen diese Ueberschriften, die kleineren und den grösseren Bogen.

86) Bereits in 81 wurde erwähnt, dass man für die Brüche die römischen Bruchzeichen benützte; aber die, welche sich bei Victorius finden (63), reichten nicht mehr aus. Schon die in den folgenden Paragraphen (64—67) besprochenen Werke enthielten eine Reihe weiterer Namen, die sich mehr oder weniger den älteren Namen für die Bruchzahlen anschlossen. Es wird am besten sein die Werke der jetzt vorliegenden Periode im Einzelnen durchzunehmen, um zu sehen, wie die eigenthümliche römische Bruchbezeichnung sich weiter entwickelte.

87) Die Etymologieen des Isidorus enthalten zwar keine besonderen Angaben über die Darstellung von Zahlen, aber es scheint, dass durch sie vorzüglich Namen und Zeichen in die Bruchrechnung gebracht wurden, welche die frühere Zeit in dieser nicht verwendete. Im 24. Kap. des 16. Buches werden unter der Ueberschrift de ponderibus Bruchtheile eines Pfundes aufgeführt, die sich in folgende Uebersicht bringen lassen:

libra	uncia	stater	duella	siclus oder quadrans	solidus oder sextula	dragma od. olce	tremissis	scripulus	obolus	cerates od. semiobolus	siliqua	calcus
1	12					8	24					
	1	½	1	3	2							
				1		1		1				
					1		1		3	18		
								1		8		
									1	6	34	
										2	1½	
										1	1	
												1

88) Die Zeichen, welche sich im Kap. 26 finden siehe auf der Tafel unter Nr. 17. Die Zeichen für libra sind die Anfangsbuchstaben von λιτρα, welches mit libra für identisch genommen wurde (s. die Indices von Hultsch zu den metrol. script. rell. S. 190 und 244); die

für uncia (vgl. oben 21) die Anfangsbuchstaben von *ουγγία*, welche Aehnlichkeit haben mit denen von *όλκή*. Die Zeichen für semuncia = stater bedeuten 3 solidi oder sextulae; die für dragma oder olce sind, wie Hultsch I, S. 171 dargethan hat, die Abkürzung der Anfangsbuchstaben von *όλκή*; die für dimidius solidus bedeuten 12 siliquae, das für solidus ist der Anfangsbuchstabe von *νόμισμα*, das für tremissis bedeutet 8 siliquae, das für 5 oboli ist der griechische Zahlbuchstabe für 5, oder die Verbindung von 5 Strichen, das für 4 oboli scheint aus 2 + 2 oboli *Γ* und *Γ* zu erklären zu sein. Das Zeichen für 3 oboli ist nach der Erklärung im Text ein T latinum, möglicher Weise aber nur die Verbindung von 3 Strichen, oder das Zeichen des teruncius (56) oder ein verändertes *Γ*, der griechische Buchstabe für 3. Das Zeichen für dimidius obolus oder cerates bedeutet vielleicht $1\frac{1}{2}$ siliqua, wenigstens giebt Hultsch II, S. XXIX ein Zeichen für cerates an, das diese Bedeutung haben und aus dem das Zeichen bei Isidorus entstanden sein könnte.

Es dürfte klar sein, dass diese Zeichen durchaus nicht auf dieselbe Linie, wie die ächt römischen Bruchzeichen zu stellen sind, und an ein Rechnen mit denselben wie mit jenen nicht zu denken ist. Als Quellen, denen Isidorus dabei folgte, hat schon Hultsch II. S. 31—32 das carmen de librae partibus und die vetus versio Epiphanii genannt.

89) In den Werken Beda's (Basel 1563 I) finden sich in den coll. 149—158 die semuncia mit dem Zeichen S (s. oben 48 am Ende), die duella mit 0 0, der sicilicus oder silicus mit) und (, die sextula mit 0, die dimidia sextula mit *Φ* und coll. 182 —183 findet sich noch der scripulus mit *Э*. Es geht also Beda, wenn diese Schriftstücke von ihm sind, wie es wahrscheinlich ist, nicht über den calculus des Victorius hinaus. Zu bemerken ist noch, dass statt deunx auch labus gesagt ist, wofür andere iabus haben, dessen Herkunft mir unbekannt ist. (= iabuns = *ια ουγγίαι*?).

90) In Alcuin's Werken finden sich der scripulus und silicus (sic) erwähnt und zwar von der lunaris cursus supputatio (s. Z. IX. S. 310—311), also als eigentliche Ausdrücke für die Bruchzahlen, wie auch die Theilung der hora per uncias genannt wird. Dazu finden sich die Namen punctus = $\frac{1}{4}$ hora (iuxta lunam) = $\frac{1}{5}$ hora (secundum solis cursum; s. Z. X S. 270 Anm.), minutum = $\frac{1}{10}$ hora und intervalla horarum ac punctorum seu momentorum. Diese Namen bezeichnen also alle Zeitabschnitte und Zeittheilchen und keine Brüche an sich.

91) Es scheint hier der besste Platz zu sein, von den Zeitein-

theilungen zu reden, die sich ähnlich wie die Theilungen des Pfundes und in Verbindung mit denselben finden. (S. Z. X. S. 270. Anm.). In den gromatici veteres (ed. Lachmann I. S. 374, 6 — 13) heisst es: Libra dicitur quicquid per duodenarii numeri perfectionem adimpletur. nam libra dici potest annus, qui constat ex IIII temporibus et XII mensibus et ex L duobus ebdomadibus et die vel (lies et) quadrante. libra esse potest aequinoctionalis dies sine sua nocte, qui constat XII horis. hora constat ex V punctis, X minutis, XV partibus. XL momentis, LX ostentis. hora autem diei secundum solis cursum V punctos habet, iuxta lunam IIII. Im cod. lat. monac. 14836 finden sich fol. 77ᵇ — 78ᵃ folgende Angaben (vgl. Z. X. S. 270 Anm.): Hora habet punctos V, minuta X, partes XV, momenta XL, ostenta LX. — Quadraginta septem athomi untiam constituunt, untiae XII faciunt momentum, momenta vero X congerunt punctum, puncta IIII horam implent, quae ex X minutis constat. Horae XXIIII diem cum nocte procreant. Ostentum habet athomos CCCLXXVI. Im Excerptum mathematicum II bei v. Jan, Macrobius I, S. 225 — 226 ist neben triens horae noch ostentum (= ₆₀¹ Stunde also = 1 Minute) gebraucht. In diesem Excerpt findet sich auch der Ausdruck firmamentum für den Sternhimmel.

92) Es dienten also die Ausdrücke puncta, minuta, momenta zum Theil in Verbindung mit hora, partes, ostenta, zum Theil in Verbindung mit hora, untia, athomi als Namen für kleine Zeittheile. Wann dies zuerst geschah, vermochte ich noch nicht zu ermitteln. Die Römer kamen erst 263 vor Chr. in den Besitz einer Sonnenuhr und 164 v. Chr. erst in den Besitz einer solchen, welche für Rom berechnet war. Diese sowie die seit 159 v. Chr. aufkommenden Wasseruhren liessen keine Eintheilung in kleinere Theile als Stunden zu, deren 12 gebildet wurden, entsprechend der Eintheilung des as in unciae. S. Marquardt V, 1. S. 258. 259. 262. V, 2. S. 379. Der allgemeine Ausdruck punctum temporis für Augenblick berechtigt nicht zur Annahme einer Eintheilung der hora in puncta, wie sie im Vorstehenden enthalten ist. Die ältesten mir bekannten Stellen für diesen Gebrauch sind die in den Briefen Alcuin's, welche ich Z. IX. S. 310 — 311 mitgetheilt habe.

Dass man die angeführten Ausdrücke in Verbindung mit den gewöhnlichen Bruchnamen brachte, geht aus der Zusammenstellung mit uncia und libra hervor, dass man aber förmliche Bruchzahlen daraus machte, mit denen man rechnete, wie mit den alten römischen Bruchzeichen ist schon darum nicht anzunehmen, weil besondere Zeichen dafür fehlen.

93) Es ist aber nun daran zu erinnern, dass die Namen puncta, minuta und momenta auch in der ars geometrica (Boetius S. 425—428) vorkommen, (S. oben 64) und zwar in Verbindung mit den Massen, deren sich die Feldmesser bedienten und im Anschluss an einen quadrans, von dem nicht gewiss war, was darunter zu verstehen sei. Nach dem Vorstehenden kann man auf den Gedanken kommen, dass dieser quadrans der 4. Theil eines Tages, also = 6 Stunden ist; ist dann eine Stunde = 4 puncta, dann erhält man 1 punctum = $\frac{1}{2\frac{1}{4}}$ quadrans, so dass statt XXVIII (Boetius S. 428, 11) XXIIII zu schreiben wäre. Da 1 hora = 10 minuta = 40 momenta, so ist 1 punctum = 2½ minuta und 1 minutum = 4 momenta, wie es oben 64 angegeben ist.

Für eine solche Verbindung von Feldmassen mit Zeitmassen wird man in der Zeit des Boetius keinen Halt finden; die dem 8. Jahrhundert folgenden 2 Jahrhunderte höchst geringer Leistungen scheinen mir die Zeit zu sein, wo derartige Wissenschaft auftauchen konnte.

94) In Gerbert's Schriften finden sich Zeichen von Brüchen sowohl in Tabellen als in Angaben von Dreiecksseiten und Flächen von Dreiecken. Man sehe in der Ausgabe von Olleris S. 346 — 348 und Fig. 35. 36. 37. Aber alle diese Stellen sind höchst wahrscheinlich nicht von ihm. Dagegen gehören sie ohne Zweifel seiner Zeit an und es wird daher am passendsten sein, hier die Tabelle zu besprechen, welche bei Olleris S. 346 — 348 sich findet. Ihr Inhalt ist am übersichtlichsten in folgender Weise dargestellt:

	unciae	sextulae	scripuli	siliquae	oboli
as	12	72	288		
deunx	11	66	264		
dextans	10	60	240		
dodrans	9	54	216		
bisse	8	48	192		
septunx	7	42	168		
semis	6	36	144		
quincunx	5	30	120		
triens	4	24	96		
quadrans	3	18	72		
sextans	2	12	48		
sescuncia	1½	9	36		
uncia	1	6	24		48
semuncia	½	3	12	72	
duella	⅓	2	8	48	
sicilicus	¼		6	36	
sextula	⅙		4	24	8
dragma	⅛		3	18	6
dim. sext.	1/12		2	12	
tremissis		⅓		8	
scripulus	1/21			6	2
oboli V				15	5
„ III	1/15			9	3
obolus	1/18			3	
cerates	1/96			1½	½
calcus	1/192	1/32			⅓
siliqua	1/144	1/21			⅓

Die Zeichen sind fast ganz dieselben, welche auf der Tafel unter N. 15 und 17 zu 63 und 88 gegeben sind; diejenigen, welche davon abweichen oder dadurch nicht bestimmt sind, stehen dort unter 18. Von 4 oboli findet sich das zu 88 angegebene Zeichen ohne das Wort dazu. Dem Zeichen für obolus ist beigefügt: obot D B L M, wahrscheinlich blosse Wiederholungen des Wortes obolus. Bei der Zahl der sextulae für die uncia und die duella steht über dem Zeichen der sextula das Wort solidi geschrieben, bei der für die semuncia steht unter der Zahl noch solidi XIIII denar. Bei dem Wort sextula steht am Rand: Nomisma graecum est solidum vel sextula, und bei der Zahl der siliquae für die dim. sext. steht IB dimid. sol. Es ist also die sextula ganz dem solidus gleichgestellt. Unter der Zahl der oboli für die sextula ist H geschrieben d. h. die griechische 8. Die 3 oboli sind auch noch als dragmae pars II. bezeichnet. Der siliqua ist beigefügt ordei III 2 ' L und weiter unten constans III granis ordei. End-

lich sei bezüglich des calcus noch bemerkt, dass Hultsch, M. S. 114
den chalcus $= \frac{1}{8}$ obolus setzt und in der 17. Anm. sagt, dass Plinius
dem obolus 10 chalcus giebt.

95) Es ist keinem Zweifel unterworfen, dass hier die Namen und
Zeichen, die sich bei Isidorus finden, mit der älteren Tabelle der
Brüche, die nur bis zu dem scriptulum reichte, verbunden sind. Die
Einschiebsel und Anhängsel sind handgreiflich erkennbar und die Ue-
bereinstimmung mit dem 26. Kapitel des Isidorus so gross, dass eine
andere Quelle als eine etwa beiden gemeinsame nicht denkbar ist.

Als Zeit dieser Erweiterung der Bruchbezeichnungen ist die des
Abbo von Fleury mit aller Wahrscheinlichkeit anzunehmen. Sein
Commentar zum calculus des Victorius zeigt nämlich, dass er die Namen aus Isidorus kannte, aber wenig mit der Sache umzugehen wusste
(Vgl. Z. IX, S. 309 Anm.). Dazu stimmt auch der Umstand, dass
unmittelbar an die angegebene Tabelle die Gobarziffern mit ihren
seltsamen Namen angereiht sind und zwar in 4 Columnen für 5 bis
1 in den ersten zwei Zeilen, für 9, 0, 8, 7, 6 in der 3. und 4. Zeile
darunter.

96) Das Werk des Bernelinus (Olleris S. 357—400) ist desswegen von besonderer Bedeutung, weil das 4. Buch von den minutiae
nach Victorius gearbeitet und dabei der Versuch gemacht ist, die
Rechnung mit den Minutien dem Abacus mit Columnen anzupas-
sen. S. 387—388 werden die Namen und die nächste Werthbestim-
mung angegeben, wovon zu erwähnen ist, dass für deunx auch der
Name iabus angeführt ist (s. 89) und für dimidia sextula emisescla.
— Den Tabellen der Produkte aus den unciae und minutiae (letzteres
Wort begreift die Theile der uncia, also die Brüche, die kleiner als $\frac{1}{12}$)
geht eine Uebersicht der unciac und minutiae zugleich mit ihrer Werth-
bestimmung als Theile des as vorher, nämlich uncia $= \frac{1}{12}$ as, semuncia
$= \frac{1}{24}$, duella $= \frac{1}{36}$, sicilicus $= \frac{1}{48}$, sextula $= \frac{1}{72}$, dragma $= \frac{1}{96}$, emisescla
$= \frac{1}{144}$, scripulus $= \frac{1}{288}$, obolus $= \frac{1}{576}$, cerates $= \frac{1}{1152}$, calcus $= \frac{1}{2304}$.

Die Zeichen hiefür siehe auf der Tafel unter Nr. 19. Auf
S. 393—396 stehen in diesen Zeichen die Producte von as bis cerates
in se, d. h. die Quadrate dieser Brüche, dann die Produkte von
deunx, dextans u. s. w. bis zur emisescla in alle ihnen folgende Brüche
bis auf scripulus. Da aber hiezu die angegebenen Zeichen nicht ausreichen, so werden die Bruchtheile, die kleiner sind als ein calcus, als
Theile von diesem angeschrieben, z. B. VIᵃ, XIIᵃ, XVIIIᵃ gerade so,
wie es früher mit den scripuli geschah (s. 50). Endlich finden sich
in den Rechnungen (Olleris S. 306—400) 3 Columnen mit den Zeichen
für uncia, scripulus und calcus als Ueberschriften, aber ohne dass da-

mit eine Abkürzung in der Darstellung der Brüche gegeben würde,
sondern die Ueberschriften deuten nur an, dass die Zeichen vom deunx
bis zur uncia in die 1., von der semuncia bis zum scripulus in die 2.,
von obolus, cerates und calcus in die 3. Columne zu schreiben sind.
Vgl. 81.

97) In dem mit A_1 bezeichneten Werke finden sich (Olleris
S. 334—336) nur die Produkte von uncia bis as in sich selbst und
die grösseren Bruchtheile, in diesen aber alle Zeichen von dem
des deunx bis zu dem des obolus. Das Zeichen der dragma findet sich
auf dem Abacus (Olleris S. 343 und 344), wo jedoch für sämtliche
Minutien nur 1 Columne gezogen ist. — Gerland reiht an die Namen
und Zeichen der 9 Gobarziffern unmittelbar die der Minutien, wie es
auf der Tafel unter N. 20 angegeben ist. Wie er sie auf dem Abacus
verwendet, ist bereits oben erwähut (81). — Bei A_2 finden sich die
Namen der Theile des as und dazu semuncia, sicilicus, dragma, scripulus, obolus, cerates, calcus, aber ihre Zeichen dienen nicht mehr bei
der Rechnung auf dem abacus. — Bei O wird von den Minutien nur
mehr gehandelt, weil es für die Lektüre der philosophischen und hei-
ligen Schriften nöthig ist: Quia haec vocabula minutiarum mo-
derni non frequentant, paullatim notitia eorum fere periit,
licet in multis philosophorum scriptis usus admodum illorum necessa-
rius sit: sed et divina pagina tam veteris quam novi testamenti minutiarum notitiam in multis locis requirit. Wie gering die Keuntniss
von der Sache war, geht daraus hervor, dass dem Verfasser dextans,
dodrans et bisse graecam etymologiam habere videntur, dass er bei
sescuntia zweifelhaft ist, ob es eine graeca oder latina compositio ist.
Auf dem Abacus werden zwar die alten Zeichen angewendet (pro LX
calcis obolum et ceratem in deceuo ponas pro quatuor calcis obolum relinquas sc. bei den Einern), aber dies ist nur äusserliche Form,
in der That wird mit ganzen Zahlen gerechnet.

98) Fasst man nun die Darlegungen in den §§. 64—67 und 86
—97 zusammen, so überzeugt man sich leicht, dass nach der Zeit des
Victorius die Bruchrechnung eine Erweiterung erfahren hat, indem zu
den Namen und Zeichen für $\frac{11}{12}, \frac{10}{12} \cdots \frac{1}{6}, \frac{1}{8}, \frac{1}{12}, \frac{1}{21}, \frac{1}{36}, \frac{1}{8}, \frac{1}{72}, \frac{1}{111},$
$\frac{1}{188}$ noch Namen und Zeichen für $\frac{1}{96}, \frac{1}{576}, \frac{1}{1152}, \frac{1}{1728}, \frac{1}{2304}$ hinzu-
kommen; seltener findet sich Namen und Zeichen für $\frac{1}{216}$ (tremissis)
und dass T (oboli III) für $\frac{1}{192}$ Verwendung gefunden hat, dafür fehlt
es bisher an jedem Beleg. Für die in der seltsamen Liste der Minutien in der ars geometrica genannten punctum, minutum, momentum,
für E (oboli V) bei Isidorus und in der oben 94 erwähnten Tafel hat

sich gleichfalls kein Anhaltspunkt ergeben, um sie als zur Bruchrechnung zugezogen zu betrachten.

Die Zeit für diese Erweiterung scheint mir das 10. Jahrhundert gewesen zu sein, in welchem das Aufkommen des Rechnens mit Columnen die Beschäftigung mit der elementaren Arithmetik wieder anregte. Im 12. Jahrhundert erscheint die Sache aber bereits wieder in Vergessenheit gerathen, da bequemere Weisen sie antiquirten. Wenn im 16. Jahrhundert z. B. in $Μαθηματων$ $στοιχεια$ hoc est Elementale cosmographicum . M . D . XXXIX. Argentorati apud Cratonem Mylium, sich wieder die Namen scrupulus, seu quod minutum dicunt, dodrans, quadrans, triens, uncia, semuncia sich finden, so erklärt sich dies leicht daraus, dass man die älteren Werke der besseren Zeit studirte und die daraus gelernten Ausdrücke verwendete.

99) Es ist nunmehr noch von der Darstellung von Zahlen durch die Ziffern d. h. die Gobarziffern zu reden.

Im §. 79 ist erwähnt, dass der Nachweis von Ziffern aus der Zeit Karls des Grossen noch nicht geliefert ist. An sich ist derselbe keine Unmöglichkeit, da die Araber in Bagdad im Jahre 773 indische astronomische Tafeln erhielten und also die Gesandtschaft des 'Harun Al Raschid, die 807 nach Achen kam, die neuen indischen Ziffern mitbringen konnte. (S. Woepcke II, S. 480 Anm. 2 und Z. IX. S. 321 —324). Wären die Aufgaben ad acuendos iuvenes, die man dem Alcuin zuschreibt, mit Sicherheit auf diesen zurückzuführen, so könnte man aus der 50. Aufgabe ein Argument entnehmen, dass mit römischen Zahlzeichen gerechnet wurde. Oder würde die Aufgabe: Wenn 1 metrum 48 sextarii oder 289 meri enthielt, wieviel enthalten 100? für Ziffern mit Positionswerth in die Sammlung aufgenommen worden sein? Nimmt man aber römische Ziffern, dann ist $\overline{\text{IIII}}$. DCCC genug von XLVIII und $\overline{\text{XXVIII}}$. DCCCC von CCLXXXVIIII verschieden, um eine Aufgabe darüber zu stellen.

Während also hierüber nichts bestimmtes vorliegt, wissen wir mit Sicherheit einerseits, dass bei den Arabern Mohammed Ben Musa Alkhârizmî c. 800, oder einige Jahrzehnte später, die indische Arithmetik bekannt machte, dass diese auch bei den Arabern des Westens Eingang fand und mit den Gobarziffern geübt wurde (Woepcke II, S. 516—517), dass es von dem Werk des Mohammed eine lateinische Uebersetzung gab, welche Boncompagni unter dem Titel Algorithmi de numero indorum in Rom 1857 (L₁) herausgegeben hat, und dass eben dieses Werk von Johann von Sevilla oder Johannes Hispalensis in der 1. Hälfte des 12. Jahrhunderts bearbeitet wurde, welche Arbeit ebenfalls Boncompagni unter dem Titel Joannis Hispalensis liber algorismi de pratica arismetrice Rom 1857 (L₂) bekannt gemacht hat. Andererseits finden sich in Mss. des 11. Jahrhunderts die Gobarziffern in Verbindung mit dem Abacus mit Columnen besonders für Multiplicationen und Divisionen angewendet und wir wissen, dass es hierüber ein Werk eines Spaniers Joseph gegeben hat, das Gerbert kannte, und dass Gerbert ein, ja wahrscheinlich zwei Werke geschrieben und einen Abacus aus Leder und mit Marken aus Horn ausgesonnen hat, um eben diese Operationen seinen Schülern geläufig zu machen, und dass dieses mit solchem Erfolg geschah, dass eine ziemliche Anzahl von Schriften meist nur handschriftlich vorliegt, die von seinen Schülern und anderen abacistae herrühren.

100) Dass nun diese Schriften am Ende des 10. und Anfang des 11. Jahrhunderts ein neu Aufkommendes und zwar aus arabischen Quellen Entnommenes enthalten, dafür sehe ich den vollgültigsten Beweis in den seltsamen Namen (79), welche nicht nur auf den Darstellungen des abacus mit Columnen erscheinen, sondern · auch in den Anweisungen zum Rechnen gebraucht wurden, z. B. von Gerland in Stellen wie: In quocunque arcu igin (1) ponatur, in eodem significabit unitatem ascripti numeri oder trahes eos (die Zeichen für 24) in inferiorem partem sui arcus arbante (4) expulso. Lange scheint sich dieser Gebrauch nicht erhalten zu haben; aber wie hätte man auf denselben kommen können, wenn die Ziffern, die man damit bezeichnete von den Zeiten des Pythagoras her schon bekannt gewesen wären? Sollte es eine blosse Liebhaberei gewesen sein, längst Bekanntes mit neuen und zwar so seltsamen, Niemandem verständlichen Namen zu bezeichnen? Waren aber die Ziffern neu, so erklärt sich auch leicht, dass sie ihre fremdländischen Namen mitbrachten, die dann nur so lange sich erhalten konnten als der Reiz der Neuheit ihre Unnöthigkeit nicht merken liess.

Man beachte übrigens, dass diese Namen nur auftauchen bei der Verwendung der Gobarziffern auf dem Abacus mit Columnen, also bei dem ersten Uebergang der 9 indischen Ziffern ins christliche Abendland, der nach aller Wahrscheinlichkeit in Spanien stattfand. Die Kunde, dass die Araber nur 9 Zeichen brauchten, um die Multiplicationen und Divisionen aller Zahlen auszuführen, scheint die Aufmerksamkeit zunächst auf diese 9 Zeichen gelenkt zu haben und ohne dass man sich auch das Verfahren zeigen liess, bei welchem dieselben zur Verwendung kamen, scheint man nur die Zeichen mit ihren Namen gesucht und den altrömischen Abacus mit senkrechten

Einschnitten zur Aufnahme derselben umgeformt zu haben. Wie man nun auf dem römischen' Abacus zu dem Zeichen der semuncia, des sicilicus und der sextula auch diese Namen hatte und gebrauchte, so war es ganz natürlich auch zu den neuen Zeichen für die 9 Einer die Namen, die sie bei den Fremden hatten, beizuziehen. Da nun nach aller Wahrscheinlichkeit bei der Unkenntniss der abendländischen Christen in der arabischen Sprache die Tradition der Namen eine mündliche gewesen ist, so erklärt sich daraus auch die grosse Verstümmelung, welche die arabischen Worte bei den Christen des Abendlandes erlitten. In Z. X S. 280 habe ich auf Stellen in L_1 aufmerksam gemacht, welche ganz zur Sprechweise bei dem Rechnen mit Columnen passen. Aber die S. 2 und 4 vorkommenden Ausdrücke: Set nunc redeamus ad librum und Nos autem redeamus ad librum zeigen, dass der Uebersetzer auch von seinem Wissen, wenigstens im Anfang etwas beifügte und so kann die Aehnlichkeit erst durch ihn grösser geworden sein, als sie bei genauer Wiedergabe des Urtextes sein würde. Vgl. unten 174 a. E.

101) Ganz Anderes zeigt sich, als das Verfahren der Inder selbst mit den Gobarziffern im 12. Jahrhundert bekannt wurde. Die Namen der Gobarziffern kommen dabei gar nicht in Betracht, auch zunächst nicht der Name für die Null, sondern nur als gelegentlicher Zusatz erscheint dieser und erfährt erst nach c. 300 Jahren die Ausdehnung auf alle Gobarzeichen überhaupt. L_1 lehrt S. 1—5 das Anschreiben der Zahlen mit »IX literae« und einem »circulus parvulus in similitudine(m). o. litere.« Ausdrücklich ist aber dieses als ein Verfahren der Inder bezeichnet. In L_2 wird S. 28—29 das Anschreiben mit den figurae gelehrt und für Null der Ausdruck circulus gebraucht. In L_3 ist das Anschreiben nur mit den Worten berührt: omne quod dici aut excogitari potest de numeris, scribi vel legi potest his IX figuris, addita ista o, quae cifra vocatur, nihil habens significare praeter locum absque numero demonstrare, worauf noch folgt, dass jede Stelle weiter nach links den Werth der vorhergehenden verzehnfacht. Gelegentlich sei dabei bemerkt, dass der Zifferwerth der einzelnen Ziffer ihre significatio accidentalis genannt wird, während ihr Stellenwerth significatio naturalis heisst. In L_4 lehrt Leonardo S. 2—3 das Anschreiben mit den novem figurae indorum und dem signum quod arabice zephirum appellatur.

Es ist nicht unwahrscheinlich, dass durch den Einfluss des bedeutenden Werkes des Leonardo, der im weiteren Text das Wort zephirum für Null verwendet, dieses Wort in Italien überhaupt gebräuchlich wurde, und allmählig in zefiro und zero überging, welche beide Formen sich in Mss. des XIV. und XV. Jahrhunderts finden, wie ich einer gütigen Mittheilung des Fürsten Boncompagni entnehme. In Deutschland ist die lateinische Form cifra die herrschende geblieben und, wie es scheint im 15. Jahrhundert, nachdem lange cifrae in Verbindung mit figurae gebraucht wurde, auch ohne den Beisatz von figurae gebräuchlich und so zur Bezeichnung auch eines jeden der 9 Zeichen für die Einer geworden. Vgl. Gerbert etc. S. 47—48.

Anm. 23. Als Curiosum mag hier die Ableitung des Zeichens der Null aus ω und α und des Namens aus ὦα ζεφύρια erwähnt sein, die sich findet in der Schrift: Renatum e Mysterio Principium philologicum auctore Joh. Petro Erico. Patavii. Anno. M.DC.LXXXVI. Dort steht S. 69 als Antwort auf die Frage, unde ductus eorum (der Zeichen 0....9) originem trahat: Ab Aegyptiorum, ut dixi, aut si mavis, a iam dictis Graecorum literis vel numeris; cum enim Auctores, quorum nomen ignotum, priores (sic!) duas literas, nempe ω et α, annullaverint appellando illas ὦα ζεφύρια (post ab Arabibus corrupte dicta Zyphra et ab Italis corruptissime Zero) id est: Ova (propter similitudinem) irrita et vento plena.!

Was endlich die Form der Ziffern betrifft, so deutet der Umstand, dass sie nicht die der Ziffern bei den Arabern des Orients, sondern die bei den Arabern des Occidents ist (s. Woepcke II, S. 56 ff. 239 ff. 517), wie alle anderen Umstände darauf hin, dass die indischen Ziffern über Nordafrika und Spanien in das christliche Abendland gekommen sind.

Um aber zu erklären, wie die Ziffern der Araber im Westen andere Gestalt erhalten konnten als bei den Arabern im Osten, bedarf es der Neupythagoreer und ihres angeblichen abacus mit Columnen nicht. Dass die Inder eine grosse Mannigfaltigkeit von Zifferformen besassen, ist hinlänglich bezeugt (s. Woepcke II, S. 483), dass auch in der Zeit des Alkhârizmî Verschiedenheiten in den Formen bestanden, sagt dieser ausdrücklich (S. 1 in L₁): est quoque diversitas inter homines in figuris earum: fit autem hec diversitas in figura quinte litere et sexte, septime quoque et octave. Set in hoc nullum impedimentum est. Der letztere Zusatz zeigt, dass man um diese Verschiedenheiten sich wenig kümmerte, und so können Zufälligkeiten schliesslich den sogenannten Gobarziffern bei den Arabern des Westens das Uebergewicht über die anderen gegeben haben. Es hat z. B. nichts unwahrscheinliches an sich, dass ein indisches Manuscript, aus welchem Alkhârizmî das Verfahren der Inder entnahm, für seine Art die Ziffern zu schreiben entscheidend war, und hinwiederum das Werk des

Alkhárizmi für die Araber des Westens. Auf Tafel VI des Werkchens Gerbert etc. habe ich eine Reihe von Formen der Ziffern mitgetheilt, darunter auch die, welche sich auf erhaltenen abacus mit Columnen finden; hier stelle ich auf der Tafel in Nr. 20, a solche Formen zusammen, welche den Zusammenhang unserer jetzigen Ziffern mit den Gobarziffern unabhängig von den Manuscripten der sogenannten Geometrie des Boetius darthun können.

102) In nächster Verbindung mit dem Anschreiben steht das Aussprechen der angeschriebenen Zahl. Hierüber giebt L_1 S. 6—7 die Anweisung, dass man die Stellen (differentiae) zu zählen hat. Die erste Stelle rechts sei die der Einer, die übrigen habe man nun nach links zu nehmen, deceni, centeni, milia, dann x. milia, .c. milia, mille milium, dann .x. milia milium, .c. milia milium, mille mille milium tribus vicibus u. s. w. Bliebe über solche drei differentiae der decenorum, centenorum, milium, eine übrig, so gehöre sie den .x. milia der milia, die man zuletzt zu sprechen hatte, blieben aber zwei übrig, so gehöre die 2. den .c. milia eben jener milia. Es wird also von den Zehnern aus nach drei und drei Stellen abgetheilt.

Beim Aussprechen werden die Hunderter für sich benannt und die Zehner und Einer für sich. 1 180 703 051 492 863 wird ausgesprochen:

	mille	mille	mille	mille milium
vel centum	milia	milia	milia	»
» octoginta	»	»	»	»
deinde septingenta	»	»	»	»
et tria	»	»	»	»
vel quinquaginta unum			»	»
» quadringenta				milia
et nonaginta duo				»
et octingenta sexaginta tres.				

Bei L_2 findet sich hierüber kein besonderer Abschnitt und S. 26 heisst es nur: Quintum limitem decem milia dixerunt, et sextum centum milia, et septimum millies millium, rursum octavum decies millies millium, nonum vero centies millies millium, decimum vero millies mille millium, undecimum vero decies millies millies millium et sic sequentes ex decuplatione precedentis limitis procreantes limites in infinitum processerunt. — Somit erscheint jede Stelle nur für sich betrachtet und eine weitere Gruppirung nicht gesucht. — In L_3 wird S. 3 das Aussprechen kurz in folgender Weise angegeben: Notandum quot ternarii tot fiunt puncti, et quot fuerint puncti tociens mille debet pronuntiari. Dazu habe man noch zu beachten, wieviele figurae auf den letzten Punkt noch folgen. Bliebe nach dem letzten Punkt 1 figura, so sei sie als Einer, wenn 2, als Zehner, wenn 3, als Hunderter zu sprechen. Endlich lautet für das Aussprechen noch eine kurze Regel: secundum numerum punctorum repetatur denominatio millenorum, in ultimo pluraliter, in penultimo singulariter, in reliquis adverbialiter, excepto ternario primo ad dextram posito.

Darnach wird das Beispiel 495.827.361.052.951 gelesen:

Quadringencies nonagies quinquies milies milies mille milia ·
octingencies   vigies   septies   »   »   »
trecenties   sexagies |semel| »   »
            quinquagies bis   »   (vel duo milia)
nongenti   quinquaginta unus.

103) Leonardo giebt S. 4—5 folgende 2 Arten an. Erstens das Abtheilen adcentando bei jedem Hunderter durch einen Strich oben, bei jedem Tausender durch einen Strich unten, worauf dann jeder Strich oben die Zahl als einen Hunderter bezeichnet, bei jedem Strich unten aber das mille so oft mal gesagt wird, als bis zu jener Stelle von rechts her Striche stehen; z. B. 1,0'07, 5'43. 2'89, 0'81. (Im Text von Boncompagni fehlen die Striche). mille septem milia milia miliaria et quingenta quadraginta tria milia miliaria et ducenta octuaginta novem miliaria et insuper octuaginta unum. Hier ist zu beachten, dass für den letzten Tausender der Kürze wegen eine Ausnahme von der Regel gemacht ist, da nach dieser mille milia milia miliaria am Anfang gesprochen werden müsste, nach diesem erst septem milia u. s. w.

Bei der zweiten Art werden Bögen (arcus) angewendet, z. B. $\overgroup{678}$ $\overgroup{935}$ $\overgroup{784}$ $\overgroup{105}$ 296, gesprochen:

sexcenta septuaginta octo milia milia milia milium
et noningenta et triginta quinque   »   »   »
et septingenta octuaginta quattuor   »   »
et 105 milia et 296. Wenn zuletzt 1 oder 2 figurae übrig bleiben, so nehme man die 4 oder 5 Ziffern unter den letzten Bogen zusammen. Also auch hier dieselbe Ausnahme wie bei der ersten Art.

104) Endlich ist von der Darstellung der Brüche zu reden. Bei Alkhârizmi werden S. 17 ff. die Sexagesimalbrüche besprochen oder vielmehr die Zahlen mit den Benennungen minuta, secunda, tertia, quarta u. s. w., neben welchen die Ganzen gradus heissen; von den übrigen Brüchen ist nur der Anfang erhalten auf S. 22 u. 23, woraus man sieht, dass $3\frac{1}{2}$ und $8\frac{3}{11}$ geschrieben wurde 3 8.
1 3
2 11

Joannes Hispalensis handelt ähnlich von S. 49 bis S. 56 von den Sexagesimalbrüchen, hierauf aber von den gemeinen Brüchen. S. 58 findet sich das Produkt $\left(8 + \frac{2}{3} + \frac{3}{5}\right) \cdot \left(3 + \frac{1}{3} + \frac{2}{4}\right)$ in folgender Weise angeschrieben:

8		3
2		1
3		3
3		2
5		4

S. 65 ist auch von fractio fractionis die Rede u. S. 66 ist der Bruch

$$\frac{\left(\frac{3}{8}\right)}{10} \quad \text{angeschrieben} \quad \begin{vmatrix} 3 \\ 8 \\ 7 \\ 10 \end{vmatrix}$$

nur dass durch einen Druckfehler oder Schreibfehler 2 statt 3 steht.

In L_3 werden die Brüche nicht behandelt. Die Reste, welche S. 7 im exemplum librarum sich ergeben, werden auf kleinere Benennungen gebracht oder es wird damit gescherzt: supererunt adhuc 7 (nummi), quos si in obulos redigam, per hoc forsan ipsos (mercatores) confundam. Quapropter ut honestati eorum parcatur, placuit nobis, ut ova emantur. Mercatores enim sunt; delapidationem substantiae pati nesciunt. Emamus ex iis ova; sunt pro certo ad prandium sibi profutura.

105. Bei Leonardo finden sich S. 24 nicht nur bereits die Brüche in unserer jetzigen Weise angeschrieben z. B. $\frac{13}{347}$, wobei 13 denominans, 347 denominatus heisst, sondern auch noch folgende Arten:

1) Brüche mit mehr als einer Zahl im Zähler und Nenner ohne weitere Zeichen, z. B.

$$\frac{1\,4}{2\,7} = \frac{4}{7} + \frac{1}{2} \cdot \frac{1}{7} \,, \quad \frac{1\,0}{2\,7} = \frac{1}{2} \cdot \frac{1}{7}$$

$$\frac{1\,5\,7}{2\,6\,10} = \frac{7}{10} + \frac{5}{6} \cdot \frac{1}{10} + \frac{1}{2} \cdot \frac{1}{6} \cdot \frac{1}{10}$$

Diese Brüche nannte man auf Stufen befindliche (dicuntur esse in gradibus; der erste Bruch rechts z. B. $\frac{1}{10}$ steht auf der ersten Stufe des Striches (virga), der folgende $(\frac{5}{6})$ auf der 2., der dritte $(\frac{1}{2})$ auf der dritten u. s. w.

2) Solche Brüche mit einem Ring (circulus) rechts; z. B.

$$\frac{2\ 4\ 6\ 8}{3\ 5\ 7\ 9}\,o = \frac{8}{9} + \frac{6}{7} \cdot \frac{8}{9} + \frac{4}{5} \cdot \frac{6}{7} \cdot \frac{8}{9} +$$

$$+ \frac{2}{3} \cdot \frac{4}{5} \cdot \frac{6}{7} \cdot \frac{8}{9}$$

3) Solche Brüche mit einem Ring links; z. B.

$$o\frac{8\ 6\ 4\ 2}{9\ 7\ 5\ 3} = \frac{2}{3} \cdot \frac{4}{5} \cdot \frac{6}{7} \cdot \frac{8}{9}$$

(Im Text fehlt der Ring.)

4) Brüche mit kleinen Strichen über einem grösseren; z. B.

$$\frac{1\ 1\ 1\ 5}{5\ 4\ 3\ 9} = \frac{5}{9} + \left(\frac{1}{3} + \frac{1}{4} + \frac{1}{5} \right) \cdot \frac{1}{9}$$

Bei der Darlegung des Rechnens mit den Brüchen wird sich ergeben, wie das Bemühen nach bequemen und leichten Divisionen auf diese uns durch die Decimalbrüche überflüssig gewordenen Formen führte.

~~~~~~~

II. Das elementare Rechnen.

1) Bei den Griechen.

106) In welcher Weise bei den Griechen das elementare Rechnen geübt wurde, ist mit Bestimmtheit nicht zu ermitteln. Förmliche Rechenbücher sind nicht erhalten, da das Fingerrechnen ebenso wie das Rechnen mit den ψῆφοι solcher nicht bedurfte, sondern von Lehrern den Schülern gezeigt und von diesen durch ofte Wiederholung gelernt werden musste. Dazu kommt, dass an den Stellen, wo die Ausrechnung einer Aufgabe hätte gezeigt werden können, diese als bekannt übergangen und nur das Resultat genannt wird: höchstens wird der Gang der Rechnung noch angedeutet. Für Multiplicationen und Divisionen mit grösseren Zahlen gab es besondere Anweisungen. Eine solche wird erwähnt von einem gewissen Μάγνης (wohl richtiger als Magnus). S. Nesselmann S. 120 u. 121—122. Es soll nun das Wenige, was überliefert ist, zusammengestellt und soweit als möglich Schlüsse daran geknüpft werden.

107) Zuerst ist zu erwähnen, dass das Rechnen mit den Zahlen bei den Griechen Logistik (λογιστική nach Suidas auch λογισμός) hiess und von der theoretischen Betrachtung der Zahlen, der ἀριθμητική, unterschieden wurde. Nesselmann hat hiefür S. 40 ff.

die nöthigen Belege gegeben. Vgl. Cantor S. 229. Wenn es bei Lucian π. παρασίτου 27 (III, S. 37 ed. Jacobitz) heisst: ἀριϑμη- τικὴ μὲν μία ἐστὶ καὶ ἡ αὐτὴ καὶ δὶς δύο παρά τε ἡμῖν καὶ παρὰ Πέρσαις τέτταρά ἐστι καὶ συμφωνεῖ ταῦτα καὶ παρὰ Ἕλλησι καὶ βαρ- βάροις, so zeigt sich, dass mit ἀριϑμητική auch die Zahlenlehre über- haupt bezeichnet werden konnte, zu welcher die Logistik als ein Theil gehört.

Ueber das Verfahren mit den ψῆφοι ist die Stelle aus Herodot 2, 36 zu erwähnen: γράμματα γράφουσι, καὶ λογίζονται ψήφοισι Ἕλληνες μὲν ἀπὸ τῶν ἀριστερῶν ἐπὶ τὰ δεξιὰ φέροντες τὴν χεῖρα, Αἰγύπτιοι δὲ ἀπὸ τῶν δεξιῶν ἐπὶ τὰ ἀριστερά. (S. Nesselmann S. 106). Ich sehe darin hingewiesen auf das Auflegen der Rechen- steine auf parallelen wagrechten Linien (vgl. Z, IX. S. 299). Je- denfalls beweist diese Stelle, wie die bei Polybius 5, 26, 13, dass die Griechen mit losen Rechenmarken rechneten. Wie dies geschehen konnte, wird später dargelegt werden.

Das einfache Zählen (ἀριϑμεῖν) ist zu einer Verspottung der Pythagoreer benützt von Lucian in der βίων πρᾶσις 4 (I, S. 231): Ἀγοραστής: Οἶδα καὶ νῦν ἀριϑμεῖν. Πυϑαγόρας: Πῶς ἀριϑμέεις; Ἀγορ. Ἕν, δύο, τρία, τέτταρα. Πυϑ. Ὁρᾷς; ἃ σὺ δοκέεις τέσσαρα, ταῦτα δέκα ἐστὶ καὶ τρίγωνον ἐντελὲς καὶ ἡμέτερον ὅρκιον.

108) Von der Addition glaubte Boeckh (Berliner Lektions- catalog für das Sommersemester 1841 S. XI) ein Beispiel in einem von Otfried Müller aufgefundenen Bruchstück einer Inschrift sehen zu können, und es lassen sich allerdings die dort in Columnen unterein- ander angeschriebenen Zahlen als Posten ansehen, welche schliesslich in eine Summe zu vereinigen waren. Dass dabei die Einer links von den Zehnern stehen, ist bei der Art, wie die Griechen die Zahlen schrieben, keine sehr erhebliche Abweichung von unserem jetzigen Verfahren. Bedeutender aber ist, dass die Jota in der Reihe der Einer, welche Boeckh für Stellvertreter unserer Null hielt, viel wahr- scheinlicher von der Zerlegung eines Zehners in 10 und seine Differenz von 10 herrühren, um keine Stelle ohne eine Ziffer zu lassen. S. Can- tor S. 126. Dadurch wird auch viel wahrscheinlicher, was ich früher schon (Gerbert etc. S. 26) aussprach, dass man die Posten auf der Rechentafel mit den Rechensteinen addirte und die Summe wieder in Buchstaben ausgedrückt unter die Posten setzte, und dass man überhaupt in Europa eher in unserer jetzigen Weise multiplicirte als addirte und dieses wohl durch jenes lernte. Ob dies auch für die Inder der Fall war, lässt sich bis jetzt nicht sagen, da von der Zeit, in welche der Gebrauch der Null aufkam, noch zu wenig bekannt ist.

109) Ganz ähnlich, wie bei der Addition, scheint es mit der
Subtraktion sich verhalten zu haben, die, wenn man sie nicht im
Kopf oder mit Beiziehung der Finger vollzog, auf dem Rechenbrett
in dem einfachen Wegnehmen der bestimmten Anzahl der Rechensteine bestand. Nesselmann zwar giebt S. 119 Schemen für die Addition und Subtraktion nach unserer Weise, muss aber dazu bemerken,
dass sie Eutokius nicht aufstelle, sondern die Untereinanderstellung
nur natürlich und wahrscheinlich sei. Dass sie gleichwohl nicht stattgefunden hat, muss ich so lange behaupten, bis ein genügender Beleg
dafür beigebracht wird. Die Ausdrücke, mit denen vom Addiren und
Subtrahiren gesprochen wird ($\sigma\nu\nu\tau\iota\vartheta\acute{\epsilon}\nu\alpha\iota$, $\mathring{\alpha}\varphi\alpha\iota\varrho\epsilon\tilde{\iota}\nu$, $\alpha\tilde{\iota}\varrho\epsilon\iota\nu$ z. B.
Heron S. 56, 30, $\lambda\alpha\mu\beta\acute{\alpha}\nu\epsilon\iota\nu$ $\mathring{\epsilon}\kappa$ $\tau\iota\nu\tilde{\omega}\nu$ z. B. Heron S. 58, 11, $\mathring{\upsilon}\pi\epsilon\xi\alpha\iota\varrho\epsilon\tilde{\iota}\nu$
z. B. Heron S. 59, 4) weisen auf das Rechnen mit Rechensteinen. Ge-
rade zu ist dieses Verfahren genannt in Theophrast's Charakteren 14, 1
(S. 60 ed. Büchling) $\mathring{o}$ $\delta\grave{\epsilon}$ $\mathring{\alpha}\nu\alpha\acute{\iota}\sigma\vartheta\eta\tau\sigma\varsigma$ $\tau\sigma\iota\sigma\tilde{\upsilon}\tau\acute{o}\varsigma$ $\tau\iota\varsigma$, $\sigma\mathring{\iota}o\varsigma$ $\lambda\sigma\gamma\iota\sigma\acute{\alpha}\mu\epsilon\nu\sigma\varsigma$
$\tau\alpha\tilde{\iota}\varsigma$ $\psi\acute{\eta}\varphi\sigma\iota\varsigma$ $\varkappa\alpha\grave{\iota}$ $\varkappa\epsilon\varphi\acute{\alpha}\lambda\alpha\iota\sigma\nu$ $\pi\sigma\iota\acute{\eta}\sigma\alpha\varsigma$ $\mathring{\epsilon}\varrho\omega\tau\tilde{\alpha}\nu$ $\tau\grave{\sigma}\nu$ $\pi\alpha\varrho\alpha\varkappa\alpha\vartheta\acute{\eta}\mu\epsilon\nu\sigma\nu$, $\tau\acute{\iota}$
$\gamma\acute{\iota}\gamma\nu\epsilon\tau\alpha\iota$; wobei zugleich aus dem Wort $\varkappa\epsilon\varphi\acute{\alpha}\lambda\alpha\iota\sigma\nu$ für die Summe
sich ergiebt, dass diese oberhalb der Posten notirt wurde. Ebenso
24, 3 S. 108—109. $\H{A}\mu\acute{\epsilon}\lambda\epsilon\iota$ $\delta\grave{\epsilon}$ $\varkappa\alpha\grave{\iota}$ $\lambda\sigma\gamma\iota\zeta\acute{o}\mu\epsilon\nu\sigma\varsigma$ $\pi\varrho\acute{o}\varsigma$ $\tau\iota\nu\alpha$ $\tau\tilde{\omega}$ $\pi\alpha\iota\delta\grave{\iota}$
$\sigma\nu\nu\tau\acute{\alpha}\xi\alpha\iota$ $\tau\grave{\alpha}\varsigma$ $\psi\acute{\eta}\varphi\sigma\nu\varsigma$ $\delta\iota\omega\vartheta\epsilon\tilde{\iota}\nu$ ($=$ $\tau\acute{\alpha}\chi\iota\sigma\tau\alpha$ $\tau\iota\vartheta\acute{\epsilon}\nu\alpha\iota$?), $\varkappa\alpha\grave{\iota}$ $\varkappa\epsilon\varphi\acute{\alpha}\lambda\alpha\iota\sigma\nu$
$\pi\sigma\iota\acute{\eta}\sigma\alpha\nu\tau\iota$ $\gamma\varrho\acute{\alpha}\psi\alpha\iota$ $\alpha\mathring{\upsilon}\tau\tilde{\omega}$ $\epsilon\mathring{\iota}\varsigma$ $\lambda\acute{o}\gamma\sigma\nu$. Also zuerst Ausrechnung auf der
Rechentafel und dann Eintragung in die Liste oder das Buch.

110) Die Multiplication ist auf der Rechentafel ein wiederholtes Hinzufügen derselben Anzahl von Rechensteinen, die auf den
einzelnen Linien zur Darstellung des Multiplicanden nöthig sind.
Dieses Verfahren lässt sich erkennen in den Worten bei Lucian,
$\mathring{E}\varrho\mu\acute{o}\tau\iota\mu\sigma\varsigma$ 48 (I, S. 367): $\lambda\sigma\gamma\iota\sigma\acute{\omega}\mu\epsilon\vartheta\alpha$ $\sigma\mathring{\iota}\nu$ $\mathring{\epsilon}\xi$ $\mathring{\alpha}\varrho\chi\tilde{\eta}\varsigma\cdot$ $\epsilon\mathring{\iota}\varkappa\sigma\sigma\iota$ $\tau\tilde{\omega}$ $\Pi\upsilon$-
$\vartheta\alpha\gamma\acute{o}\varrho\alpha$ $\mathring{\epsilon}\tau\acute{\iota}\vartheta\epsilon\mu\epsilon\nu$, $\epsilon\mathring{\iota}\tau\alpha$ $\Pi\lambda\acute{\alpha}\tau\omega\nu\iota$ $\tau\sigma\sigma\alpha\tilde{\upsilon}\vartheta$ $\mathring{\epsilon}\tau\epsilon\varrho\alpha$, $\epsilon\mathring{\iota}\tau\alpha$ $\mathring{\epsilon}\xi\tilde{\eta}\varsigma$ $\tau\sigma\tilde{\iota}\varsigma$ $\mathring{\alpha}\lambda\lambda\sigma\iota\varsigma\cdot$
$\pi\acute{o}\sigma\alpha$ δ' $\sigma\mathring{\iota}\nu$ $\tau\alpha\tilde{\upsilon}\tau\alpha$ $\sigma\nu\nu\tau\iota\vartheta\acute{\epsilon}\nu\tau\alpha$ $\mathring{\epsilon}\nu$ $\varkappa\epsilon\varphi\alpha\lambda\alpha\acute{\iota}\omega$ $\gamma\acute{\epsilon}\nu\sigma\iota\tau$ $\mathring{\alpha}\nu$, $\epsilon\mathring{\iota}$ $\delta\acute{\epsilon}\varkappa\alpha$
$\mu\acute{o}\nu\alpha\varsigma$ $\vartheta\epsilon\tilde{\iota}\mu\epsilon\nu$ $\tau\grave{\alpha}\varsigma$ $\alpha\mathring{\iota}\varrho\acute{\epsilon}\sigma\epsilon\iota\varsigma$ $\mathring{\epsilon}\nu$ $\varphi\iota\lambda\sigma\sigma\sigma\varphi\acute{\iota}\alpha$. EPM. $\mathring{Y}\pi\grave{\epsilon}\varrho$ $\delta\iota\alpha\varkappa\acute{o}\sigma\iota\alpha$, $\mathring{\omega}$
$\varDelta\upsilon\varkappa\tilde{\iota}\nu\epsilon$. Statt jedes Mal den ganzen Multiplicandus aufs neue hinzu-
legen, musste man bald darauf kommen, die leicht im Kopf ausführ-
baren Theilprodukte auswendig zu bilden und nur das Produkt in
Rechensteinen auf die Linien zu legen, und was man zunächst bei
einem Multiplicator that, der nur einen Buchstaben zum Anschreiben
erforderte, liess sich leicht übertragen auf solche, die mit 2 und mehr
Buchstaben zu schreiben waren. Dass dieses geschah, beweisen die
noch erhaltenen Schemen von Mulplicationen bei Eutokius, von denen
ich 2 hier nach Nesselmann (S. 116 u. 118) mittheile.

$\overline{\sigma\xi\varepsilon}$	265
$\overline{\sigma\xi\varepsilon}$	265
$\overset{\delta}{M}\ \overset{\alpha}{M,\beta}\ ,\alpha$	40000, 12000, 1000
$\overset{\alpha}{M,\beta}\ \overline{,\gamma\chi}\ \overline{\tau}\ *)$	12000, 3600, 300
$,\alpha\ \overline{\tau}\ \overline{\varkappa\varepsilon}\ **)$	1000, 300, 25
$\overset{\zeta}{M}\ \overline{\sigma\varkappa\varepsilon}$	70225
$\overline{,\gamma\iota\gamma}\ \mathrm{k}^1)\ \delta'$	3013 ½ ¼
$\overline{,\gamma\iota\gamma}\ \mathrm{k}\ \delta'$	3013 ½ ¼
$\overset{\daleth}{M}\ \overset{\gamma}{M,\vartheta}\ \overline{,\alpha\varphi}\ \overline{\psi\nu}\ ***)$	9000000, 39000 †), 1500, 750
$\overset{\gamma}{M}\ \overline{\varrho\lambda}\ \overline{\varepsilon}\ \overline{\beta}\mathrm{k}\ ††)$	30000, 130, 5, 2½
$,\vartheta\ \overline{\lambda\vartheta}\ \overline{\alpha}\mathrm{k}\ †††)\ \mathrm{k}\delta'$	9000, 39. 1½, ½ ¼ (= ¾)
$,\alpha\varphi\ \overline{\varsigma}\mathrm{k}\ ^1)\ \delta'\ \eta'$	1500, 6½, ¼, ⅛
$\overline{\psi\nu}\ \gamma\delta'\ ^2)\ \eta'\ \iota\varsigma'$	750, 3¼, ⅛, 1/16
$\overset{\daleth\eta}{M,\beta\chi\pi\vartheta}\ \iota\varsigma'$	9082689 1/16

Man sieht daraus, dass mit der höchsten Abtheilung des Multiplicators begonnen und mit jeder Abtheilung desselben jede Abtheilung des Multiplicands multiplicirt wurde, doch so, dass man, was sich bequemer zusammenfassen liess, zusammenfasste. Wie diese Theilprodukte notirt wurden, ob einzeln zuerst auf der Rechentafel oder durch Anschreibung auf einem Blatte, ist nicht ersichtlich; jedenfalls könnte ersteres nur statt gehabt haben auf einem Abacus mit langen wagrechten Linien und losen Rechensteinen, nicht auf einem mit Knöpfen, die in Einschnitten nur verschiebbar waren.

111) Ganz dasselbe Verfahren ergiebt sich aus den Rechnungen, die in Heron's Werken sich finden z. B. Geom. 36, 8—9. S. 81. αἱ τρεῖς μονάδες καὶ τὰ ξγ' ξδ'' ξδ'' πολυπλασιαζόμενα ἐπὶ τὴν

---

*) N. hat ,γχτ, was dem Gang der Rechnung nicht entspricht. **) N. τχε, ***) N. φψν. †) N. 30000, 9000 (und ähnlich im Folgenden); aber das Folgende zeigt, dass Eutokius 13 in der Rechnung zusammenfasste. Die Verbesserungsvorschläge von Gutenäcker sind daher nicht zulässig. ††) N. ρλεβ. †††) N. λθα, was gewiss so nicht geschrieben wurde, da 2 Einer nebeneinander stünden. ¹) Gutenäcker wollte ,αφεα geschrieben wissen. ²) Gutenäcker ψνβkk.

1) k vertritt die Stelle des griechischen Zeichens für ½.

κάϑετον, ἤγουν ἐπὶ τὰς ἑπτὰ μονάδας καὶ τὰ δύο ξδ" ξδ", γίνονται
μονάδες εἰκοσιοκτὼ καὶ ξβ' ξδ" ξδ" τῶν ξδ" ξδ". πολυπλασιάζονται
δὲ οὕτως· γ' ζ' κα'· καὶ γ' τὰ β' ξδ" ξδ" ϛ' ξδ" ξδ"· καὶ ξγ' ξδ" ξδ"
τῶν ἑπτὰ μονάδων υμα' ξδ" ξδ"· καὶ ξγ' ξδ" ξδ" τῶν δύο ξδ" ξδ"
ϱκϛ' ξδ" ξδ" τῶν ξδ" ξδ", γινόμενα καὶ ταῦτα ἑξηκοσιοτέταρτον α'
καὶ ξβ' ξδ" ξδ" τῶν ξδ" ξδ". ὁμοῦ μονάδες κα' ξδ" ξδ" υμη', γινόμενα καὶ ταῦτα μονάδες ἑπτά, καὶ ἑξηκονταδύο ξδ" ξδ" τῶν ἑξη-
κυστοτετάρτων, ἤτοι τα ὅλα μονάδες εἰκοσιοκτὼ καὶ ἑξηκονταδύο
ξδ" ξδ" τῶν ξδ" ξδ". d. h. $3 \frac{63}{64} \cdot 7 \frac{2}{64}$; $3.7 = 21$ ' $3 \cdot \frac{2}{64} = \frac{6}{64}$

$$\frac{63}{64} \cdot 7 = \frac{441}{64} \quad \frac{63}{64} \cdot \frac{2}{64} = \frac{126}{64} \cdot \frac{1}{64} = \frac{1}{64} + \frac{62}{64} \cdot \frac{1}{64}$$

Summe $21 \frac{448}{64}$ $(= 7) + \frac{62}{64} \cdot \frac{1}{64} = 28 + \frac{62}{64} \cdot \frac{1}{64}$.

Ferner Geometrie 83, 2—3 S. 110: μονάδες ιδ' καὶ λεπτὰ
τριακοστότριτα κγ'· ὧν ὁ πολυπλασιασμὸς γίνεται οὕτως· ιδ' ιδ'
ϱϛ ϛ'· καὶ ιδ' τὰ κγ' λγ" λγ" τκβ' λγ" λγ"· καὶ πάλιν εἰκοσιτρία
τριακοστότριτα τῶν ιδ' μονάδων τκβ' λγ" λγ". καὶ κγ' λγ" λγ" τῶν
κγ' λγ" λγ" φκϑ' λγ" λγ" τῶν λγ" λγ", γινόμενα καὶ ταῦτα λγ" λγ"
ιϛ' καὶ λγ" τὸ λγ"· ὁμοῦ μονάδες ϱϛ ϛ' λγ" λγ" χξ' καὶ λγ" τὸ λγ"·
τὰ χξ' λγ" λγ" μεριζόμενα παρὰ τὰ λγ' γίνονται μονάδες κ' καὶ
συντίθενται ταῖς ἑτέραις ϱϛ ϛ' μονάσι καὶ συμποσοῦται ὁ ἀπὸ τοῦ
πολυπλασιασμοῦ συναγόμενος ἀριϑμὸς εἰς μονάδας σιϛ' καὶ λγ" τὸ
λγ". d. h. $14 \frac{23}{33} \cdot 14 \frac{23}{33}$ $14.14 = 196$ $14 \cdot \frac{23}{33} = \frac{322}{33} \frac{23}{33}$ ·

$\cdot 14 = \frac{322}{33}$ | $\frac{23}{33} \cdot \frac{23}{33} = \frac{529}{33} \cdot \frac{1}{33} = \frac{16}{33} + \frac{1}{33} \cdot \frac{1}{33}$

Summe $196 \frac{660}{33} + \frac{1}{33} \cdot \frac{1}{33}$ ' $\frac{660}{33} = 20$ Summe $216 + \frac{1}{33} \cdot \frac{1}{33}$ ·

Aus dieser Art zu Rechnen erklärt sich auch leicht, wie die Griechen
dazu kamen, nicht blos einen einzigen Bruch auf die Ganzen folgen
zu lassen, sondern ganze Reihen von Brüchen und zwar mit möglichst
kleinem Zähler, also wo möglich mit dem Zähler 1. S. Nesselmann
S. 113.

112) Fragt man nun, welche Unterstützung dabei dem Rechner
am erwünschtesten sein musste, so ist es offenbar eine bequeme
Uebersicht der Potenzen von 10, oder eine Anweisung wie für 2 Faktoren, welche beliebige Potenzen von 10 enthalten, die Potenz von
10, die im Produkt sich findet, ermittelt werden kann. Denn die
Multiplication der Brüche bestand, wie die vorstehenden Schema zeigen, in der Multiplication von ganzen Zahlen. Eben solches aber

wird uns durch Pappus von Apollouius (2. Hälfte des 3. Jahrh. vor Chr.) berichtet. S. Boeckh Lektionscatalog für d. Sommer 1841 Note 6. Nesselmann S. 126 ff. Cantor, Euclid u. sein Jahrhundert 1867. S. 62 — 64.

Apollonius lehrt die Multiplication zweier oder mehrerer Zahlen, welche in einen Einer und eine Potenz von 10 zerlegbar sind, dadurch ausführen, dass man die Einer für sich multiplicirt und die Potenzen von 10 für sich berechnet und dann das 1. Produkt mit dem 2. wieder verbindet. Die Einer erscheinen dabei als die Träger oder Stämme für die Zehner, Hunderter u. s. w., was für die Griechen um so mehr hervorzuheben war, weil z. B. 5, 50, 500 mit den verschiedenen Zeichen ε, ν, φ geschrieben wurden. Sie erhielten daher auch den besonderen Namen der $\pi \upsilon \vartheta \mu \acute{\varepsilon} \nu . \varepsilon \varsigma$. Von den Produkten der Einer mit Einern wieder die Einer und Zehner zu unterscheiden, hatte man so lange keine Veranlassung, als man der Rechentafel sich bediente, da mit der Bestimmung der Linie, auf welche die Einer zu legen sind, auch die Linie für die Zehner bestimmt ist.

Ob auch förmliche Produktentafeln existirten, aus denen die bei den Rechnungen vorkommenden Theilprodukte bequem zu entnehmen waren, ist nicht nachweisbar. Möglich aber ist, dass sich solche in einem Werk des Apollonius fanden, das man aus einer Notiz des Eutokius kennt. Nesselmann nennt S. 120 — 121. 126. 132 dasselbe $\dot{\omega} \varkappa \upsilon \tau \acute{o} \beta o o \varsigma$, Cantor, Euclid und sein Jahrhundert S. 59 und 62. Okytoboon. In dem Herforder Programm 1854 aber, welches Knoch und Märker verfassten, ist S. 29 der richtige Titel $\dot{\omega} \varkappa \upsilon \tau \acute{o} \varkappa \iota o \nu$ hergestellt und M. Schmidt macht in Mützel's Zeitschrift für das Gymnasialwesen 1855 S. 805 die Bemerkung, dass am wahrscheinlichsten »ein Rechenknecht« damit bezeichnet ist. Dass in einem solchen auch die Berechnung der Kreisperipherie enthalten war, ist nicht so unwahrscheinlich als Nesselmann und Cantor annehmen, da ja Produkte mit der Verhältnisszahl der Peripherie zum Durchmesser häufig zu bilden waren, und gewiss eine Zusammenstellung solcher Produkte vielen erwünscht war.

Dass die sogenannte Tafel des Pythagoras kein Einmaleins ist, wofür man sie lange hielt, ist längst erwiesen. S. Chasles I, S. 531. Cantor S. 205. Tafeln, wie sie z. B. bei Nikomachus S. 51 ed. Hoche sich finden, sind keine Unterstützungen beim elementaren Rechnen, sondern Uebersichten von Zahlen von bestimmter Beschaffenheit.

113) Von einer ausgeführten Division ist kein Beispiel erhalten (S. Nesselmann S. 112) und der Grund ist nahe liegend. Sie be-

stand in einer blossen Hinwegnahme der Zahl, mit welcher zu theilen war, von der zu theilenden Zahl, was man sich dadurch abkürzte, dass man die leicht erkennbaren grösstmöglichen Produkte des Divisors sogleich im Ganzen wegnahm. Ich habe früher bereits (Z, IX, S. 315) bemerkt, dass der Begriff Quotient dem ganzen Alterthum fremd geblieben zu sein scheint, und dass man, was wir so nennen, als Hälfte, Drittel, Viertel u. s. w. auffasste. Dieses bestätigen auch die Theilungen, die bei Heron sich finden. Geom. 6, 5 S. 53 ist von einem Reckteck mit einer Länge von 8 $\sigma\chi o\iota\nu\iota\alpha$ und einer Fläche von 40 $\sigma\chi o\iota\nu\iota\alpha$ die Breite zu finden. Die 'Ausführung heisst: $\lambda\alpha\beta\varepsilon$ $\tau\tilde{\omega}\nu$ $\tau\varepsilon\sigma\sigma\alpha\varrho\acute{\alpha}\kappa o\nu\tau\alpha$ $\tau\grave{o}$ $\ddot{o}\gamma\delta oo\nu$. — 12, 4 S. 56 ist 25 durch 13 zu theilen: $\tau\alpha\tilde{\upsilon}\tau\alpha$ $[\varkappa\varepsilon']$ $\mu\acute{\varepsilon}\varrho\iota\zeta\varepsilon$ $\pi\alpha\varrho\grave{\alpha}$ $\tau\grave{\alpha}$ $\iota\gamma'$ $\tau\tilde{\eta}\varsigma$ $\dot{\upsilon}\pi o\tau\varepsilon\iota\nu o\acute{\upsilon}\sigma\eta\varsigma\cdot$ $\gamma\acute{\iota}\nu o\nu\tau\alpha\iota$ α' S γ'' $\iota\gamma''$ $o\eta''$, $\ddot{\eta}\tau o\iota$ $\mu o\nu\grave{\alpha}\varsigma$ $\mu\acute{\iota}\alpha$ $\varkappa\alpha\grave{\iota}$ $\lambda\varepsilon\pi\tau\grave{\alpha}$ $\iota\gamma''$ $\iota\gamma''$ $\iota\beta'$ also $25 : 13 =$

$$= 1\frac{1}{2} + \frac{1}{3} + \frac{1}{13} + \frac{1}{78} = 1\frac{12}{13}.$$

Letzteres ist das Ergebniss bei der blossen Wegnahme des 13 von 25; ersteres aber zeigt, wie man die Reste der Divisionen durch bequeme Brüche auszudrücken suchte; denn aus $\frac{12}{13}$ machte man $\frac{24}{26} = \frac{13+11}{26} =$

$\frac{1}{2} + \frac{11}{26}$, aus $\frac{11}{26}$, da 2mal 11 26 noch nicht erreicht, $\frac{33}{78} =$

$= \frac{26+6+1}{78} = \frac{1}{3} + \frac{1}{13} + \frac{1}{78}$. — 25,1 S. 65 heisst es: $\tau\alpha\tilde{\upsilon}\tau\alpha$ $[o']$ $\mu\acute{\varepsilon}\varrho\iota\sigma o\nu$ $\pi\alpha\varrho\grave{\alpha}$ $\tau\grave{\alpha}$ $\iota\gamma'$ $\tau\tilde{\eta}\varsigma$ $\beta\acute{\alpha}\sigma\varepsilon\omega\varsigma\cdot$ $\gamma\acute{\iota}\nu\varepsilon\tau\alpha\iota$ $\tau\grave{o}$ $\iota\gamma''$ $\tau o\acute{\upsilon}\tau\omega\nu$ $\mu o\nu\acute{\alpha}\delta\varepsilon\varsigma$ $\pi\acute{\varepsilon}\nu\tau\varepsilon$ $\varkappa\alpha\grave{\iota}$ $\pi\acute{\varepsilon}\nu\tau\varepsilon$ $\iota\gamma''$ $\iota\gamma''$ also $70 : 13 = \frac{1}{13}.70 =$

$= \frac{65+5}{13} = 5\frac{5}{13}$. Wenn es also 28,1 S. 69 heisst $\tau\alpha\tilde{\upsilon}\tau\alpha$ $[\varphi\delta']$ $\mu\varepsilon\varrho\acute{\iota}\zeta\omega$ $\pi\alpha\varrho\grave{\alpha}$ $\tau\grave{\alpha}$ $\varkappa\eta'$ $\tau\tilde{\eta}\varsigma$ $\beta\acute{\alpha}\sigma\varepsilon\omega\varsigma$, $\gamma\acute{\iota}\nu o\nu\tau\alpha\iota$ $\iota\eta'$, so ist dabei nicht die Anschauung vorhanden, dass 28 in 504 18mal enthalten ist, sondern dass der 28. Theil von 504 18 beträgt. Doch scheint man diese Zahl 18 so gefunden zu haben, dass man zuerst das 10fache von 28 wegnahm, dann das 5fache, und daraus ersah, dass noch das 3fache davon weggenommen werden konnte.

Man entnahm die Ergebnisse bei den Theilungen dem, was man durch Multiplication erfuhr; man multiplicirte die Theile nach Gutdünken oder nach Bequemlichkeit und zog das Produkt ab, mit dem Rest verfuhr man ebenso, wenn er nicht kleiner als der Theiler war. So giebt auch Diophantus keine Regeln für die Division, weil sie dem Schüler schon aus den Multiplicationsregeln klar seien. S. Nesselmann S. 288. Von dem Dividiren mit Sexagesimaltheilen ist im Folgenden die Rede.

114) Das Potenziren kommt als selbstständige Operation nirgends vor, die Sätze, welche das Multipliciren nöthig machte, liess man bei der hiefür ausreichenden Fassung, ohne sie zu verallgemeinern, und Quadrat und Cubus wurden geometrisch aufgefasst. So findet sich bei Archimedes (S. Nesselmann S. 124 — 125 der Satz $a^m . a^n = a^{m+n}$ nur in der Form, dass die Potenzen von 10 als Glieder einer geometrischen Progression angesehen und beachtet wird, die wievielste Stelle jede darin einnimmt. Da nun a^m nach griechischer Auffassungsweise, welche 1 oder a^0 mit einrechnet, die $(m+1)^{\text{te}}$ Stelle einnimmt, a^n die $(n+1)^{\text{te}}$, a^{m+n} die $(m+n+1)^{\text{te}}$, so musste die Regel so lauten, dass man die Stellenzahlen addiren und von der Summe 1 subtrahiren müsse, nach unserer Darstellungsweise

$$[(m+1) + (n+1)] - 1 = m+n+1.$$

Unserem Verfahren näher kommt das von Apollonius oder in der vorliegenden Form von Pappus herrührende Verfahren bei den Multiplicationen der Potenzen von 10. S. Nesselmann S. 126—133. Um für das Produkt zweier Zahlen von den Formen $a . 10^m . b . 10^n$ zu bestimmen, in welche Klasse seiner Myriaden es gehöre (S. oben 16), wird zuerst für jede Zahl die Zahl der Dekaden, welche mit unserem Exponenten von 10 identisch ist, ermittelt, die so erhaltenen Zahlen werden addirt und dann die Summe durch 4 dividirt. Bleibt 1, 2 oder 3 als Rest, so ist das Produkt ein Zehner, Hunderter oder Tausender der vom Quotienten bestimmten Klasse der Myriaden. Hierin liegt der Satz $10^m . 10^n = 10^{m+n}$, aber er wird nicht als solcher ausgesprochen und noch weniger auf andere Grundzahlen ausgedehnt.

Bei Diophantus (S. Nesselmann S. 294—295) findet sich für das Quadrat der mit ς' oder $\varsigma o'$ bezeichneten Unbekannten das Wort δύναμις, während für Quadrat einer Zahl überhaupt τετράγωνος steht, für die 3. Potenz κύβος, die 4. δυναμοδύναμις, die 5. δυναμόκυβος, die 6. κυβόκυβος und dazu die Zeichen δῦ, κῦ, δδῦ, δκῦ, κκῦ, welche aber nur von den Unbekannten gebraucht werden. Welche Sätze über diese Potenzen Diophant zur Berechnung derselben anwendete, vermag ich nicht anzugeben, da mir keine Ausgabe desselben zur Hand ist, und Nesselmann nur S. 299 Anm. 3 noch erwähnt, dass Diophant eine Multiplicationsregel für Brüche von der Form $\dfrac{a}{x^n}$ giebt, wozu nur der aus $a^m . a^n = a^{m+n}$ folgende Satz $a^{m+n} : a^n = a^m$ nöthig ist.

Aus der Art, wie Diophant die Aufgaben behandelt, deren Lösung er sich vorgenommen hat, ergiebt sich, dass nicht allein die einfachsten Sätze über Potenzen von zweigliederigen Ausdrücken, wie $(a \pm b)^2 = a^2 \pm 2ab + b^2$ und $(a \pm b)^3 = a^3 \pm 3a^2b + 3ab^2 \pm b^3$, ihre Anwendung fanden, sondern auch zahlreiche Ableitungen aus denselben, wie $ab + \left(\frac{a-b}{2}\right)^2 = \left(\frac{a+b}{2}\right)^2$ (S. 366) $(\frac{1}{2} s + x)^3 + (\frac{1}{2} s - x)^3$ $= \frac{1}{4} s^3 + 3 s x^2$ (S. 357), aber diese Sätze waren den Griechen auf geometrischen Anschauungen beruhende Theoreme, und treten nur in den auf eben diese Anschauungen gegründeten Theorien über die Zahlen und Zahlausdrücke auf, zu denen auch Diophants Behandlung der Gleichungen gehört (s. Nesselmann S. 134); die eigentliche Bildung des Quadrates von Zahlausdrücken geschieht durch Multiplication derselben mit sich selbst, wie es die oben 110 und 111 gegebenen Beispiele zeigen.

115) Ueber das Wurzelausziehen bei den alten Griechen haben wir keine Anhaltspunkte, wie Nesselmann S. 108—110 dargelegt hat, der dadurch zu der Vermuthung geführt wurde, dass die Alten ihre Wurzeln durch Versuche und Errathen gefunden haben. Eine fast divinatorische Thätigkeit der Alten in solchen Fällen erkennt auch Hultsch an. S. N. Jhbb. f. Ph. und Päd. 95. Bd. S. 534. Ich habe gleichfalls nichts finden können, was auf eine andere Methode dabei schliessen liesse, als dass man zuerst durch Probiren die Ganzen ermittelte, deren Produkt mit sich selbst dem vorliegenden Radicanden gleich oder doch so nahe war, dass die Vermehrung der Wurzel um 1 das Quadrat zu gross machte. Im letzteren Falle ermittelte man dann ebenso den Bruch, dessen Beiziehung zur Wurzel das Quadrat dem Radicanden so nahe brachte, dass man den Fehler vernachlässigen konnte. Der Fehler konnte dabei in einem zu viel oder in einem zu wenig bestehen.

Möglich war es allerdings, dass man bei grossen ganzen Zahlen ein ähnliches Verfahren einschlug, wie es Theon bei dem Rechnen mit den Sexagesimaltheilen angiebt, aber es würde dann wohl eine Bemerkung nicht fehlen, dass man bei den Brüchen in gleicher Weise, wie bei den Ganzen verfahren müsse. Da aber eine solche Bemerkung sich nicht findet und Theon zur Begründung des Verfahrens das geometrische Quadrat beizieht, so ist [es viel wahrscheinlicher, dass ein methodisches Ausziehen der Quadratwurzel erst seit der Benützung der Sexagesimaltheile aufkam. Ueber diese soll nun noch das Wesentliche angegeben werden.

116) Das Sexagesimalsystem rührt von den Babyloniern her, und von diesen haben es die Inder, nicht von den Griechen, wie Cantor S. 272 behauptet (S. Martin II S. 362). Die Griechen nahmen

erst nach Alexander dieses System an für die Eintheilung der Stunde und des Grades (S. Hultsch in d. N. Jhrbb. f. Phil. u. Päd. 95. Bd. S. 513) und zwar scheinen sie nur die Theilung nach 60 angenommen zu haben, nämlich in πρῶτα ἑξηχοστά, δεύτερα ἑξηχοστά u. s. w., während die Babylonier auch 60 Einheiten (μοῖραι von Ptolomäus genannt als 120stel des Durchmessers des Kreises, für den die Sehnen zu den Winkeln berechnet wurden) zusammenfassten in einen sossos, und 60 sossos in einen saros.

Nesselmann, der S. 136 die Vermuthung ausspricht, dass Ptolomäus erst das Sexagesimalsystem eingeführt habe, fand (S. 137 und Anm. 24) bei Wallis, dass spätere Astronomen von diesen höheren Einheiten (sexagenae) Gebrauch machten.

Die Zahlen wurden mit den griechischen Buchstaben geschrieben und zwar die Ganzen mit einem horizontalen Strich oberhalb, die ersten Sechzigstel mit dem einfachen Bruchzeichen ('), die zweiten mit zwei (") u. s. w. S. Nesselmann S. 137. Fehlte eine Klasse so wurde ein o mit einem Strich darüber geschrieben, nach aller Wahrscheinlichkeit als Abkürzung des Wortes οὐδέν. Woepcke (II, S. 465 ff.) hat dargethan, dass man diese Null im Sexagesimalsysteme wohl unterscheiden müsse von der Ziffer Null.

117) Die Addition und Subtraktion im Sexagesimalsystem konnte aus dem Kopf, mit den Fingern und mit Anwendung eines Abacus mit Einschnitten vorgenommen werden, wenn man jedes Gleichbenannte für sich ausrechnete; wurden aber mehrere Benennungen zugleich auf dem Abacus dargestellt, so konnte dies nur ein Abacus mit wagrechten Linien und Rechensteinen sein. Das Verfahren bei der Addition der Theilprodukte bei der Multiplication lässt auf die erste Art schliessen.

118) Die Multiplication (S. Nesselmann S. 139—141) erfolgt in der oben 110 angegebenen Weise z. B.

λ͞ζ	δ'	νε''	37	4'	55''
λ͞ζ	δ'	νε''	37	4'	55''
‚ατξϑ	ϱμη'	‚βλε''	1369	148'	2035''	
	ϱμη'	ις''	σκ'''	148'	16''	220'''
		‚βλε''	σκ'''	‚γκε''''	2035''	220'''	3025''''
‚γκε''''	=	ν'''	κε''''	3025''''	=	50'''	25''''
υϞ'''	=	η''	ι'''	490'''	=	8''	10'''
‚δ	δ''	=	ξͱη'	ιδ''	4094''	=	68'	14''
τξδ'	=	ς	δ'	364'	=	6	4'
‚ατοε	δ'	ιδ''	ι'''	κε''''	1375	4'	14''	10'''	25''''.

Für solche Multiplicationen war es nöthig, die Benennung des Produktes aus den Benennungen der Faktoren abnehmen zu können; es geht daher auch der Unterweisung in der Multiplication die Unterweisung über diese Benennungen voraus, dass nämlich die Ganzen als Multiplicator die Benennung des Multiplicanden nicht ändern, die ersten Sechzigstel dieselbe um eine Stufe erniedrigen, die zweiten um zwei Stufen u. s. w.

119) Für die Division ist es in gleicher Weise nöthig, die Benennung des Quotienten aus der des Dividenden und der des Divisors zu bestimmen. Nesselmann führt auf S. 139 aus Theon die Regel an, dass die Ganzen als Divisor die Benennung des Dividenden unverändert lassen, die ersten Sechzigstel dieselbe um eine Stufe erhöhen, die zweiten um zwei u. s. w. Es ist aber nicht beigefügt, welche Namen die höheren Stufen über die Ganzen (Einheiten) hinaus führen, und es wird als wohl statt der Erhöhung der Benennung die Multiplication mit 60 eingetreten sein.

Das eigentliche Verfahren des Dividirens, wie es bei Nesselmann S. 142—144 dargestellt ist, kommt unserer Art zu rechnen etwas näher, als das, was oben 113 angegeben wurde; es wird nämlich durch Versuche mit Multiplication das grösste Produkt des Divisors ermittelt, welches man vom Dividenden abziehen kann, man fragt also noch nicht, wie wir jetzt, wie oft mal ist die eine Zahl in der anderen enthalten, sondern man fragt, mit welcher Zahl darf ich den Divisor höchstens multipliciren, ohne ein Produkt zu erhalten, das grösser ist als der Dividend. Hat man diese Zahl ermittelt, so wird mit derselben der Divisor multiplicirt, das Product vom Dividenden weggenommen und der Rest auf die nächst niedere Klasse gebracht, bei welcher eine weitere Division noch möglich ist; z. B.:

1515^0 20' 15'' sollen mit 25^0 12' 10'' getheilt werden.

Den Divisor kann man höchstens 60 mal abziehen 60 . 25^0 = 1500^0, 1515^0 — 1500^0 = 15^0 = 900', 900' + 20' = 920', 60 . 12' = 720', 920' — 720' = 200', 60 . 10'' = 10', 200' 15'' — 10' = 190' 15''. Von diesem Rest kann man den Divisor nur 7 mal abziehen. 7' . 25^0 = 175', 190' — 175' = 15', 15' . 60 = 900'', 900'' + 15'' = 915'', 7' . 12' = 84'', 915'' — 84'' = 831'', 7' . 10'' = 70''', 831'' — 1'' 10''' = 829'' 50'''. Von diesem Rest kann man den Divisor nahe zu 33 mal abziehen.

33'' . 25^0 = 825'', 829'' 50''' — 825'' = 4'' 50''' = 290'''. 33'' . 12' = 396''', also zu gross; aber es wird die Division hier abgebrochen, weil eine Annäherung so ziemlich erreicht ist. Das Ergebniss ist daher 60^0 7' 33''.

Ganz der hier vorliegenden Art des Dividirens entspricht jene, die sich bei Nikomachos findet, I, 13, 11 — 13 S. 34 — 36 ed. Hoche. Um zu erkennen, ob 2 Zahlen ein gemeinschaftliches Mass haben oder nicht, heisst es dort: χρὴ ἀντισυγκρίνειν τοὺς προτεθέντας ἀριθμοὺς καὶ τὸν ἐλάττονα ἀπὸ τοῦ μείζονος ἀεὶ ἀφαιρεῖν, ὁσάκις δυνατόν κ. τ. λ. und demgemäss ist das Verfahren bei 23 und 45 folgendes: $45 - 23 = 22$, $23 - 22 = 1$, endlich 1 von 22 so oft als möglich weggenommen, bleibt zuletzt 1. Bei 21 und 49 wird gerechnet: $49 - 21 = 28$, $28 - 21 = 7$, $21 - 7 = 14$, $14 - 7 = 7$, worauf es in bemerkenswerther Weise heisst: ἑβδομάδα δὲ ἀπὸ ἑβδομάδος οὐ δυνατον ἀφαιρεθῆναι. Die Regel verlangt nämlich einen Rest, und 7 von 7 wegzunehmen, dass ein Rest bleibt, ist allerdings nicht möglich.

Es fehlt also der Division eine feste Methode, was sich auch dadurch kund giebt, dass Theon für dieselbe kein Schema aufstellt. S. Nesselmann S. 143.

120) In ähnlicher Weise verhält es sich mit dem Ausziehen der Quadratwurzel. Auch hier fehlt ein Schema der Rechnung, aber es wird eine geometrische Figur beigezogen und dadurch eine bestimmte Methode des Wurzelausziehens erlangt, welche so lautet: Wenn wir die Quadratseite irgend einer Zahl suchen, so nehmen wir zuerst die Seite der nächsten (kleineren) Quadratzahl, dann verdoppeln wir diese und theilen damit den Rest (περὶ τὸν γενόμενον ἀριθμόν μερίζοντες τὸν λοιπὸν ἀριθμόν), nachdem wir denselben in erste Sechzigstel aufgelöst haben. Vom Rest (es scheint ἀπὸ τοῦ λοιπον τοῦ ἐκ τῆς κ. τ. λ. zu lesen) nehmen wir das Quadrat des Ergebnisses der Theilung (Quotient) weg. Nachdem wir den Rest in zweite Sechzigstel aufgelöst haben *), theilen wir ihn mit dem Doppelten der Ganzen (μοῖραι) und der Sechzigstel und erhalten dadurch sehr nahe die gesuchte Zahl der Seite der Quadratfläche. Vgl. Nesselmann S. 146.

Darnach gestalten sich die Rechnungen für $\sqrt{4500}\mu$ und $\sqrt{2}\mu\ 28'$ $= \sqrt{2\frac{28}{60}}$ in folgender Weise:

Das nächst kleinere Quadrat zu 4500μ ist 4489μ und dessen Seite $= 67\mu$. $4500\mu - 4489\mu = 11\mu = 660'$, $2 . 67\mu = 134\mu$.

Die Theilung von $660'$ durch 134μ giebt $4'$ und es bleiben, da

---

*) Theon übersieht hier, dass schon vorher die 2. Sechzigstel mussten hergestellt sein, um das Quadrat der 1. abziehen zu können. Delambre und Hoffmann setzten desshalb im Vorhergehenden Secunden an die Stelle der 1. Sechzigstel.

$4 \cdot 134' = 536'$, noch $124'$. $124' = 7440''$, $4'$ im Quadrat $= 16''$, $7440'' - 16'' = 7424''$, $2 \cdot 67\mu\ 4' = 134\mu\ 8'$.

Die Theilung von $7424''$ durch $134\mu\ 8'$ giebt $55''$ und es bleiben, da $55'' \cdot 134\mu\ 8' = 7377''\ 20'''$, noch $46''\ 40'''$, welche (nach Theon) nahe zu gleich $55''$ im Quadrat sind, so dass

$$\sqrt{4500\mu} = 67\mu\ 4'\ 55''.$$

Ferner: Das nächst kleinere Quadrat zu $2\mu\ 28'$ ist 1μ und dessen Seite $= 1\mu \cdot 2\mu\ 28' - 1\mu = 1\mu\ 28' = 88' \cdot 2 \cdot 1\mu = 2\mu$. Die Theilung von $88'$ durch 2μ giebt $34'$ *), und es bleiben, da $2 \cdot 34' = 68'$, noch $20'$. $20' = 1200''$, $34'$ im Quadrat $= 1156''$. $1200'' - 1156'' = 44'' \cdot 2 \cdot 1\mu\ 34' = 3\mu\ 8'$.¡

Die Theilung von $44''$ durch $3\mu\ 8'$ giebt annähernd $15''$; also ist $\sqrt{2\mu\ 28'} = 1\mu\ 34'\ 15''$.

121) Ein Beispiel für ein Ausziehen einer Cubikwurzel habe ich bisher nicht finden können, und es ist mir das Wahrscheinlichste, dass mit dem Ausziehen der Quadratwurzel unter Anwendung der Sexagesimaltheile das operirende Rechnen bei den Griechen sich abschloss, bis durch das Eindringen der indischen Numeration und der indischen Methoden neues Leben auch hierin erwachte. Bei Planudes finden sich nach den Angaben über die indische Numeration (S. 1 — 3 der Ausgabe von Gerhardt) als Operationen 1) $\sigma \acute{\upsilon} \nu \vartheta \epsilon \sigma \iota \varsigma$ (S. 3—5) nach unserer jetzigen Weise, nur dass die Summe oberhalb der Summanden angeschrieben steht. 2) $\mathring{\alpha} \varphi \alpha \acute{\iota} \varrho \epsilon \sigma \iota \varsigma$ oder $\mathring{\epsilon} \kappa \beta o \lambda \acute{\eta}$ (S. 5 — 9) erstens nach jetziger Weise, nur dass der Rest über dem Minuenden, die entlehnten Einheiten unter dem Subtrahenden stehen, zweitens in der Weise, dass man die durch Entlehnen um 1 verminderten Zahlen des Minuenden über diesen schreibt und über diese erst den Rest, 3) $\pi o \lambda \lambda \alpha \pi \lambda \alpha \sigma \iota \alpha \sigma \mu \acute{o} \varsigma$ (S. 9—16) zunächst so, dass die für jede Stelle des ganzen Produktes in Rechnung zu bringenden Theilprodukte alle auswendig gebildet werden und von ihrer Summe der Einer an seine Stelle im Gesammtprodukt oberhalb der Faktoren angeschrieben wird, dann auf eine zweite am bequemsten in Sand auszuführende Art, bei welcher die Theilprodukte angeschrieben, die Zahlen aber, zu welchen andere zu addiren sind, wieder getilgt und die Ziffern der Summen dafür gesetzt werden. 4) $\mu \epsilon \varrho \iota \sigma \mu \acute{o} \varsigma$ (S. 16—23). Hiebei werden zuerst 3 Fälle unterschieden, nämlich Theilung von Kleinerem durch

---

*) Die Unzuverlässigkeit solcher Divisionen tritt hier deutlich zu Tage; nur durch Versuche konnte man von dem zunächst sich ergebenden Quotienten 44 auf 34 kommen.

Grösseres, was zu den Brüchen ($\mu\acute{o}\varrho\iota\alpha$) führt, von Gleichem durch Gleiches, was die Einheit ergiebt, endlich von Grösserem durch Kleineres. Von letzterem Falle werden Beispiele gegeben, in denen der Divisor ein Einer, ein Zehner ohne Einer und ein Zehner mit Einer ist. Der Quotient wird zwischen den Divisor und Dividenden unterhalb des letzteren geschrieben, die Reste während der Division über den Dividenden, der letzte Rest aber neben hinaus.

122) Hierauf wird S. 23—24 angegeben, dass die Bahn der Sonne in 12 $\zeta\acute{\omega}\delta\iota\alpha$, jedes von diesen in 30 $\mu o\tilde{\iota}\varrho\alpha\iota$, jede $\mu o\tilde{\iota}\varrho\alpha$ in 60 $\lambda\varepsilon\pi\tau\acute{\alpha}$ (sc. $\pi\varrho\tilde{\omega}\tau\alpha$) und jedes $\lambda\varepsilon\pi\tau\acute{o}\nu$ in 60 $\delta\varepsilon\acute{\upsilon}\tau\varepsilon\varrho\alpha$ (sc. $\lambda\varepsilon\pi\tau\acute{\alpha}$) getheilt wird. Für diese Benennungen wird nun wieder angegeben: 1) $\sigma\acute{\upsilon}\nu\vartheta\varepsilon\sigma\iota\varsigma$ (S. 24) wie noch jetzt, nur die Summe oben und die hinüberzuzählenden Zahlen unten. 2) $\grave{\varepsilon}\varkappa\beta o\lambda\acute{\eta}$ (S. 24 — 26) mit dem Rest oben. 3) $\pi o\lambda\lambda\alpha\pi\lambda\alpha\sigma\iota\alpha\sigma\mu\acute{o}\varsigma$ (S. 26—27). Es werden die Theilprodukte, welche $\mu o\tilde{\iota}\varrho\alpha\iota$, $\lambda\varepsilon\pi\tau\acute{\alpha}$, $\delta\varepsilon\acute{\upsilon}\tau\varepsilon\varrho\alpha$ geben, einzeln gebildet und die Summe jeder derselben für sich hergestellt; hierauf werden die $\delta\varepsilon\acute{\upsilon}\tau\varepsilon\varrho\alpha$ auf $\lambda\varepsilon\pi\tau\acute{\alpha}$, dann diese auf $\mu o\tilde{\iota}\varrho\alpha\iota$, endlich diese auf $\zeta\acute{\omega}\delta\iota\alpha$ gebracht, so weit es angeht und zuletzt das ganze Produkt über den Faktoren angeschrieben. Wieviele von den einzelnen bei der Rechnung sich ergebenden Zahlen sonst noch angeschrieben wurden, ist nicht gesagt. 4) $\mu\varepsilon\varrho\iota\sigma\mu\acute{o}\varsigma$ (S. 27—29). Die vorliegenden Benennungen werden auf $\delta\varepsilon\acute{\upsilon}\tau\varepsilon\varrho\alpha$ gebracht, hierauf wird getheilt, der Rest mit 60 multiplicirt und wieder getheilt, der neue Rest wieder mit 60 multiplicirt und dann getheilt, und so wird fortgefahren, so lange man will. Also ein einfacheres Verfahren als es oben 119 von Theon angegeben wurde.

123) Von S. 29—45 wird gehandelt $\pi\varepsilon\varrho\grave{\iota}$ $\varepsilon\grave{\upsilon}\varrho\acute{\varepsilon}\sigma\varepsilon\omega\varsigma$ $\tau\varepsilon\tau\varrho\alpha\gamma\omega\nu\iota\varkappa\tilde{\eta}\varsigma$ $\pi\lambda\varepsilon\upsilon\varrho\tilde{\alpha}\varsigma$ $\pi\alpha\nu\tau\grave{o}\varsigma$ $\grave{\alpha}\varrho\iota\vartheta\mu o\tilde{\upsilon}$. Als näherungsweise Bestimmung der Wurzel wird ein Verfahren angegeben, das kurz sich ausdrücken lässt durch $\sqrt{(\alpha^2 + \beta)} = \alpha + \dfrac{\beta}{2\alpha}$. Es wird aber dies als wenig genaue Bestimmung der Wurzeln von Zahlen von 1—99 bezeichnet. Für 3 und 4 zifferige Zahlen, wird zunächst das nächst kleinere Quadrat zur Zahl der Hunderter von dieser weggenommen, von diesem die Wurzel bestimmt, dieselbe mit 2 multiplicirt und damit der Rest dividirt und weiter verfahren, wie es noch jetzt geschieht. Dabei wird die Wurzel unter den Radicanden, die verdoppelte Wurzel unter die einfache, die Reste während der Operation über den Radicanden, der letzte Rest aber besonders an die Seite geschrieben und durch das Doppelte der gefundenen Wurzel getheilt z. B. $\sqrt{235} = 15\frac{1}{3}$.

Aehnlich wird bei mehrzifferigen Zahlen verfahren. Das Auffinden von Wurzeln mit 4 Stellen und darüber nennt Planudes

S. 33 seine eigene Erfindung, zeigt sich aber damit nicht sehr sicher, sondern greift zu Willkürlichkeiten, durch welche er auf die schon vorher ihm bekannte Wurzel gelangt. Nachdem er S. 36—37 arithmetisch und geometrisch dargethan, dass die bis jetzt erwähnte Methode nicht genau ist, giebt er S. 37 wieder eine eigene Erfindung, nämlich die, dass man den Radicanden in $\delta\varepsilon\acute{v}\tau\varepsilon\varrho\alpha$ verwandelt, und daraus die Wurzel auszieht. Nachdem er aber auf diesem Wege $\sqrt{6} = 2\ \mu o\~\iota\varrho\alpha\iota$ und 26 $\lambda\varepsilon\pi\tau\acute{\alpha}$ gefunden hat, nimmt er wie Theon seine Zuflucht zur geometrischen Figur und rechnet mit Hülfe von dieser noch weiter 58 $\delta\varepsilon\acute{v}\tau\varepsilon\varrho\alpha$ und 9 $\tau\varrho\acute{\iota}\tau\alpha$ aus. S. 45 endlich findet sich $\acute{\varepsilon}\tau\acute{\varepsilon}\varrho\alpha\ \mu\acute{\varepsilon}\vartheta o\delta o\varsigma\ \mu\acute{\iota}\gamma\mu\alpha\ o\~v\sigma\alpha\ \tau\~\eta\varsigma\ \tau\varepsilon\ \text{'}I\nu\delta\iota\varkappa\~\eta\varsigma\ \varkappa\alpha\grave{\iota}\ \tau o\~v\ \Theta\acute{\varepsilon}\omega\nu o\varsigma\ \varkappa\alpha\grave{\iota}\ \tau\~\eta\varsigma\ \dot{\iota}\mu\varepsilon\tau\acute{\varepsilon}\varrho\alpha\varsigma$, weil letztere d. h. die eigene Erfindung des Planudes unbequem wird für grosse Zahlen. Planudes nimmt für dieses gemischte Verfahren das Beispiel des Theon (s. oben 120 $\sqrt{4500}$) und desshalb sei dasselbe hier noch mitgetheilt: Die Wurzel des nächst kleineren Quadrates zu 4500 ist 67, und als Rest bleibt 11. 11 . 60 $= 660\ \lambda\varepsilon\pi\tau\acute{\alpha}$, 2 . 67 $= 134$, 134 in 660 giebt 4. 4 . 134 $= 536$, Rest 124, 124 . 60 $= 7440\ \delta\varepsilon\acute{v}\tau\varepsilon\varrho\alpha$, 4 $\lambda\varepsilon\pi\tau\acute{\alpha}$ im Quadrat $= 16$ $\delta\varepsilon\acute{v}\tau\varepsilon\varrho\alpha$, 7440 $- 16 = 7424$. Soweit stimmt die Rechnung zu der des Theon; hierauf aber wird das Doppelte der bisherigen Wurzel in $\lambda\varepsilon\pi\tau\acute{\alpha}$ verwandelt. 134 . 60 $= 8040$, 2 . 4 $= 8$, 8040 $+ 8 = 8048$. Die 7424 $\delta\varepsilon\acute{v}\tau\varepsilon\varrho\alpha$ werden in $\tau\varrho\acute{\iota}\tau\alpha$ verwandelt. 7424 . 60 $= 445440$. 445440 $\tau\varrho\acute{\iota}\tau\alpha$ getheilt durch 8048 $\lambda\varepsilon\pi\tau\acute{\alpha}$ giebt nahe zu 55 $\delta\varepsilon\acute{v}\tau\varepsilon\varrho\alpha$. Da letztere Reducirungen offenbar die eigene Leistung des Planudes sind, so bleibt für die Inder nur die Auffindung der Ganzen aus 4500 und es ist damit ein Beleg gegeben, dass die Anwendung der Methode bei den Sexagesimaltheilen auf im Decimalsystem gegebene Ganze von den Griechen nicht gemacht wurde, sondern ein Verdienst der Inder ist. Dass diese Methode der Inder schon vor dem 13. Jahrh. bei den Griechen bekannt wurde, vermag ich nicht zu glauben. Sie tritt bei Planudes noch so unsicher auf, dass sie noch nicht lange kann bekannt gewesen sein, und es ist daher viel wahrscheinlicher, dass die Griechen auch im 13. Jahrhundert dieselbe noch nicht kannten. Doch sind bisher zu wenig Schriften aus jener Zeit bekannt geworden, um eine bestimmte Behauptung aussprechen zu können.

2) Das elementare Rechnen bei den Römern.

124) Um beurtheilen zu können, welcher Art das elementare Rechnen bei den Römern war, wird es am bessten sein zunächst sich klar zu machen, wie mit dem Abacus mit Einschnitten und Knöpfchen

operirt werden konnte und dann den Inhalt des Rechenbuches des
Victorius zu betrachten.

Der Kürze wegen gebe ich das Bild des Abacus, welches in Z. IX
auf Tafel V in der Grösse des Originals genau abgebildet ist, nur
durch Striche, die Knöpfchen nur durch kleine Kreise und die Bei-
schriften in den einfachsten Zeichen wieder, ferner nur das 1.
Mal das vollständige Bild, im weiteren nur die Linien, welche zur Rechnung
nöthig sind. Vgl. oben 32.

125) N. 21 auf der Tafel zeigt in Fig. 1 die Stellung der Knöpf-
chen vor der Operation. Fig. 2 zeigt die Darstellung der Zahl 852$\frac{1}{2}$ $\frac{1}{1}$
oder DCCCLII :: $\mathfrak{C}$.

Man sieht sofort den Uebelstand, dass ausser den Knöpfchen,
welche zur Rechnung benützt sind, auch die sichtbar sind, welche
nicht nöthig sind; es musste sich also das Auge gewöhnen die geltenden Knöpfchen von den nicht geltenden zu unterscheiden und die
Stellung derselben genau anzusehen. Dabei ist es hinderlich, wenn
die nicht geltenden Knöpfchen der oberen kleineren Einschnitte vor
den geltenden liegen blieben; vielleicht hat man also die oberen Knöpfchen vor der Operation ganz nach oben gerückt und zur Operation
dann herunter in die Nähe von denen, welche von unten nach oben
zu rücken waren. Es ist aber hierüber nichts überliefert. Der erwähnte Uebelstand war übrigens bei dem abacus mit den freibe-
weglichen calculi nicht vorhanden. Bei diesem legte man nur die
Steinchen auf, welche man nöthig hatte. Da jedoch von dieser Art des
abacus kein deutliches Bild erhalten ist, so soll bei den Darstellungen
zu dem Folgenden der Abacus mit verschiebbaren Knöpfen zu Grunde
gelegt werden.

Hatte man nun z. B. 378$\frac{1}{2}$ $\frac{1}{8}$ $\frac{1}{18}$ oder CCCLXXVIII :. $\mathfrak{C}$ ꙅ ꙩ zu
addiren, so konnte man die durch die einzelnen Zahlzeichen ausge-
drückten Zahlen in jeder beliebigen Aufeinanderfolge zu den vorhandenen hinzufügen, und wenn man auch, um keines zu übergehen, von
den grössten Zahlen zu den kleinsten oder umgekehrt dabei fortschritt, so wird man doch bequeme Vereinfachungen, die sich gelegentlich darboten, auch ausser der Reihe benützt haben. Es ist
leicht sich das Bild des Abacus zu zeichnen nach den einzelnen Additionen; Figur 3 stellt daher nur die Summe 1230$\frac{1}{2}$ $\frac{1}{18}$ oder

$$\overline{\text{I}} \text{ CC XXX S} :. \text{ꙩ dar.}$$

Hatte man aber dieselbe Zahl zu subtrahiren, so konnte man
ebenso die einzelnen Zahlen, wie die Zeichen sie darstellten, wegnehmen,
und man wird zugestehen müssen, dass nicht allein die Zeichen für

die Ganzen, sondern auch die für die Brüche dazu ganz bequem
waren. :· von :: lässt sich bequemer wegnehmen als ¦ von ⅄ und
ebenso ℭ· bequemer von :: ℭ als ¦ von ⅄ + ₂¹₁. Auch hier ist die
Zeichnung der einzelnen Reste ganz leicht und Fig. 4 zeigt also nur
den letzten Rest nach Vollendung der Subtraktion, nämlich 473 ¦¦
₂¹₄ ₄¹₄ oder CCCC LXXIII S ::· ℭ ꝍ.

126) Bei der Multiplication konnte man von dem Multiplicanden so oft mal z. B. das 1000fache, 100fache, 10fache, 1fache und
ebenso einen Bruchtheil desselben auf dem Abacus nach und nach
summiren, als es der Multiplicator verlangte, oder man konnte, wie es
oben 110 und 111 geschah, jeden Theil des Multiplicanden oder auch
eine bequeme Verbindung von 2 Theilen z. B. von Zehner und Einer
mit jedem Theil des Multiplicators multipliciren und diese Theilprodukte nach und nach addiren, oder man konnte auch die Theile des
Multiplicators noch in bequemere zerlegen und z. B. statt mit 7 zu
multipliciren, zuerst das 3fache nehmen, dann dieses verdoppeln und
endlich das 1fache noch dazu fügen, u. ä. Das Wahrscheinlichste ist,
dass die Geübten für jeden Fall die bequemste Weise einschlugen.
Nimmt man eine Multiplication von Theil mit Theil an, so zeigte die
Abacustafel bei der Ausrechnung von 38 ¦ ₂¹₄ . 25 ⅄ nach und nach
folgende Stellungen 30 . 20 = 600 (S. auf der Tafel N. 22, Fig. 1)
8 . 20 = 160, 760 (F. 2), ¦ . 20 = 10, 770 (F. 3), ₂¹₄ . 20 = ¹⁰₁₂,
770 ¦⁰₁₂ (F. 4); 30 . 5 = 150, 920 ¦⁰₁₂ (F. 5), 8 . 5 = 40, 960 ¦⁰₁₂ (F.6),
¦ . 5 = 2¦, 963¦ (F. 7), ₂¹₄ . 5 = ₁²₂ ₂¹₄ 963¦ ₂¹₄ (Fig. 8), 30 . ⅄ =
10, 973 ¦ ₂¹₄ (F. 9), 8 . ⅄ = 2₁²₄, 976 ₁²₂ ₂¹₄ (F. 10), ¦ . ⅄ = ¦, 976
⅄ ₂¹₄ (F. 11), ₂¹₄ . ⅄ = ₁²₂, 976 ⅄ ₂¹₄ ₁¹₂ (F. 12).

127) Bei der Division konnten auf dem Abacus mit senkrechten Linien nur die Reste dargestellt werden, die sich ergeben,
wenn man den Divisor oder auch bequeme Vielfache desselben vom
Dividenden wegnimmt. Als Beispiele solcher Subtraktionen können
die Figuren 1—12 in N. 22 auf der Tafel dienen; wenn man von der
12. Figur beginnt und bis zur ersten zurückrechnet.

Von 976 ⅄ ₂¹₄ ₁¹₂ wird dabei der Reihe nach abgezogen ₁¹₂, ¦·
2¦, 10, ¦ ₁¹₂, 2¦, 40, 150, ⅃, 10, 160. Mit Hülfe solcher Subtraktionen
konnte die Theilung von 976 ⅄ ₂¹₄ ₁¹₂ durch 25 ⅄ etwa in folgender
Weise ausgeführt werden. Man rechnete aus dem Kopf 25⅄ . 10 = 253⅄
aus und nahm dieses Produkt vom Dividenden weg; es blieben dann
723 ₂¹₄ ₁¹₂; davon konnte man dasselbe Produkt nochmals wegnehmen
und erhielt 469 ⅃ ₂¹₄ ₁¹₂, ferner ein drittes Mal mit dem Rest 216 ⅄
₂¹₄ ₁¹₂. Leicht sah man nun dass dieser Rest grösser als die Hälfte
von 253 ⅄ = 126 ⅄ ¦ = 5 . 25 ⅄; subtrahirte man diese Zahl, so

blieb 89 $\frac{2}{3}$ ₂'₁ ₁'₂; davon 25 $\frac{1}{3}$ weg, bleibt 64$\frac{1}{3}$ ₂'₁ ₁'₂, nochmals weg, bleibt 39 ₂'₁ ₁'₂, ein drittes Mal weg, bleibt 13 $\frac{2}{3}$ ₂'₁ ₁'₂. Die Hälfte von 25 $\frac{1}{3}$ ist 12 $\frac{1}{2}$ $\frac{1}{6}$; dieselbe subtrahirt, bleibt 1 ₂'₁ ₁'₂; dieser Rest ist aber ₂'₁ von 25$\frac{1}{3}$, also lässt sich auch der 24. Theil des Divisors noch wegnehmen. Im Ganzen wurde dieser also $10 + 10 + 10 + 5 + 1 + 1 + 1$ mal weggenommen und seine Hälfte und sein 24.Theil; also ergiebt die Division 38 $\frac{1}{2}$ ₂'₁. Wie oft mal man den Divisor wegnahm, musste man entweder merken oder irgendwo mit Zahlzeichen notiren. Auf dem Abacus mit senkrechten Strichen war dazu kein Platz. Wohl aber lässt sich der Quotient auf dem Abacus mit wagrechten Linien notiren. Da jedoch nicht ganz bestimmt nachgewiesen werden kann, dass die alten Römer einen solchen Abacus hatten, so soll von dieser Art der Division erst im nächsten Abschnitt gehandelt werden.

128) Man sieht aus dem Vorstehenden leicht, dass sich auch Multiplicationen und Divisionen mit grossen Zahlen und mit Brüchen ausführen liessen und Quadrirungen als Multiplicationen einer Zahl mit sich selbst, ferner die Bestimmung von Quadratwurzeln durch Versuchen und Erproben durch Quadrirung. Immerhin sagt aber Columella de re rust. lib. III S. 115 ed. Bipont. mit Recht von den an jener Stelle nöthigen Rechnungen: ut′ diligens ratiocinator calculo posito videt. Denn Sorgfalt war allerdings nöthig, um bei dem damaligen Verfahren die Zinsen von 2900 Sesterzen auf 2 Jahre bei $\frac{1}{2}$ as als Procent für 1 Monat $\left(\frac{29000}{100} \cdot \frac{1}{2} 12 . 2\right)$ und von 32480 Sesterzen auf 1 Jahr bei gleichen Procenten $\left(\frac{32480}{100} \cdot \frac{1}{2} \cdot 12\right)$ zu bestimmen; für letztere Aufgabe wird als Lösung die abgerundete Summe von 1950 sestertii nummi für 1948,8 angegeben.

Bei Plinius hist. nat. VI, 38 a. E. wird aus den Prämissen, dass Europa (E.) etwas kleiner als 1$\frac{1}{2}$ Asien (As.) und $= 2\frac{1}{6}$ Afrika (Af.) sei, gefolgert, dass von der ganzen Erde (si misceantur omnes summae) Europa etwas mehr als $\frac{1}{3}$ und $\frac{1}{8}$, Asien $\frac{1}{4}$ und ₁'₆ (statt quartam decimam im Text der Bipont. muss es sextam decimam heissen), Afrika $\frac{1}{5}$ und ₆'₀ sei. Diese Brüche konnten in folgender Weise gefunden werden: $E = 1\frac{1}{2}$ As $= 2\frac{1}{6}$ Af. Die ganze Erde (T) $= E + $ As + Af. As $= \frac{2}{3}$ E, Afr. $= \frac{6}{13}$ E also T $= (1 + \frac{2}{3} + \frac{6}{13})$ E $=$ $= (\frac{5}{3} + \frac{6}{13})$ E $= \frac{83}{39}$ E, also E $= \frac{39}{83}$ T $= \frac{117}{83.3} = \frac{83}{83.3} + $ ₃'₄₆ $=$ c. $\frac{1}{3} + \frac{1}{8}$;

$$As = \tfrac{2}{3} \cdot \tfrac{39}{83}\, T = \tfrac{26}{83}\, T = \frac{104}{83.4} = \frac{83}{83.4} + \frac{21}{332} = c.\ \tfrac{1}{1} + \tfrac{1}{16}; \quad Af.$$

$$= \tfrac{6}{13} \cdot \tfrac{39}{73} \cdot T = \tfrac{13}{13} = \frac{90}{83.5} = \frac{83}{38.5} + \frac{7}{415} = \tfrac{1}{5} + \tfrac{1}{60}.$$

Was hier in kurzer Weise in unserer jetzigen Art ausgedrückt ist, wurde wie es scheint (sichere Anhaltspunkte fehlen) von den Alten durch Schlüsse ermittelt und in Worten angeschrieben. Das Heben der Brüche konnte in der Weise erfolgen, dass man z. B. bei $\tfrac{6}{13} \cdot \tfrac{39}{83}$ von $\tfrac{39}{83}$ zuerst den 13. Theil bestimmte, und diesen mit 6 multiplicirte. Aber auch wenn man annimmt, dass Zähler mit Zähler und Nenner mit Nenner multiplicirt wurde auf Grund von Schlüssen, so waren doch alle Rechnungen mit dem Abacus ganz gut ausführbar.

129) Dass aber umständliche Rechnungen mit Brüchen den Römern keine unbekannten Dinge waren, beweisen am bessten die Angaben über die moduli aquarum und die fistulae bei Frontinus de aquae ductibus §. 24—63. Bücheler, der in seiner Ausgabe des Frontinus (Leipzig, Teubner 1858) die Zahlen, so weit es möglich ist, richtig herstellte, hat dazu Rechnungen mit Logarithmen verwendet. Da aber diese den Alten völlig unbekannt waren, so muss es eine Möglichkeit geben, mit den im Alterthum bekannten Rechnungsoperationen zu den Zahlen zu gelangen, welche die Rechnung und die bessste Handschrift als die richtigen erwiesen haben. Ich glaube diese Möglichkeit im Folgenden zeigen zu können.

Der unciae modulus hat nach §. 26 einen Durchmesser von $1\tfrac{1}{3}$ digitus, der quinarius modulus einen Durchmesser von $1\tfrac{1}{1}$ digitus; daraus wird gefolgert, dass der erstere modulus $1 + \tfrac{1}{8} + \tfrac{1}{288} + \tfrac{2}{3} \cdot \tfrac{1}{288}$ quinaria enthält. Da beide Modulus von gleicher Höhe waren, so verhielten sie sich wie ihre Grundflächen, und da diese Kreise waren, wie die Quadrate der Durchmesser; man hatte also $1\tfrac{1}{3}$ und $1\tfrac{1}{1}$ jedes mit sich selbst zu multipliciren und dann das erstere Produkt durch das 2. zu dividiren:

$$1\tfrac{1}{3} \cdot 1\tfrac{1}{3} = 1\tfrac{1}{3}\ \tfrac{1}{3}\ \tfrac{1}{9} = \tfrac{16}{9}$$

$$1\tfrac{1}{1} \cdot 1\tfrac{1}{1} = 1\tfrac{1}{1}\ \tfrac{1}{1}\ \tfrac{1}{16} = \tfrac{25}{16}.$$

Um eine Division mit ganzen Zahlen zu erhalten, brauchte man nur durch Multiplication gleiche Nenner herzustellen, dadurch fand man $\frac{16}{9} = \frac{256}{144}$, $\frac{25}{16} = \frac{225}{144}$, wodurch die Aufgabe zurückgeführt ist auf die Theilung von 256 durch 225. $\frac{256}{225} = 1\frac{31}{225}$, $\frac{31}{225} = \frac{248}{225.8} =$

$$= \frac{225+23}{225.8} = \frac{1}{8} + \frac{23}{225.8}, \quad \frac{23}{225.8} = \frac{828}{225.288} = \frac{675+153}{225.288} =$$

$$= \frac{3}{288} + \frac{153}{225.288} = c.\ \tfrac{3}{288} + \tfrac{2}{3} \cdot \frac{1}{288}.$$

Also ist $\dfrac{256}{225} = 1 + \dfrac{1}{8} + \dfrac{3}{288} + \dfrac{2}{3} \cdot \dfrac{1}{288}.$

Die Zahl 8 ergab sich dadurch, dass 8 . 31 das nächst grössere Produkt aus 31 zu 225 ist; die Zahl 288 zog man desshalb bei, weil 1 scripulum $= \frac{1}{288}$ as.

In demselben §. 26 heisst es, digitus quadratus in rotundum redactus habet diametri digitum unum et digiti sescunciam sextulam d. h. der Durchmesser eines Kreises, dessen Fläche gleich 1 digitus im Quadrat ist, enthält $1\frac{1}{8}\,\frac{1}{72}$ digitus. Nach der Weise der Alten erhielt man die Fläche eines Kreises, wenn man den Durchmesser mit sich selbst und dann das Produkt mit $\frac{11}{14}$ multiplicirte. Sollte also aus dem Inhalt der Durchmesser bestimmt werden, so hatte man vom Inhalt $\frac{14}{11}$ zu nehmen, das Produkt als Quadratzahl anzusehen und die Seite dieses Quadrates zu bestimmen. In unserer Weise ausgedrückt war $x = \sqrt{1^2 \cdot \frac{14}{11}}.$

Um nun von $\frac{14}{11}$ die Quadratseite annähernd zu finden scheint man durch Multiplication den Zähler und Nenner einer Quadratzahl möglichst nahe gebracht zu haben. Multiplicirt man zunächst mit 11, so erhält man $\dfrac{154}{11^2}$, wo 154 den Quadratzahlen 144 und 169 doch zu ferne liegt; multiplicirt man aber weiter mit der ersten Quadratzahl 4, so erhält man $\dfrac{616}{22^2}$ und 616 liegt der Quadratzahl 625 nahe genug um die Quadratseite von $\dfrac{616}{22^2}$ gleich $\dfrac{25}{22}$ zu setzen. $\dfrac{25}{22} = 1\dfrac{3}{22} = 1\dfrac{24}{22.8}$ $= 1\,\dfrac{1}{8}\,\dfrac{1}{88}.$ Für letzteren Bruch, für welchen man kein Zeichen hatte, scheint man den nächsten d. i. $\frac{1}{72}$ gesetzt und so die oben angegebenen Zahlen gefunden zu haben.

In ähnlicher Weise lassen sich alle Zahlen finden, welche bei Frontinus vorkommen, wobei aber zu beachten ist, dass die Rechnung Frontin's nicht fehlerfrei gewesen zu sein scheint, wie Bücheler zu §. 52 bemerkt hat. Aber auch willkürliche oder zufällige Weglassungen scheinen vorgekommen zu sein. Ist nämlich in §. 50 der Durchmesser $= 7\frac{1}{12}\,\frac{1}{24}\,\frac{3}{7\,8\,8}$, dann ist der Perimeter $= (7\frac{1}{12}\,\frac{1}{24}\,\frac{3}{7\,8\,8})$ $(3\frac{1}{7})$. Diese Rechnung konnte man dadurch ausführen, dass man gleichen Nenner im Multiplicanden, den unächten Bruch bei dem Multiplicator herstellte, dann mit dem Zähler des Multiplicators multiplicirte, vom Produkt aber den 7. Theil bildete, oder man nahm den Multiplicanden zuerst 3 Mal und dann von jedem seiner Theile 1 Siebentel;

$3 \cdot 7 = 21$, $3 \cdot \frac{1}{12} = \frac{1}{4}$, $3 \cdot \frac{1}{21} = \frac{1}{7}$, $3 \cdot \frac{3}{288} = \frac{3}{288}$, $\frac{1}{4} \cdot 7 = 1$,
$\frac{1}{4} \cdot \frac{1}{12} = \frac{1}{7} \cdot \frac{3}{288} = \frac{3}{288} + \frac{1}{288 \cdot 7}$; $\frac{1}{4} \cdot \frac{1}{21} = \frac{1}{7} \cdot \frac{12}{288} = \frac{12}{288} + \frac{5}{288 \cdot 7}$;
$\frac{1}{4} \cdot \frac{3}{288} = \frac{3}{288 \cdot 7}$. Die erste Zusammenfassung giebt $22 \mid \frac{1}{2} \; \frac{13}{288}$
$\frac{13}{288 \cdot 7}$. Die Reduktion $22 \frac{5}{12} \; \frac{2}{288} \; \frac{1}{288 \cdot 7}$. Die Handschrift giebt nur
$22 \frac{5}{12}$ und auch Bücheler hat eben diese Zahl. Es ist nun zwar die
Weglassung des Bruches $\frac{1}{288 \cdot 7}$ d. h. nach alter Ausdrucksweise eines
Siebentels von 4 scripula, natürlich, aber die Weglassung der 2 scri-
pula auffällig, und vielleicht, eine willkürliche, indem der Rechner die
Bildung des Siebentels blos bis $\frac{1}{2}$ ausführte, oder eine zufällige durch
Auslassung der Zeichen für 2 scripula durch den Copisten.

130) Das Vorgetragene wird hinreichend darthun, dass das Rechnen bei den Römern kein bequemes, für die Jugend leicht fassbares
war und in der Schule leicht so viele Zeit kostete, dass Horaz es als
den vorzüglichsten Gegenstand des Unterrichtes bezeichnen und bei
der fast ausschliesslichen Verwendung zu Geldrechnungen als einen
Krebsschaden in der Erziehung rügen konnte. Es war natürlich, dass
man sich bemühte Erleichterungen sich zu verschaffen. Diese bestanden hauptsächlich im festen Auswendigwissen der Resultate der
Additionen und Subtraktionen der unciae als Zwölfteln der Einheit (Horaz ars poet. 327—330 Si de quincunce remota est uncia . . . Redit
uncia . . .) und der Produkte der Einer unter sich und der ein-
fachsten Brüche wie $\frac{1}{4}$ $\frac{1}{3}$ $\frac{1}{2}$ mit sich und den Zwölfteln (Cic. de nat.
deor. 2, 18, 49: Quae, si bis bina quot essent didicisset Epicurus, certe
non diceret) ferner aber in der Benützung von Tabellen solcher
Summen, Differenzen und Produkte. Von letzterer Art ist uns der
calculus des Victorius erhalten. Ich habe von diesem bereits in
Z. IX, S. 314 bis 320 gehandelt und habe auch jetzt noch die dort
ausgesprochenen Ansichten nur die Produkte aus den Minutien in sich
und die kleineren, die ich damals dem Victorius beilegte, scheinen mir
jetzt in eine spätere Zeit zu fallen, etwa in die des Abbo von Fleury.
(Vgl. oben 63 und 98). Im Folgenden werde ich daher nur ein Bild
des Inhaltes dieses Rechenbuches in unseren jetzigen Zeichen geben
und von einigen Tabellen eine Probe auf der Tafel, wie ähnliche Christ
in den Sitzungsberichten der Akademie zu München 1863 S. 100—152
gegeben hat. (S. den Anhang.)

131) Die erste Tabelle im Calculus des Victorius scheint folgende
gewesen zu sein. Von 98 Columnen gehörten je 2 zusammen, und
von diesen 2 enthält die Columne rechts alle Zahlen von 1000, 900,
800 . . . 100, 90, 80 . . . 10, 9, 8 . . . . 1 $\frac{11}{12}$, $\frac{10}{12}$ . . . . $\frac{2}{12}$, $\frac{1}{12}$, $\frac{1}{24}$,
$\frac{1}{48}$, $\frac{1}{36}$, $\frac{1}{48}$, $\frac{1}{72}$, $\frac{1}{144}$ und die Columne links die Produkte aus diesen

Zahlen in 2, 3, 4 u. s. w. bis 50. Als Beispiel will ich die Produkte mit 43 darstellen, aber die von 43 in 1000 bis 1 als leicht zu bilden weglassen. Die auf der Tafel Nr. 23, 1 gegebenen Produkte sind:
$43 \cdot \frac{11}{12} = \frac{473}{12} = 39\frac{5}{12}$, $43 \cdot \frac{10}{12} = \frac{430}{12} = 35\frac{10}{12}$, $43 \cdot \frac{9}{12} = \frac{387}{12} =$
$= 32\frac{4}{12}$, $43 \cdot \frac{8}{12} = \frac{344}{12} = 28\frac{8}{12}$; statt nun in dieser Weise fortzufahren konnte man beachten, dass die Zahlen immer um $\frac{43}{12} = 3\frac{7}{12}$ kleiner werden und dadurch so fort als weitere Produkte erhalten:
$25\frac{1}{12}$, $21\frac{6}{12}$, $17\frac{11}{12}$, $14\frac{1}{12}$, $10\frac{9}{12}$, $7\frac{2}{12}$, $3\frac{7}{12}$. Dazwischen erhielt man
$43 \cdot (\frac{1}{12} + \frac{1}{21}) = 3\frac{7}{12} + 1\frac{9}{21} \frac{7}{1} = 5\frac{1}{12} \frac{1}{21}$, und weiter $43 \cdot \frac{1}{21} =$
$1\frac{9}{12} \frac{1}{21}$, $43 \cdot \frac{1}{36} = 1\frac{2}{12} \frac{1}{36}$, $43 \cdot \frac{1}{48} = \frac{10}{12} \frac{1}{21} \frac{1}{48}$, $43\frac{1}{72} = \frac{1}{12} \frac{1}{72}$, $43 \cdot \frac{1}{111} =$
$= \frac{2}{12} \frac{1}{21} \frac{1}{111}$.

Die 2. Tabelle scheint die Zwölftel, Einer, Zehner und Hunderter enthalten zu haben, die zu je z w e i zusammen 1, 10, 100, 1000 geben und zwar von $\frac{1}{2}$, 5, 50, 500 anfangend, nämlich $\frac{6}{12} + \frac{6}{12} = 1$, $\frac{7}{12} +$
$+ \frac{5}{12} = 1$ u. s. w. bis $\frac{11}{12} + \frac{1}{12} = 1$, $5 + 5 = 10$, $6 + 4 = 10$ u. s. w. bis $9 + 1 = 10$, $50 + 50 = 100$, $60 + 40 = 100$ u. s. w. bis $90 + 10 = 100$. Ebenso wahrscheinlich $500 + 500 = 1000$ bis $900 + 100 = 1000$. N. 23, 2 auf der Tafel zeigt die 1. Gruppe.

Die 3. Tabelle enthält nach Abbo die S u b t r a k t i o n e n der Hunderter von 1000, der Zehner von 100, der Einer von 10, der Zwölftel von 1. Denn wenn Abbo auch sagt de m i l l e n i s centenos, so darf man dabei doch wohl nicht an die einzelnen Tausender denken, sondern das Distributivum scheint gebraucht, weil die Subtraktion jedesmal von 1000 erfolgte. Darnach würde in dieser Weise diese Tabelle etwa lauten: 900 von 1000 100, 800 von 1000 200 u. s. w., 90 von 100 10, 80 von 100 20 u. s. w., 9 von 10 1, 8 von 10 2 u. s. w., $\frac{11}{12}$ von 1 $\frac{1}{12}$, $\frac{10}{12}$ von 1 u. s. w. bis $\frac{1}{12}$ von 1 $\frac{11}{12}$. N. 23, 3, zeigt hievon die letzte Gruppe.

Die 4. Tabelle enthielt, wie es scheint, in ähnlicher Weise A d d i t i o n e n, etwa $900 + 900 = 1800$, $900 + 800 = 1700$ u. s. w. $800 + 800 = 1600$, $800 + 700 = 1500$ u. s. w. bis $100 + 100 = 200$. Aehnlich für die Zehner, Einer und Zwölftel, und bei letzteren $\frac{11}{12} + \frac{11}{12} = 1\frac{10}{12}$, $\frac{11}{12} + \frac{10}{12} = 1\frac{9}{12}$ u. s. w. $\frac{10}{12} + \frac{10}{12} = 1\frac{8}{12}$, $\frac{10}{12} + \frac{9}{12} = 1\frac{7}{12}$ u. s. w. bis $\frac{1}{12} + \frac{1}{12} = \frac{2}{12}$.

132) Die 5. Tabelle enthielt nach Abbo die vocabula ponderum d. h. die Minutien von der dimidia sextula bis zum as in einer Columne und daneben rechts in einer zweiten die Zahl der scripula, die jedem Namen entspricht. Im Bamberger Codex des Commentars des Abbo findet sich fol. 32b diese Tabelle mit dem Titel leptologia figura und mit den Zeichen zwischen den Namen und den Zahlen.

Die 6. Tabelle wird von Abbo ziemlich ausführlich beschrieben, nur giebt er nicht an, wie weit sie geführt wurde. Sie enthält in einer Columne (prior numerus) die Ausdrücke für $1\frac{1}{4}$, $1\frac{1}{2}$, $1\frac{3}{4}$, 2, $2\frac{1}{4}$, $2\frac{1}{2}$, $2\frac{3}{4}$ 3 u. s. w. wahrscheinlich bis 10, in einer 2. rechts daneben (secundus tramies) die Quadrate d. h. ihre Produkte in sich selbst; denn nach Abbo fügte Victorius bei: Totus prior numerus et eius quarta pars in secundo tramite invenitur d. h. $(1\frac{1}{4})^2 = 1\frac{1}{4} + \frac{1}{4} . 1\frac{1}{4} =$ $= 1\frac{1}{4}$ $\frac{1}{4}$ $\frac{1}{2^1}$ $\frac{1}{4^8}$ $(\frac{1}{16} = \frac{3}{48} = \frac{1}{2^1}$ $\frac{1}{18})$. Ebenso heisst es weiter Secundo totus prior numerus et duae quartae partes eius in secundo tramite invenitur d. h. $(1\frac{1}{2})^2 = 1\frac{3}{4} + \frac{2}{4} (1\frac{3}{4})$ und Tertio totus prior numerus et eius tres quartae in secundo tramite invenitur d. h. $(1\frac{3}{4})^2 = 1\frac{1}{4} + \frac{3}{4} (1\frac{3}{4})$. Dies ist aber nur die Multiplication von $1\frac{1}{4}$, $1\frac{1}{2}$, $1\frac{3}{4}$ zuerst mit 1 und dann mit $\frac{1}{4}$, $\frac{1}{2}$, $\frac{3}{4}$. Dagegen wird von Abbo weiter erwähnt: Quo modo superiora debeant multiplicari adiecit (Victorius): Quotquot ergo asses quadrantes aut semisses aut dodrantes praecesserint, eodem numero assium ipsi quadrantes aut semisses aut dodrantes geminantur. Offenbar ist diese Stelle aus dem Zusammenhang gerissen. So lange dieser nicht selbst vorliegt, bleibe ich bei der Erklärung, die ich in Z. IX, S. 318 auf Grund einer ähnlichen Stelle im cod. mon. 14689 gegeben habe, dass nämlich mit diesen Worten gesagt ist, dass bei der Quadrirung von Ganzen und Brüchen das Produkt aus den Ganzen und den Brüchen doppelt vorkommt. Ob man dabei mit 2 multiplicirte, oder das Produkt 2 mal als Summand in Rechnung brachte. vermag ich nicht anzugeben. Ich möchte aber aus der Form $1\frac{1}{4}$, $\frac{1}{4}$, $\frac{1}{4^1}$, $\frac{1}{4^8}$, in der das Quadrat von $1\frac{1}{4}$ in der Tabelle angeschrieben war, eher auf das letztere schliessen. Das Quadrat von $2\frac{1}{4}$ ist gleich in der vereinfachten Form $5\frac{1}{2^1}$ $\frac{1}{16}$ angegeben, $(2\frac{1}{2})^2$ mit $6\frac{1}{4}$, $(2\frac{3}{4})^2$ mit $7\frac{1}{2}$ $\frac{1}{2^1}$ $\frac{1}{16}$. Es scheint also Victorius nur bei $1\frac{1}{4}$, $1\frac{1}{2}$, $1\frac{3}{4}$ die nicht reducirte Form, welche das Verfahren sehen lässt, angewendet, im Folgenden aber nur die Resultate und dazu Erläuterungen gegeben zu haben. N. 24, 1 auf der Tafel enthält die ersten 8 Zeilen dieser Tabelle, auf Grund des Wortlautes der aus Victorius citirten Stellen etwas abweichend von der Form, welche Christ in den oben 130 am Ende erwähnten Sitzungsberichten S. 113 mittheilte.

Die 7. Tabelle enthielt neben dem Wort oder Zeichen von as einen Bruchtheil und daneben die Zahl dieser-Bruchtheile, die 1 as ausmachen, wie es Nr. 24, 2 der Tafel zeigt.

Aehnlich enthielt die 8. Tabelle neben Ganzen mehrere Bruchtheile und daneben die Zahl derselben, welche soviel Ganze ausmachen. Ich gebe davon in Nr. 24, 3 auf der Tafel nur die Beispiele, die Abbo erwähnt, da er über die Ausdehnung der Tabelle nichts beifügt.

133) Man sieht also, dass der calculus des Victorius nichts an-

deres als eine **Sammlung** von Summen, Differenzen, Produkten und Reduktionszahlen war, wie sie die Rechnung mit den Zwölfteln oder den unciae der Römer zu einer raschen und sicheren Ausrechnung insbesondere der Bruchtheile nöthig hatte. Am häufigsten kamen die Brüche bei den **Geldrechnungen** zur Anwendung, wie am bessten aus der Schrift des **Volusius Maecianus** zu entnehmen ist (vgl. oben 54—56).

§. 44 derselben giebt an, dass als Silbermünzen gebraucht wurden denarius, quinarius, sestertius, der Werth derselben aber durch das Kupfer bestimmt wurde. Während nun ursprünglich der denarius 10, der quinarius 5, der sestertius $2\frac{1}{2}$ asses enthielt, gingen zur Zeit des Maecianus auf den denarius 16, auf den quinarius 8, auf den sestertius 4 asses. Rechnete man also nach **Denaren**, so hatte man 1 as $=$ $\frac{1}{16} = \frac{3}{48} = \frac{1}{24}\,\frac{1}{48}$ zu setzen, 2 as $= \frac{1}{8} = \frac{1\frac{1}{2}}{12}$ (sescuncia), 3 as $= \frac{3}{16}$ $= \frac{9}{48} = \frac{1}{6}\,\frac{1}{48}$, 4 as $= \frac{1}{4}$, 5 as $=$ 4 as $+$ 1 as $= \frac{1}{4}\,\frac{1}{24}\,\frac{1}{48}$, 6 as $= \frac{3}{8}$ $\frac{1}{24}$, 7 as $=$ 6 as $+$ 1 as $= \frac{5}{12}\,\frac{1}{48}$, 8 as $= \frac{1}{2}$, 9 as $= \frac{1}{2}\,\frac{1}{24}\,\frac{1}{48}$, 10 as $= \frac{1}{12}\,\frac{1}{24}$, 11 as $= \frac{2}{3}\,\frac{1}{48}$, 12 as $= \frac{3}{4}$, 13 as $= \frac{3}{4}\,\frac{1}{24}\,\frac{1}{48}$, 14 as $= \frac{10}{12}\,\frac{1}{24}$, 15 as $= \frac{11}{12}\,\frac{1}{48}$. Diese Brüche giebt Maecianus §. 48—62 an und damit zugleich eine bequeme **Hülfstabelle**. Hatte man nämlich die Rechnung für as geführt, und sollte das Resultat in Denaren ausgedrückt werden, so war dasselbe mit 16 zu theilen und, so oft mal 16 wegzunehmen war, so viele Denare hatte man.

Welcher Bruch dann als **aes excurrens** dem Rest von 1 bis 15 as entsprechend noch anzufügen war, zeigten die vorstehenden Zahlen, denen man, um anzudeuten, dass sie Bruchtheile eines Denares andeuteten, das Zeichen desselben (χ) vorsetzte. Waren also 100 as in Denaren . auszudrücken, so schrieb man an: VI χ $\overline{-}-$, und 61 as schrieb man III χ S $\overline{-}- \Sigma$).

134) Rechnete man aber nach **Sesterzen**, so war das Resultat nur mit 4 zu theilen, und für die Reste von 1 2 3 as hätte man $\frac{1}{4}$, $\frac{1}{2}$, $\frac{3}{4}$ schreiben können. Aber man that dieses nur bei 2 as, bei 1 as und 3 as wendete man dafür **besondere Namen** und theilweise auch besondere Zeichen an (s. oben 56), nämlich libella ($-$) $= \frac{1}{10}$, singula (Σ) $= \frac{1}{20}$, teruncius (T) $= \frac{1}{40}$ sestertius; es war also 1 as oder $\frac{1}{4}$ auszudrücken durch $\frac{10}{40} = \frac{2}{10}\,\frac{1}{20}$ ($\overline{-} \Sigma$), 3 as oder $\frac{3}{4}$ durch $\frac{30}{40} = \overline{---}\frac{1}{20}$ (S $\overline{-} \Sigma$); denn S bezeichnet hiebei, als allgemeines Zeichen für $\frac{1}{2}$, die Hälfte eines sestertius also 5 libellae.

Bei der Rechnung nach Sesterzen rechnete man aber nicht blos mit ganzen as, sondern beachtete auch die **halben** as noch, nicht leicht, wie Maecianus im §. 67 bemerkt, noch kleinere Theile. Also waren auch Ausdrücke für $\frac{1}{2}$, $1\frac{1}{2}$, $2\frac{1}{2}$, $3\frac{1}{2}$ as nöthig und diese giebt auch Maecianus §. 65—73, nämlich $\frac{1}{2}$ as $= \frac{1}{8} = \frac{5}{10} = \frac{1}{10}\,\frac{1}{10}$ ($- T$), $1\frac{1}{2}$ as $= \frac{3}{10}\,\frac{1}{10}\,\frac{1}{10}$ ($\overline{-} - \varSigma\ T$), $2\frac{1}{2}$ as $= S - T$, $3\frac{1}{2}$ as $= \frac{6}{10}\,\frac{1}{10}\,\frac{1}{10}$ (S $\underline{} - \varSigma\ T$).

Wie man dazu kam, besondere Zeichen und Namen zu verwenden, erklärt Maecianus §. 74—76.

Man hatte den denarius zu 10 asses oder librae, und wendete davon die Hälfte (quinarius) und den vierten Theil (sestertius) an, ebenso setzte man den sestertius $= 10$ libellae und nahm von diesen wieder die Hälfte (singula) und den vierten Theil (teruncius; $\frac{1}{4}$ as $= 3$ unciae). Mit so kleinen Bruchtheilen zu rechnen lohnte sich aber nur, so lange der Werth eines as die ursprüngliche Grösse hatte. Als daher derselbe sank und 16 as auf einen denarius kamen, musste die Rechnung nach Sesterzen zurücktreten und die nach Denaren die gebräuchliche werden, bei welcher auch die Bruchtheile in der gewöhnlichen Weise ausgedrückt sind.

135) Die Theilungen, wie sie im Vorstehenden mit 16 und 4 auszuführen waren, mussten besonders Produktentabellen erwünscht machen; denn man hatte ja nur in der Tafel die Columne zu suchen, in welcher der Divisor der Multiplicator war, und dann in der Reihe der Produkte die nächst kleinere Zahl zu dem gegebenen Dividenden. Man fand dann daneben die Zahl, die wir die Ganzen des Quotienten nennen, und die Differenz zwischen der in der Tafel stehenden kleineren Zahl und dem Dividenden ergab den Rest.

War eine solche Einrichtung schon für ganze Zahlen erwünscht, so war sie fast unerlässlich, wenn Brüche vorkamen und man in kurzer Zeit zu Ende kommen wollte.

Je häufiger Theilungen mit 16 wurden, um so eher musste man suchen für $\frac{1}{16}$ und $\frac{1}{8}$ wenigstens besondere Namen zu erhalten, und es erklärt sich daraus vollständig, wie etwa um die Zeit des Alexander Severus die Namen drachma und tremissis für $\frac{1}{8}$ und $\frac{1}{16}$ uncia aufkamen (vgl. oben 57), nachdem schon früher $\frac{1}{4}$ as mit sescuncia, $\frac{1}{16}$ as mit semuncia sicilicus (s. oben 55) bezeichnet worden war. Dass eigene Zeichen sich nicht nachweisen lassen, hat nichts auffälliges, wenn man beachtet, dass man zwar septunx, bes, dodrans u. s. w. sagte, aber doch in Zeichen $\frac{1}{2}\,\frac{1}{12}$, $\frac{1}{2}\,\frac{2}{12}$, $\frac{1}{2}\,\frac{3}{12}$ darstellte, also 2 Zeichen combinirte. So drückte man auch $\frac{1}{36}$ durch $\frac{1}{12}\,\frac{1}{72}$ aus, und so mochte man auch $\frac{1}{96}$ durch $\frac{1}{144}\,\frac{1}{288}$, $\frac{1}{192}$ durch $\dfrac{1\frac{1}{2}}{288}$ in Zeichen darstellen, also ersteres durch $\psi\ \text{\textit{ff}}$, letzteres durch $\text{\textit{ff}}\ S$, oder auch durch $\psi\ \text{\textit{ff}}\ I$, $\text{\textit{ff}}\ IS$,

98

indem man das Zeichen für scripulum so verwendete, wie wir $\mathcal{E}$, Lth., fl., xr. Vgl. oben 51.

136) Hatte man aber auch die Rechnung mit Zwölfteln und deren Hälften, Dritteln, Vierteln u. d. ü. vorzugsweise angenommen, weil sie eine Darstellung in Zeichen zuliess, so beschränkte man sich doch nicht auf diese Brüche allein, sondern verstand auch mit allen übrigen Brüchen zu rechnen, die man nur in Worten ausdrücken konnte. So ergaben sich (oben 49) 7tel, 9tel, 18tel, 50tel, 80tel, in 50 $\frac{1}{25}$ und $\frac{1}{10}$ von $\frac{1}{180}$, in 58 $\frac{1}{6233}$, $\frac{22}{9}$. Man konnte ja durch einfache Schlüsse die Rechnung immer auf ganze Zahlen zurückführen und hatte dann nur im Resultat den Bruchtheil anzugeben, wozu das Wort pars ebenso verwendet wurde, wie unser Theil, das in tel sich abschwächte. Vgl. 129 und 49.

Endlich ist aber noch zu erwähnen, dass man besonders in der theoretischen Musik die Brüche durch Verhältnisse und Proportionen ersetzte und zwar nach griechischem Vorbild. Gellius hatte noch hemiolios und epitritos zu sagen (57), Censorinus sagt sesquialtera portio, supertertia (58), Martianus Capella superdimidius, supertertius und für das Entgegengesetzte subdimidius, subtertius (61), aber für die Verhältnisse mit den Zahlen $1\frac{2}{3}$, $1\frac{1}{4}$, $\frac{3}{4}$, $\frac{4}{5}$ u. ä. finden sich nur ungenügende Ausdrücke.

Boetius dagegen giebt in seiner inst. arithm. (I, 22 ff.) und musica. (II, 4 — 11) eine für seine Zwecke vollständig ausreichende wenn auch bei grösseren Zahlen schwerfällige Terminologie und Theorie. Erstere lautet:

multiplex: duplus, triplus, quadruplus u. s. w.
   (2:1) (3:1) (4:1)
submultiplex: subduplus, subtriplus, subquadruplus u. s. w.
   (1:2) (1:3) (1:4)
superparticularis:
  sesqualter, sesquitertius, sesquiquartus u. s. w.
  (3:2) (4:3)   (5:4)
subsuperparticularis:
  subsesqualter, subsesquitertius, subsesquiquartus u. s. w.
  (2:3)   (3:4)   (4:5)
superpartiens:
  superbipartiens oder superbitertius
  (5:3)
  supertripartiens oder supertriquartus u. s. w.
  (7:4)

multiplex superparticularis:

duplex sesqualter, duplex sesquitertius u. s. w.

(5 : 2)   (7 : 3)

triplex sesqualter, triplex sesquitertius u. s. w.

(7 : 2)   (10 : 3)

u. s. w.

multiplex superpartiens:

duplex superbipartiens, duplex supertripartiens u. s. w.

(8 : 3)   (11 : 4)

triplex superbipartiens, triplex supertripartiens u. s. w.

(11 : 3)   (15 : 4)

u. s. w.

Die entgegengesetzten Verhältnisse erhielten auch bei den letzten 3 Arten nur die Vorsylbe sub', wie bei den beiden ersten, also subsuperpartiens, submultiplex superparticularis, subduplex sesqualter u. s. w.

8) Das elementare Rechnen bei den abendländischen Christen vom 7. bis 13. Jahrhundert.

137) Hier ist zunächst das Verfahren zu besprechen, welches bei dem Abacus mit wagrechten Linien und mit Rechensteinchen (vgl. oben 73 und 74) einzuhalten war. Das Addiren bestand dabei in einem einfachen Hinlegen der Rechensteine auf die zugehörigen Linien, und die Ersetzung von je 5 derselben auf einer Linie durch 1 Stein im Zwischenraum gegen die nächst höhere Linie und von je zweien in einem Zwischenraum durch 1 Stein auf der nächst höheren Linie. Umgekehrt bestand das Subtrahiren in einem Wegnehmen der Steine. Waren auf einer Linie nicht so viel vorhanden als man wegnehmen sollte, so nahm man den Stein aus dem nächst höheren Zwischenraum und rechnete ihn für 5 Steine der Linie, von der man Steine wegzunehmen hatte. War ein solcher nicht vorhanden, so nahm man den nächst vorhandenen Stein und löste ihn in die niederen Einheiten auf, nahm von diesen dann einen Stein weg und löste ihn abermals auf u. s. w., bis man zu den Einheiten kam, welche abzuziehen waren. Da das Verfahren bei den Beispielen über die Multiplication und Division vorkommt, so gebe ich davon kein besonderes Beispiel. Dagegen will ich aus dem in 71 erwähnten algorithmus linealis das Beispiel einer Addition mehrfach benannter Zahlen mittheilen, weil es einen Vortheil des Abacus mit wagrechten Linien vor dem mit senkrechten Linien deutlich macht. N. 25, 1 auf der

7 *

Tafel zeigt die ohne Reducirung neben einander gelegten Steine für folgende Summanden, die ich in röm. Ziffern und untereinander anschreibe, weil die Uebereinstimmung mit dem Abacus viel mehr dadurch hervortritt.

M D XXX IIII floreni XV grossi VIIII denarii
  CCC L   »   XII   ›   X   »   I obolus
  CC   ›   X   »   I   »
    LXV   »   V   »   V   »   I   ›
    XVI   ›   XI   »   VI   »
              VI   »   X   »
                      VI   »

Es liegt also auf der Linie für M nur 1 Stein, im Zwischenraum für D ebenfalls 1 Stein, auf der Linie für C 5 Steine, im Zwischenraum für L 2, auf der Linie für X 5 für die flor. 4 für die gr. 2 für die den., im Zwischenraum für V 2 für die flor. 3 für die gr. 2 für die den.; denn 6 denarii $= \frac{1}{2}$ grossus und es liegen also dafür 2 Steine unter der untersten Linie für die grossi; auf der Linie für I liegen 5 Steine für die flor., 4 für die gr., 5 für die den.; endlich liegen 2 Steine unter der untersten Linie für die denarii, da 1 obolus $= \frac{1}{2}$ denarius.

Nr. 25, 2 zeigt die reducirte Summe MMCLXVIII floreni; es sind nämlich 2 oboli $= 1$ denarius, 12 denarii $= 1$ grossus, 21 grossi $= 1$ florenus. Auch Adam Riess rechnet 21 Groschen auf einen Gulden.

Es ist leicht einzusehen, dass ein solches gleichzeitiges Rechnen mit verschiedenen Benennungen bei dem Abacus mit senkrechten Linien nicht möglich war; es tritt übrigens bei den alten Römern auch bei den Geldrechnungen nur 1 Benennung auf, indem man nach Assen, oder Sesterzen oder Denaren rechnete und kleinere Werthe als Bruchtheile derselben darstellte.

138) Für die Multiplication will ich die Beispiele wählen, die sich bei Noviomagus de numeris Colon. 1539 finden. Nach seinen Angaben wird dabei die tabula in 2 Theile getheilt, der Multiplicand links eingelegt, und der Multiplicator mit creta oder rubrica ausserhalb der Tafel notirt oder im Kopf behalten. Dann wird der Finger an die oberste Linie gelegt, auf der nummi des Multiplicanden liegen; wenn aber der erste nummus in einem Zwischenraum liegt, dann kommt der Finger an die nächste oberhalb befindliche Linie.

Diese Linie wird dann als die der Einer angesehen und rechts für jeden nummus des Multiplicanden soviel nummi gelegt, als der

Multiplicator angiebt. Für jeden nummus im darauf folgenden Zwischenraum wird die Hälfte des Multiplicators eingelegt.

Nr. 26, 1—13 zeigt die verschiedenen Phasen der Rechnung für den Multiplicanden 2468 und den Multiplicator 14. 26, 14 zeigt das Produkt von 11 . 12½, wovon Noviomagus bemerkt: Id quod descriptis notis fieri non potest. Diese Unmöglichkeit bezieht sich wohl darauf, dass der Bruch ½ durch ein Steinchen ebenso gut unterhalb der Linie der Zehner als unter der der Einer darstellbar war, während die notae anders für 5, anders für ½ waren, oder auch darauf, dass der ganze Multiplicator, Ganze und Bruch, sofort eingelegt werden konnte, während man ausserdem zuerst die Ganzen in Rechnung brachte, dann den Bruch. — 26, 15 endlich zeigt das noch nicht reducirte Produkt von 22½ . 16½, welches mit Steinchen sehr einfach herstellbar ist und wobei das besonders beachtenswerth erscheint, dass der Bruch ¼ in Ziffern von Noviomagus angeschrieben wurde. Ob man daraus schliessen darf, dass man früher die römischen Bruchzeichen ähnlich anwendete, muss ich unentschieden lassen.

139) Bei der Division wird das umgekehrte Verfahren angewendet von der rechten Seite zur linken herüber. Der Finger kommt an die Linie, für welche als Einer sich der Divisor zuerst wegnehmen lässt. Kann man nur den halben Divisor wegnehmen, so kommt das Steinchen in den nächsten Zwischenraum. Nr. 27, 1—6 auf der Tafel zeigt die Phasen des Verfahrens für 684 durch 38. Der Dividend ist rechts eingelegt, der Divisor wurde an der Seite angeschrieben, oder im Kopfe gemerkt, ebenso seine Hälfte. Nr. 28, 7 — 11 enthält die Phasen für 280 durch 2½, wobei sich das Hinwegnehmen von 2½ sehr bequem ausführen lässt. Nr. 27, 12—15 endlich zeigt das Verfahren bei 3330 durch 12, wobei sich bequem der vierte Theil des Divisors wegnehmen lässt. Da man aber nicht mit 3 sondern mit 12 zu theilen hat, so muss man 1000 umwandeln in $\frac{10}{4}$. 100 . 12 oder in 2½ . 100 . 12 d. h. so oft mal sich der vierte Theil des Divisors wegnehmen lässt, so oft mal muss man im Resultat an den gehörigen Stellen 2½ einlegen.

Man sieht, auch dieses Verfahren hatte seine Kunstgriffe, mit denen man unter Umständen schneller zum Ziel gelangte, als bei dem jetzigen Verfahren, wenn man nicht auch bei diesem ähnliche Hülfe gebraucht.

140) Da bei dem Wurzelausziehen ähnlich, wie bei der Division die Produkte, die Quadrate oder Kubus der Wurzeln im Ganzen oder in einzelnen Theilen wegzunehmen sind, so konnte auch dieses auf dem Abacus mit Linien und Steinchen ausgeführt werden und in

dem erwähnten (71) algorithmus linealis finden sich nach dem Abschnitt de divisione noch die weiteren de progressione, de radicum extractione, de radicum extractione in cubicis. Näher darauf einzugehen halte ich nicht für nöthig, da das Verfahren dem nachgebildet ist, welches bei den Ziffern statt hat.

Dagegen ist hier noch zu erwähnen, dass der häufige Gebrauch der Hälften des Multiplicators und des Divisors, insbesondere bei dem Wurzelausziehen als eine besondere Species des Rechnens die mediatio und ihr entsprechend die duplatio herbeiführte. Erstere wurde auf 2 Arten ausgeführt 1) indem man von den auf der Tafel liegenden Steinchen je die Hälfte wegnahm und dabei die in den Zwischenräumen liegenden auflöste, ein auf einer Linie übrig bleibendes Steinchen aber in den nächsten Zwischenraum herabrückte, 2) indem man die Steinchen auf der Tafel in 2 Theile von gleicher Anzahl schied. Die Verdopplung bestand im blossen Hinzulegen eben so vieler Steinchen als schon vorhanden waren, entweder in demselben Felde oder in 2 Feldern nebeneinander.

141) Das zweite Rechnungsverfahren, das jetzt zu betrachten ist, ist das Rechnen auf dem Abacus mit Columnen (vgl. oben 75 — 81). Von diesem ist zunächst hervorzuheben, dass es sich auf die Multiplication und Division beschränkte. Zwar findet sich bei Bernelinus (Olleris S. 384 — 386) eine kurze regula de aequandis numeris, und dann 2 Beispiele von Subtraktionen, aber es wird dies nur im engsten Anschluss an die Division gezeigt.

C	X	I	C	X	I
5		7		4	1
9	8	6		2	2
1				1	
4	7	8	9	8	1
3	9	2	9	5	9

Es sind 3 Abtheilungen (tramites) hergestellt, in der obersten steht der Divisor, in der mittleren der Dividend, in der untersten die Differenzen der Stellen des Divisors und zwar bei der der Einer zu 10, bei den folgenden zu 9, bei der letzten die um 1 verringerte Differenz der letzten Ziffer des Divisors von der des Dividenden also (9 — 5) — 1 = 3. Die Differenzen werden der Reihe nach zu den Ziffern des Dividenden gezählt und nur die letzte von diesem weggelassen. Dadurch erhält man den Unterschied zwischen Divisor und Dividend; mit anderen Worten: es wird subtrahirt durch Addition der dekadischen Ergänzung.

Ebenso ist bei Odo von der adunatio characterum nur im Anschluss an die Multiplication mehrzifferiger Zahlen die Rede und die ganze Regel über die Subtraktion lautet als gelegentliche Bemerkung

zu einer Division: [si] digitus de digito [abstrahitur], in eodem [arcu]
remanet [differentia]; si vero digitus de articulo abstrahitur in secundo
retro ponitur.

142) Wie es kam, dass gerade die Multiplication und Division behandelt wurde, ergiebt sich daraus, dass beide Operationen auf
dem Abacus mit senkrechten wie mit wagrechten Linien umständlich
waren und Uebersehen dabei sehr leicht vorkommen konnten. Jede
folgende Operation verwischte dabei die vorhergehende und ob fehler-
los gerechnet war, musste man durch Erprobung des Resultates finden.
Als daher das Verfahren der Inder bei dem elementaren Rechnen
bei den Arabern im 9. Jahrhundert bekannt wurde, bei welchem das
Multipliciren wie Dividiren viel einfacher und sicherer geübt wurde,
musste dieser Vorzug einer der gerühmtesten sein und es hat sehr
viel Wahrscheinlichkeit für sich, dass die Kunde davon aus Nordafrika nach Spanien drang und das Verfahren dort von den latei-
nisch gebildeten Gelehrten in unvollkommener Weise erfahren oder
aufgefasst wurde. Ich habe in Z, IX, S. 297 — 330 und X, S. 241 —
282 ausführlich dargethan, dass vor dem 10. höchstens noch vor dem
Ende des 9. Jahrhunderts (Z. X. S. 253) von dem Rechnen mit Columnen keine Spur zu finden ist, dass Gerbert's Schrift de numerorum divisione das älteste uns erhaltene Document über dieses Rechnen
ist (Z, X, S. 277) und dieser fasslich gestaltete, wozu er den Keim in
der Schrift des Spaniers Joseph vorfand (Z, X, S. 279). Ebendort
habe ich auch ausführlich dargelegt, wie sich das Rechnen mit Columnen entwickelte und dabei, wie ich glaube, hinreichend gezeigt,
dass, was die ars geometrica, die man dem Boetius zuschrieb, von dem
Rechnen mit Columnen enthält, wohl in das 10. aber nicht in das 6. Jahrhundert passt. Ich stelle daher hier nur die Resultate in Uebersicht
zusammen.

143) Für die Multiplication giebt Gerbert's Schrift nichts
weiter als die Bestimmung der Potenzen von 10, die den Ziffern des
Produktes entsprechen, welches man aus Faktoren enthält, die
selbst nur Produkte aus einem Einer und einer Potenz von 10 sind;
z. B. Wenn man einen Hunderter mit einem Zehntausender
multiplicirt hat, so wird man jeder Fingerzahl (digito) [die Benen-
nung] Tausendtausender geben und jeder Gliedzahl (articulus) [die Be-
nennung] Zehnmaltausendtausender. Es geschieht also im Grunde dasselbe, was Apollonius that (vgl. oben 112), aber es kommt dabei
nicht zu Regeln, wie sie bei eben diesem sich finden (vgl. oben 114),
sondern das Produkt aus den Potenzen von 10 wird sofort genannt.
In der von Olleris S. 311 -- 326 mitgetheilten Schrift, höchst wahr-

scheinlich im Wesentlichen der ersten Arbeit Gerberts über das Rechnen auf dem Abacus, steht zwar S. 324 die allgemeine Regel: ut . . . multiplicatores toto a se ordine longe constituant digitos, quoto fuerint multiplicandi ipsi post primam unitatem collocati, articulos vere semper uno tantum gradu ante digitos mittant, aber gleichsam nur zur Andeutung, wie man die vorhergehenden Angaben über die Produkte von Potenzen aus 10 fortsetzen kann, nicht als Regel, welche das Vorhergehende überflüssig macht. Von dem Produkt der beiden Einer werden die Einer und Zehner durch die besonderen Namen digiti und articuli bezeichnet und es musste eine solche Unterscheidung eintreten, sobald man anfing für beide Zahlen dieselben Zahlzeichen zu verwenden., worin eben die Vereinfachung der Rechnung durch das neue Verfahren bestand. Dass man diese Namen der Fingerrechnung entnahm, erklärt sich daraus, dass man die Produkte aus den beiden Einern zwar zunächst wohl im Kopfe bildete, aber zur Unterstützung des Gedächtnisses und zur Veranschaulichung sie auch mit den Fingern bildete. Nun wurden die ganzen Zahlen von 1 bis 9 durch die letzten 3 Finger der linken Hand dargestellt (vgl. oben 5), die Zehner aber von 10 bis 90 durch die Glieder des Daumens und Zeigefingers derselben Hand (vgl. oben 6) und so erhielten die Einer den Namen digiti, die Zehner den Namen articuli.

Lernen wir aber so aus Gerberts Regeln die Art seines Rechnens nicht kennen, sondern kommen höchstens auf Vermuthungen, wie es geschehen konnte, so entnimmt man daraus doch das mit ziemlicher Sicherheit, dass in Gerberts Zeit das Rechnen mit Columnen erst anfing praktisch geübt zu werden und desshalb die schriftliche Darstellung stückweise nur gelang.

144) Bernelinus giebt das Einmaleins in folgender Form: semel I I, bis II IIII u. s. w. mit bis, ter III VIIII u. s. w. mit ter, u. s. w. bis novies VIIII LXXXI; woraus man sieht, dass die Gobarziffern nur in den Columnen dienten, zum Anschreiben aber die röm. Ziffern benützt werden mussten, da ja die Kenntniss der Null noch fehlte. Es beschreibt aber Bernelinus bereits auch die Multiplication selbst, wenigstens so weit, dass man sieht, es wurde zuerst mit dem Einer des Multiplicanden multiplicirt, und die Ziffern der einzelnen Produkte in die Columnen gelegt oder eingeschrieben; dann wurde ebenso mit dem Zehner des Multiplicators multiplicirt. Aber das Beispiel ist nur 12 . 12, wie es an der Seite der Beschreibung nach dargestellt ist.

Wie die Einer vereinigt wurden in den einzelnen Columnen ist nicht gesagt und im vorliegenden Beispiel war diese Vereinigung im Kopf zu vollziehen. Das Resultat CXLIIII konnte sofort angeschrieben werden und dies scheint der Grund zu sein, dass von der Summirung der Theilprodukte nicht die Rede ist.

145) Der Verfasser von A_3 hebt hervor, dass die Multiplication mit einem Zehner eigentlich die mit dem Einer desselben sei, und man z. B. statt vicies zunächst bis zu sagen und nach der Multiplication erst dem Produkt die zugehörenden Columnen anzuweisen habe. Es kommt also hier schon zu einer klareren Erkenntniss des Grundes der gewonnenen Vereinfachung. Gerland bringt in die Regeln für die Multiplication der Potenzen von 10 bereits eine Sichtung, indem er nicht mehr die Resultate der Multiplication mit einer Ziffer aus der Einercolumne (singularis arcus) oder wie er kürzer sich ausdrückt mit der Einercolumne selbst in die Columnen der Reihe nach angiebt, sondern das Gesetz ausspricht, welches bei allen diesen Produkten gleichmässig statt hat. Er sagt nämlich: »Welche Columne auch die Einercolumne multiplicirt, in eben diese setze die Fingerzahl und in die nächst folgende die Gliedzahl.« Ebenso giebt er die Regeln für einen Zehner als Multiplicator u. s. w. bis zum centies mille millenus. Er giebt dasselbe Beispiel 12 . 12, wie Bernelinus, schreibt aber die 2 Zweier in der Zehnercolumne neben einander, und bemerkt dazu, dass man statt ihrer auch 4 setzen könne; er vollzieht also gewissermassen bereits die Addition auf der Tafel selbst.

146) Der Verfasser von A_2 bedarf für die Multiplication der Potenzen von 10 nur mehr eine einzige Regel: »Um wieviele Stellen der Multiplicator von der ersten Columne (arcus) des Abacus absteht, um ebenso viel bringt er die Fingerzahl von der Columne fort, die er multiplicirt, und die Gliedzahl in die nächst folgende.« Nach seiner Beschreibung ist die Multiplication 24 . 14 an der Seite dargestellt, nur so, dass die an die Stelle der durchstrichenen Ziffern gesetzten Zahlen unter diese geschrieben sind. In Wirklichkeit verwischte auch hier noch die nachfolgende Operation die vorhergehende. Die Rechnung ist folgende: $4 . 4 = 16$, $4 . 2 = 8$, $1 . 4 = 4$, $1 . 2 = 2$, $1 + 8 + 4 = 13$, $1 + 2 = 3$, also lautet die Summe 336.

C	X	I
	1	4
—	2	4
2	1	6
1	8	
3	4	
	3	

147) In A_6 werden 4 Arten der Multiplication genannt, die einfache, wenn der Multiplicator nur eine Ziffer (gleichviel in welcher Columne) hat, die zusammengesetzte, wenn er mehrere hat, die continuirliche, wenn die Columnen des Multiplicators der Reihe nach mit Ziffern besetzt sind, die unterbrochene, wenn dazwischen eine Columne

keine Ziffer enthält. Es wird aber sofort bemerkt, dass diese Unterschiede am Wesen der Multiplication nichts ändern und daher wird auch nur ein Beispiel gegeben, 4600 . 23. Gerechnet wird : 3 . 6 $=$ 18, 3.4 $=$ 12, 2.6 $=$ 12, 2.4 $=$ 8, 1 + 2 + 2 $=$ 5, 1 + 1 + 8 $=$ 10, also die Summe 105800. Dagegen wird umständlich von der Addition oder vom purgare arcus (ut summa colligatur) gehandelt; ergebe die Vereinigung der verschiedenen Ziffern eine Fingerzahl, so bleibe diese in der nämlichen Columne, ergebe sie eine Gliedzahl, so komme sie in die nächstfolgende, ergebe sich aber Finger- und Glied-zahl, so bleibe erstere in der Columne, letztere komme in die nächstfolgende.

148) Bei O ist die Addition, die adunatio und collectio characterum heisst, auch noch ein Anhängsel der Multiplication. Bei dieser wird aber bereits an eine quantitas characterum iuxta situm arcuum gedacht, und die Regeln für die Produkte aus den Potenzen von 10 werden so gegeben, dass man wissen muss, dass, wenn man die Stelle der ersten Ziffer des Produktes kennt, die Stelle der folgenden bekannt ist. Wie weit diese Gedanken Funde bei dem Rechnen mit Columnen sind, wie weit sie durch das auftretende Verfahren der Inder veranlasst wurden, vermag ich nicht zu entscheiden; jedenfalls gehört aber die mit O bezeichnete Schrift nicht in das 10., sondern in das 12. Jahrhundert und ist also dem Odo, der als Abt von Clüny 942 oder 943 starb, nicht beizulegen. Dasselbe Ergebniss bietet auch die Betrachtung der Regeln der Division.

149) Die Division, welche Gerbert lehrte, habe ich in Z. IX, S. 145 — 166 ausführlichst dargelegt und S. 167 — 171 die Regeln in der ars geometrica (Boetius S. 399—400) ebenso behandelt und mit Gerbert's Schrift verglichen. Der Text von Gerbert's Regeln, den Olleris S. 351 — 355 giebt, enthält einige Abweichungen von dem, welchen ich benützte, aber keine von wesentlicher Bedeutung. Von nicht geringem Interesse aber ist es, dass nach aller Wahrscheinlichkeit Olleris die erste Arbeit, die Gerbert über das Rechnen auf dem abacus verfasste, zum ersten Mal durch den Druck bekannt gemacht hat. Es ist dies die Regula de abaco computi S. 311—326 Z. 5 v. u. Vgl. die Litteraturzeitung zu Z. XII, 5 S. 72—73.

Ein neues Ergebniss ist jedoch auch hieraus nicht zu erzielen, die Abschnitte treffen im Wesentlichen mit denen zusammen, die in Z. IX, S. 147—149, 151—153, 146, 154—155, 157, 162 unter X, 5 und 4 besprochen sind. Doch ist Folgendes zu erwähnen: Der Ausdruck

secundus singularis wird auf S. 325 erklärt durch: Hoc tantum
scias secundum singularem dici, qui est compositus cum deceno
divisore ... tertium quoque singularem dici, qui est cum viginti compositus .... quartum, qui cum XXX. d. h. ein Einer
hiess ein zweiter Einer, wenn er mit 10 verbunden war, also in den
Zahlen 11, 12 . . . 19, ein Dritter in den Zahlen 21, 22 . . . 29. Diese
Auffassung, nach welcher die Zahlen bis 100 wie in einer Columne
gedacht sind und die Einer der ersten Gruppe bis 10 als die ersten,
die der zweiten Gruppe bis 20 als die zweiten erscheinen u. s. w.
legt es näher, wie Chasles in den Worten quotam partem divisoris
teneat singularis, den Genitiv divisoris zu singularis zu beziehen (Olleris giebt hier den Nominativ divisor, aber nicht ebenso in den ähnlichen Stellen in der VI. und VII. Regel [Z. IX, S. 156 und 157], so
dass nur ein Schreibfehler vorliegt). Aber es muss dann auch quotam
partem allgemeiner gefasst werden, ohne dividendi zu ergänzen, welcher Zusatz im Folgenden an der gehörigen Stelle ohnehin gemacht
wird. Es müsste darnach die Regel lauten: Will man durch einen mit
einem Einer zusammengesetzten Zehner einen einfachen Zehner oder
einen mit einem Einer zusammengesetzten dividiren, so beachte man,
den wievielsten Theil der Einer des Divisors erfordert; denn ein zweiter Einer hat Bezug zu den zweiten Theilen des Dividenden u. s. w.«
und ähnlich in der VI. und VII. Regel. Aber die sonstige Sprechweise Gerbert's und die Z. IX, S. 152 erwähnte Regel: »Wenn jene
(aus dem Einer und seiner Differenz sich ergebende) Einheit zu dem
Zehner des Divisors addirt wird, und von dieser Summe dieselbe die
Hälfte ist, dann fragt man, wie viel die Hälfte des Dividenden ist«
bestimmen eher divisoris zu partem zu beziehen und diesen Ausdruck
so zu verstehen, dass er den Theil bezeichnet, welcher der zu 10 er-
gänzte Einer von dem zum nächsten Zehner ergänzten Divisor ist.
Bei 83 z. B. ist 10 d. h. 3 + 7 der 9. Theil von 90 d. h. 83 + 7
und desshalb sagte man der Einer nehme den 9. Theil des Divisors
ein, womit sich auch verträgt, dass man ihn desshalb einen neunten
Einer nannte. Es passt auch zu dem Wesen jener Zeit, nicht der
einfachsten, sondern einer gekünstelten Auffassung zu folgen.

Dagegen glaube ich mit Unrecht Z. IX, S. 154 den Ausdruck
primum centenum für unum centenum genommen zu haben; es scheint
richtiger zu sein, zu übersetzen: »zuerst einen Hunderter.«

Der Text der ars geometrica, den ich neu herausgab, bietet
gleichfalls keinen Anlass an dem etwas zu ändern, was ich in Z. IX,
S. 167—171 gesagt habe. Ich muss auch jetzt bei der Ansicht bleiben, dass Boetius keinen Theil an den theils unklar, theils unvollstän-

dig ausgedrückten Regeln hat, sondern diese Arbeit in Gerbert's Zeit zu versetzen ist. Da ein Gewinn für das Rechnen dieser Zeit daraus nicht zu erzielen ist, so werden sie hier nicht weiter berücksichtigt werden.

150) In Gerbert's 9 Regeln über die Division kommen nur 3 Arten von Divisoren vor:

1) Einer und solche, die Produkte aus Einern und irgend welcher Potenz von 10 sind; .

2) Zehner mit Einern und solche, die Produkte aus diesen und irgend welcher Potenz von 10 sind;

3) Hunderter mit Einern und solche, die Produkte aus diesen und irgend welcher Potenz von 10 sind.

Für jede Art der Divisoren werden 2 Arten der Dividenden unterschieden:

a) solche, die ebensoviele Stellen haben wie der Divisor,

b) solche, die mehr Stellen haben.

So ergeben sich im Grunde nur sechs Regeln: I, für 1 a Subtraktion des Divisors vom Dividenden, so oft mal es angeht, II, für 1, b Bildung der Differenz des Einers zu Zehn und Multiplication derselben mit der ganzen ersten Ziffer des Dividenden, III, für 2 a Bildung der Differenz des Einers zu Zehn und Multiplication derselben mit einem Theile der ersten Ziffer des Dividenden, IV für 2, b Theilung einer Einheit der höchsten Benennung nach der Weise von III und Multiplication des Restes durch die 1. Ziffer des Dividenden, V, für 3, a Absonderung einer Einheit der höchsten Benennung, Bestimmung des Quotienten aus dem Rest für den Divisor durch Multiplication des letzteren, Multiplication der niedrigeren Benennung des Divisors mit diesem Quotienten, Subtraktion des Produktes durch Bildung der Differenzen, VI für 3, b Theilung einer Einheit der höchsten Benennung nach der Weise von V und Multiplication des Restes durch die 1. Ziffer des Dividenden.

Schon daraus, dass diese 6 Regeln auf 9 Abschnitte vertheilt sind, ergiebt sich, dass eine klare Einsicht in das Wesen der Methoden nicht vorhanden war, sondern dass praktisch Geübtes ohne strenge Sonderung dargestellt wurde.

151) Es soll nun von jeder Art ein Beispiel gegeben werden mit Ausnahme der ersten, die von selbst klar ist und wohl nur wegen des Mangels einer guten Kenntniss des Einmaleins eine Erwähnung fand. Bezüglich der beigefügten Darstellungen ist zu erwähnen, dass die wagrechten Striche zur besseren Uebersicht gezogen sind;

dass auch Gerbert solche gezogen habe, ist nirgends angedeutet, an sich aber nicht unwahrscheinlich.

II. Art. 4087 : 6.

4087 : 6.

I	C	X	I
			4
			6
4		8	7
1	6	6	4
1	4	4	8
	4	8	9
1	1	1	4
1	2	2	3
1	1	1	4
		6	7
		2	1
		1	
		1	
4	1	6	
1	1	2	
1	1	1	
6	1	1	
	8	1	
		1	

Nachdem über dem Dividenden der Divisor angeschrieben war, wurde über den Divisor seine Differenz von 10 geschrieben, also hier 4. Diese Differenz wird mit der Ziffer 4 der Tausender multiplicirt, das Produkt 16 um eine Columne zurückgerückt, und die Ziffer 4 des Tausenders weggenommen oder getilgt und unten in die Columne der Hunderter geschrieben, um dort zur Bildung des Quotienten zu dienen, welcher aufgefasst wird als die Anzahl der Divisoren, die im Dividenden enthalten ist. Vom Produkt 16 ist aber 1 wieder in die Columne der Tausender gekommen, also wird die Differenz 4 mit 1 multiplicirt, das Produkt 4 in die Columne der Hunderter geschrieben, 1 aber oben getilgt und unten angeschrieben. Die Einer unter C werden nun vereinigt 6 + 4 = 10; es ergiebt sich also nochmals 1 Tausender und mit diesem wird verfahren wie vorher. 1 . 4 = 4, unter C, 1 hinab. In derselben Weise wird fortgerechnet bis zu den Einern. 4 . 4 = 16 unter C und X, 4 hinab unter X; 1 . 4 = 4 unter X, 1 hinab; 4 + 6 + 8 = 18 unter C und X; 1 . 4 = 4 unter X, 1 hinab; 4 + 8 = 12 unter C und X; 1 . 4 = 4 unter X, 1 hinab; 2 + 4 = 6 unter X, 6 . 4 = 24 unter X und I, 6 hinab unter I; 2 . 4 = 8 unter I, 2 hinab; 8 + 4 + 7 = 19 unter X und I; 1 . 4 = 4 unter I, 1 hinab; 9 + 4 = 13 unter X und I; 1 . 4 = 4 unter I, 1 hinab; 3 + 4 = 7. Da kein Zehner mehr vorhanden ist, wird die erste Art der Division angewendet. Von 7 lässt sich 6 ein Mal wegnehmen und es bleibt 1, also wird unter I oben und unten noch 1 angeschrieben; ersteres 1 ist der Rest der Division. Unten werden nun die Ziffern vereinigt: 1 + 1 + + 1 + 2 + 6 = 11 unter X und I; 1 + 1 + 1 + 1 + 4 = 8 unter X; 1 + 1 + 4 = 6 unter C. Der Quotient ist daher 681.

152) III. Art. 970 : 380. (S. die nächste Seite). Hier ist, weil 8 neben 3 steht, also 8 ein vierter Einer ist (s. oben 149) die Differenz 2 nicht mit den ganzen Ziffern des Divisors zu multipliciren, sondern mit dem 4. Theil derselben. Der 4. Theil von 9 ist 2 und es bleibt noch als Rest 1; es wird also 9 getilgt, 2 unten unter I ge-

schrieben, oben aber an die Stelle von 9 der Rest 1. 2 . 2 = 4 unter X; 4 + 7 = 11 unter C und X; 1 + 1 = 2 unter C. Da 21 < 38

970 : 380.   8503 : 27.

C	X	I
	2	
3	8	
9̶	7̶	
1̶	4̶	
1̶	1	
2		
		2

Ī	C	X	I
			3
		2	7̶
8	5̶		3̶
2	1̶	9̶	9̶
	7̶	2	6̶
	8	9̶	9̶
	1̶	8	6̶
	1̶	1̶	5
	2	3	
	1̶	4	
	4	7̶	
		1̶	
		1̶	
		2	
		3	3
	2	4̶	2
	1̶	6̶	2
	3	1̶	4
		1	

so ist 210 der Rest und 2 der Quotient. Wäre 39 als Rest geblieben, so würde man 38 1 mal noch weggenommen, und also unten noch 1 unter 2 geschrieben haben und man hätte dann den Rest 10 und den Quotienten 3 gehabt.

153) IV. Art. 8503 : 27. (S. oben). In diesem Falle wird zunächst 1 Tausender getheilt. Da 7 neben 2 steht, so ist es ein dritter Einer und es ist also von 1 Tausend = 10 Hundert der 3. Theil zu nehmen, daraus ergiebt sich 3 und als Rest bleibt 1; 3 wird unten unter X angeschrieben und mit dem 8 unter C multiplicirt; das Produkt 24 wird unter 3 als Theil des Quotienten geschrieben. Der Rest 1 kommt unter C. Mit dem Quotienten 3 ist aber auch noch die Differenz 3 zu multipliciren; 3 . 3 = 9 unter X; dieser Rest 190 muss gleichfalls mit 8 unter C multiplicirt werden. 9 . 8 = 72 unter C und X, 1 . 8 = 8 unter C; dafür wird 8 unter C getilgt. 8 + 7 + 5 = 20, also 2 unter Ī. Mit diesem 2 unter Ī wird wiederholt, was vorher mit 8 geschah. 3 (unter X unten) . 2 = 6 unten unter X. Rest 190 mit 2 multiplicirt. 9 . 2 = 18 unter C und X, 1 . 2 = 2

unter C, 2 unter $\bar{\text{I}}$ getilgt. 8 + 2 (unter X) = 10, also 1 unter C, 1 + 2 + 1 = 4 unter C.

Zu dividiren ist nunmehr noch 403. Dazu wird 1 Hunderter wie oben 1 Tausender getheilt. Der 3. Theil von 1 Hundert = 10 Zehner ist 3 und als Rest bleibt 1. Es wird also unten neben 3 unter X, 3 unter I geschrieben. 3 . 4 = 12 unten unter X und I. Der Rest 1 wird unter X geschrieben; 3 (Quotient) . 3 (Differenz) = 9 unter I. 9 . 4 = 36 unter X und I, 1 . 4 = 4 unter X, 4 unter C getilgt. 6 + 3 = 9 unter I, 3 + 4 = 7 unter X.

Für den Rest 79 tritt nun die III. Art ein. Der 3. Theil von 7 ist 2 und als Rest bleibt 1; also wird 2 unten unter I geschrieben, 7 unter X getilgt und dafür 1 geschrieben. 2 (Quotient) . 3 (Differenz) = 6 unter I; 6 + 9 = 15 unter X und I, 1 + 1 = 2 unter X. Da 25 < 27 so ist der Rest der Division 25. Unten ist 2 + 2 = 4 unter I, 1 + 6 + 4 = 11 unter C und X, 1 + 2 = 3 unter C; also ist der Quotient = 314.

154) V. Art. 8000 : 2050. (S. unten). Der Hauptunterschied dieser und der folgenden Art von den vorhergehenden drei Arten besteht darin, dass vom Divisor keine Differenzen gebildet werden. Sie nähern sich daher dem jetzt gebräuchlichen Verfahren, von dem sie freilich durch viele unnöthige Umständlichkeit noch sehr weit abstehen. Es wird zunächst vom Tausender 1 Tausend weggenommen, um das Produkt aus dem Quotienten und der niederen Stelle des Divisors abziehen zu können. Also wird unter $\bar{\text{I}}$ 8 getilgt und

8000 : 2050.

$\bar{\text{I}}$	C	X	I
2		5	
8			
1) 7	81	5	
1		5	
		2	

9000 : 308.

$\bar{\text{I}}$	C	X	I
	3		8
9			
1)	9	2	4
	6	7	6
1)	5	3	4
	2	5	8
	3	8	2
		9	6
		7	8
		6	
		3	3
			7
			1
			1
			9

durch 1 und 7 ersetzt. Nun sucht man die Zahl, welche durch Multiplication die erste Stelle des Divisors, hier 2, der ersten des Dividenden, hier 7, möglichst nahe bringt; dies ist 3 und diese wird als Quotient unter I unten angeschrieben. $2 . 3 = 6, 7 - 6 = 1$ also wird unter $\overline{\text{I}}$ 7 getilgt und durch 1 ersetzt. $5 . 3 = 15$; von diesem Produkt wird zu dem Einer die Differenz von 10, zu dem Zehner die von 9 gesucht und statt derselben angeschrieben, dagegen 1 neben 7 unter $\overline{\text{I}}$ getilgt; also $10 - 5 = 5$ unter X, $9 - 1 = 8$ unter C. Es ist also der Rest 1850.

155) VI. Art. 9000 : 308. (S. Seite 111 unten). Statt 9 Tausend wird 1 Tausend zunächst in Rechnung gebracht, der Quotient und Rest dafür bestimmt und beides mit 9 dann multiplicirt. 1 Tausend wird in 10 Hundert und dieses in 1 und 9 Hundert zerlegt unter C, und verfahren wie bei der V. Art. Den Divisor 3 bringt 3 dem 9 am nächsten, also wird 3 unten unter I angeschrieben. $3 . 3 = 9$. $9 - 9 = 0$; also wird 9 unter C getilgt. $8 . 3 = 24$. $10 - 4 = 6$ unter I, $9 - 2 = 7$ unter X. 1 unter C vor 9 getilgt. Also ist von 1 Tausend der Quotient 3, der Rest 76; beides ist mit 9 zu multipliciren. $3 . 9 = 27$ unten 7 unter I, 2 unter X; oben $7 . 9 = 63$ unter C und X, $6 . 9 = 54$ unter X und I; $5 + 3 = 8$ unter X; 9 unter $\overline{\text{I}}$ getilgt. Es ist nun 684 noch zu dividiren. Man zerlegt 6 unter C in 1 und 5. $3 . 1 = 3$ unten unter I, $5 - 3 = 2$ unter C, $8 . 1 = 8$ unter I, $10 - 8 = 2$ unter I, $9 - 0 = 9$ unter X; 1 unter C neben 5 getilgt. Da man nämlich 8 von 100 abzieht, so muss als Zehner vor 8 eine leere Stelle in Rechnung gebracht und daher als Differenz 9 gesetzt werden.

Nun sind die verschiedenen Ziffern in den Columnen zu vereinigen. $2 + 4 = 6$ unter I, $9 + 8 = 17$ unter X und C, $1 + 2 = 3$ unter C; es ist also der nunmehrige Rest 376; von diesem lässt sich 308 noch 1 mal wegnehmen; es kommt also 1 unten unter I und der Rest 68 wird oben unter I und X angeschrieben. Endlich sind die einzelnen Quotienten zu vereinigen; $7 + 1 + 1 = 9$ unten unter I. Damit ergiebt sich als Quotient 29, als Rest 68.

156) Man überzeugt sich leicht, dass es bei einer solchen Art zu dividiren besonders nöthig war, die Columnen zu wissen, in welche die Zerlegungen der Ziffern, die Reste von denselben und vor allem die einzelnen Quotienten einzutragen waren. Es wird daher in Gerbert's Schrift darauf auch besonders Rücksicht genommen und für die Bildung des Quotienten findet sich ein eigener Abschnitt (Z. IX S. 162 —164). Aber dieser schliesst sich nicht etwa an die vorhergehenden

9 Abschnitte an, sondern erwähnt nur die verschiedenen Arten, wie die Quotienten bestimmt werden. Die vorstehenden Beispiele zeigen auch, dass bei ein und derselben Division verschiedene Wege eingeschlagen wurden.

Solche Mannigfaltigkeiten erschweren die Aneignung des Verfahrens und verlangen grössere Aufmerksamkeit als sie bei der grossen Menge sich findet, während sie im Grunde wenig werth sind. So kommt es aber, dass Fertigkeit in derartigem Rechnen bewundert und der Inhaber derselben als eine Grösse ersten Ranges angestaunt werden konnte.

157) Mit dem, was Gerbert bekannt machte, beschäftigten sich seine Schüler sehr eifrig und die vielen Uebungen mussten allmälig auch eine Klärung in den Regeln herbeiführen. So findet man denn auch bereits in A_4 die Arten der Divisionen auf 4 beschränkt, aber ohne Klarheit in den Angaben darüber.

Die 1. Art ist gegeben, wenn Divisor und Dividend nur eine Ziffer hat (simplex) und beide Ziffern in derselben Columne stehen. Es bedarf dann nur wiederholter Subtraktion. I. Art bei Gerbert; s. oben 150.

Bei der 2. Art hat der Divisor nur 1 Ziffer, der Dividend aber beliebig viele, nur mindestens eine in einer höheren Columne als die ist, in welcher die Ziffer des Divisors steht. In diesem Falle wird die Differenz gebildet und dieselbe mit der ganzen höchsten Ziffer des Dividenden multiplicirt (denominatio a toto). Als Beispiele werden gegeben 10 : 4, 40 : 4, 400 : 7, 234 : 8, 34567 : 7. II. Art bei Gerbert; s. oben 150 und 151.

Bei der 3. Art hat der Divisor 2 Stellen, die unmittelbar auf einander folgen, und die Differenz wird daher nur mit dem entsprechenden Theil der höchsten Ziffer des Dividenden multiplicirt (denominatio a partibus). III. Art bei Gerbert; s. oben 150 und 152. Dem Divisor nach gehört auch die IV. Art Gerbert's hieher; aber der Verfasser von A_4 wendet das Verfahren Gerbert's bei der IV. Art erst im Folgenden an. `

Bei der 4. Art nämlich sind die Ziffern des Divisors durch leere Columnen getrennt, wie bei der V. und VI. Art Gerbert's, aber es wird die denominatio a partibus angewendet und also die Differenz des Divisors gebildet, wie bei der IV. Art Gerbert's. Gleichwohl ist von einem dissipatus centenus die Rede, was nur für die V. und VI. Art Gerbert's passt; der Irrthum rührt daher, dass auch bei der IV. Art Gerbert's zunächst 1 Hunderter oder Tausender getheilt wird.

So macht sich zwar die Erfahrung geltend, dass auch 4 Arten

zu Dividiren ausreichen, aber gerade die 2 Arten werden weggelassen, die mit dem Divisor selbst rechnen und es liegt der Gedanke nahe, dass man sie wegliess, weil sie für zu schwierig erschienen.

158) Eine gelungenere Vereinfachung zeigt sich bei Bernelinus. Das wiederholte Subtrahiren wird nur mehr erwähnt, und es werden zwar wieder 4 Arten der Division unterschieden, aber andere als bei A₄ und mit Erkenntniss des principiellen Unterschiedes, nämlich:

1) divisio simplex   cum differentia
2)   »   »   sine   »
3)   »   composita cum   »
4)   »   »   sine   »

Dazu kommt eine bessere Ordnung auch im Aeusseren. Von wagrechten Strichen, die sich bei Gerbert noch nicht erwähnt finden (s. oben 151), ist ausdrücklich die Rede. Es werden damit Abtheilungen, tramites, gebildet und zwar die oberste, primus trames, für den Divisor und dessen Differenz bei der 1. und 3. Art und für den Divisor allein bei der 2. und 4. Art. Bei diesen aber tritt eine Versetzung desselben ein.

Im zweiten trames steht der Dividend, im dritten wird die Operation vollzogen und bleibt der Rest stehen, in den vierten kommen die Quotienten (denominationes). Die Columne für die Einer erhält einen Bogen für sich, die Columnen für X und C einen gemeinschaftlichen und die drei zusammen noch einen grösseren. Von der regula de aequandis numeris wurde schon oben 141 gesprochen.

Als Beispiel will ich für die 1. und 2. Art dasselbe wählen wie oben 151.

159) I. Art des Bernelinus. 4087 : 6. (S. Seite 115.) Der Dividend wird nicht nur in den zweiten, sondern auch in den dritten trames geschrieben, um dort die verbrauchten Ziffern tilgen zu können. Die Differenz 4 wird nun mit 4 unter $\bar{I}$ multiplicirt. $4.4 = 16$ unter C und $\bar{I}$. 4 unter $\bar{I}$ kommt nach unten unter C; $1.4 = 4$ unter C, 1 nach unten unter C; $4 + 6$ unter C $= 10$, 1 unter $\bar{I}$; $1.4 = 4$ unter C, 1 nach unten unter C; $4.4 = 16$ unter X und C; 4 nach unten unter X; $1.4 = 4$ unter X, 1 nach unten unter X; $4 + 6 + 8 = 18$ unter X und C; $1.4 = 4$ unter X, 1 nach unten unter X; $4 + 8 = 12$ unter X und C; $1.4 = 4$ unter X, 1 nach unten unter X; $4 + 2$ unter X $= 6$; $6.4 = 24$ unter I und X; 6 nach unten unter I. $2.4 = 8$ unter I, 2 nach unten; $8 + 4 + 7$ unter I $= 19$ unter I und X; $1.4 = 4$ unter I, 1 nach unten;

4 + 9 = 13 unter I und X; 1 . 4 = 4 unter I, 1 nach unten;
4 + 3 = 7; 6 von 7 1 Mal, Rest 1; also 1 unter I und 1 nach unten.
Endlich unten 6 + 2 + 1 + 1 + 1 = 11 unter I und X; 4 + 1 +

4087 : 6.

Ī	C	X	I
			6
			4
4		8	7
4	6	8	7
1	4	6	4
1	4	4	8
1	8	8	9
	1	4	4
	1	2	3
		4	4
		6	7
		2	1
		1	
		1	
	4	4	6
	1	1	2
	1	1	1
	6	1	1
		1	1
		8	1

4087 : 6.

Ī	C	X	I
	6	6	6
4		8	7
4	4	8	7
1		4	1
		2	
		4	
		6	
	6	6	1
		1	
		1	
		8	

+ 1 + 1 + 1 = 8 unter X; 4 + 1 + 1 = 6 unter C. Also Quotient 681 Rest 1. Das Verfahren ist bis auf einige Aeusserlichkeiten dasselbe wie in 151.

160) II. Art. 4087 : 6. (Siehe oben.) Der Divisor 6 wird zuerst unter C gestellt, weil 4 unter Ī kleiner als 6. 6 in 40 6 mal, bleibt 4; 6 unten unter C, 4 oben; 4 unter Ī getilgt. Den Divisor 6 unter X gerückt; 6 in 40 6 mal, bleibt 4; 6 unten unter X, 4 oben; 4 unter C getilgt. 4 + 8 unter X = 12 unter X und C; 6 in 10 1 mal Rest 4; 1 unten unter X, 4 oben; 4 + 2 unter X = 6; 6 in 6 1 mal; 1 unten unter X. Divisor 6 unter I gerückt; 6 in 7 1 mal, bleibt 1; 1 unten unter I, 1 oben. Unten unter X 6 + 1 + + 1 = 8; also Quotient 681, Rest 1. — Der Fortschritt gegenüber dem Verfahren Gerbert's ist hier unverkennbar.

52487 : 218.

X̄	Ī	C	X	I
		2	1	8
		8		2
5	2	4	8	7
5	2	4	8	7
2	8	2	2	2
1	2	8	6	6
1	4	1	6	5
	1	1	2	2
	7	6	4	7
	1	4	8	
	2	4	1	
	1	8	4	
	2	1	1	
	3	3	8	
	2	2	8	
		4	6	
		9		
		2		
		1		
		3		
		1		
		1	6	6
		1	3	3
		2	3	1
			1	
			1	
			4	

161) III. Art. 52487 : 218.

Der 3. Theil der ersten Ziffer des Dividenden ist zu nehmen, weil die Differenzen und der Divisor zusammen unter C 3 geben. 3 in 5 (unter $\overline{X}$) 1 mal, bleibt 2; 5 getilgt, 2 dafür gesetzt, 1 unten unter C; 1 . 8 = 8 unter I, 1 . 2 = 2 unter C; 2 unter $\overline{X}$ = 20 Tausend; 3 in 20 6 mal bleibt 2; 6 unten unter X, 2 unter $\overline{X}$ getilgt, 2 unter $\overline{I}$ gesetzt; 6 . 8 = 48 unter C und $\overline{I}$; 6 . 2 = 12 unter X und C. 2 + 8 unter X = 10; 1 unter C, 1 + 1 + 8 + 2 + 4 unter C = 16 unter C und $\overline{I}$, 1 + 4 + 2 + 8 + 2 unter $\overline{I}$ = 17 unter $\overline{I}$ und $\overline{X}$. 1 unter $\overline{I}$ = 10 Tausend; 3 in 10 3 mal, bleibt 1; 3 unten unter X, 1 unter $\overline{X}$ getilgt, 1 unter $\overline{I}$ gesetzt; 3 . 8 = 24 unter C und $\overline{I}$; 3.2 = 6 unter X; 2 + 1 + 7 unter $\overline{I}$ = 10, 1 unter $\overline{X}$. Verfahren wie bei dem vorhergehenden 1. 2 + 1 unter $\overline{I}$ = 3; 3 in 3 1 mal; 1 unten unter X; 3 unter $\overline{I}$ getilgt. 1 . 8 = 8 unter C, 1 . 2 = 2 unter X; 2 + 6 + 6 = 14 unter X und C, 1 + 8 + 4 + 4 + 6 = 23 unter C und X. 2 unter $\overline{I}$ = 20 Hunderter. Verfahren wie oben bei 20 Tausend, nur eine Columne weiter nach rechts. 4 + 2 + 3 unter C = 9; 3 in 9 3 mal; 3 unten unter I, 9 getilgt. 3 . 8 = 24 unter X und C; 3 . 2 = 6 unter I. 6 + 2 + 7 unter I = 15 unter I und X, 1 + 4 + 1 + 8 + 4 unter X = 18 unter X und C, 1 + 2 unter C = 3; 3 in 3 1 mal; 1 unten unter I; 3 unter C getilgt. 1 . 8 = 8 unter X, 1 . 2 = 2 unter I; 2 + 5 unter I = 7; 8 + 8 unter X = 16 unter X und C. Da 167 kleiner als 218, so ist dies der Rest. Unten ist 1 + 3 + 6 = 10, 1 unter X; 1 + 1 + 3 + 3 + 6 = 14 unter X und C, 1 + 1 = 2 unter C; also der Quotient = 240.

Die Umständlichkeit dieses Verfahrens ist handgreiflich.

162) IV. Art. 52487 : 218. (Siehe Seite 117). Der Di-

52487 : 218.

X̄	Ī	C	X	I
.				
	2	2	1	8
2	1	8		
5	2	4	8	7
5	2	4	8	7
1	8	4	8	
		8	6	
		4		
		1		
	2		4	

visor kommt zuerst unter X̄, Ī, C. 2 in 5
2 mal; 2 unten unter C; 2 . 2 = 4, 5 — 4
= 1 unter X̄, 2 . 1 = 2, 2 - 2 = 0, 2
unter Ī getilgt, 2 . 8 = 16, 100 — 16 = 84
unter C und Ī, 1 unter X̄ getilgt. 4 + 4
unter C = 8. Divisor unter Ī, C und X
gerückt; 2 in 8 4 mal; 4 unten unter X;
4 . 2 = 8, 8 — 8 = 0, 8 unter Ī getilgt,
4 . 1 = 4, 8 — 4 = 4 unter C, 4 . 8 = 32,
40 — 32 = 8 unter X. 8 + 8 unter X
= 16 unter X und C. Divisor unter C,
X, I gerückt. 167 ist aber kleiner als 218;
also ist der Quotient 240, der Rest 167.

Die Vereinfachung bei diesem Verfahren gegenüber dem vorhergehenden war gewiss bald deutlich; die damalige Zeit hielt aber möglichst viele Wege fest, die zu gleichem Ziel führten, sei es dass man damit grössere Gelehrsamkeit zeigen wollte, sei es dass man, um sicher zu gehen, die verschiedenen Wege einschlug.

163) Von den Divisionsregeln Gerland's ist nur hervorzuheben, dass er die divisio simplex und die divisio composita unterscheidet, aber nur das Verfahren ohne Differenzen anwendet, und die composita divisio zwar wieder unterscheidet in coniuncta und interrupta, aber bemerkt, dass dasselbe Verfahren bei beiden anwendbar ist, wesshalb er auch nur mehr von der coniuncta spricht und von ihr ein Beispiel giebt.

In A_5 findet sich dieselbe Eintheilung wie bei Bernelinus, das Verfahren wird aber klarer ausgedrückt und insbesondere sind Stellen zu beachten, in denen die Bildung des Begriffes des Quotienten hervortritt. So heisst es: His rite peractis, quotquot aggregatis denominationibus inveneris, tot vicibus divisoris quantitatem dividendis inesse certo certius noveris; und an einer anderen Stelle wird gefragt, quocies divisor in dividendo sit. Es kommt dadurch mehr Gleichmässigkeit in das Operiren und damit die Möglichkeit weiterer Vereinfachung.

164) Bei A_2 findet man völlige Erkenntniss, dass für die divisio simplex, composita, intermissa ein und dasselbe Verfahren anwendbar ist, und dass man cum differentia und sine differentia dividiren kann. Letzteres wird divisio aurea, ersteres divisio ferrea genannt und ein

Blick auf die Darstellungen auf Seite 116, 117 und 119 zeigt, wie richtig diese Benennungen gewählt sind. Die Bestimmung der Stelle der denominationes d. h. der einzelnen Quotienten wird einfach und allgemein angegeben. Von dem Platz derselben heisst es: Denominationes vero debent poni in margine geometricalis tabulae', ubi etiam sunt scriptae minutiae. Es scheint aber, dass damit der untere Theil der tabula bezeichnet ist, in den die Columnen leicht verlängert gedacht werden konnten.

Da bei A_2 das Dividiren so einfach geübt erscheint, als es auf dem Abacus mit Columnen überhaupt möglich war, so sollen hier noch die 4 Beispiele folgen, welche er giebt, aber mit Weglassung der Behandlung der Brüche.

105) Divisio aurea simplex. 94657 : 7. (S. unten.) Der Divisor wird zuerst über 9 gesetzt und dann von Stelle zu Stelle zurückgerückt.

7 in 9 1 mal bleibt 2
7 » 24 3 » » 3
7 » 36 5 » » 1
7 » 15 2 » » 1
7 » 17 2 » » 3

Quotient 13522, Rest 3.

Divisio composita aurea. 351945 : 997. (S. unten). Auch hier wird der Divisor ganz vorne zuerst eingeschrieben, und darauf erst, weil der Dividend kleinere Ziffern dort hat, zurückgerückt.

94657 : 7.

$\overline{X}$	$\overline{I}$	C	X	I
7	7	7	7	7
9	4	6	5	7
2	3	1	1	3

1 3 5 2 2

351945 : 997.

C	$\overline{X}$	$\overline{I}$	C	X	I
			9	9	7
		9	9	7	
	9	9	7		
9	9	7			
3	5	1	9	4	5
	8	4	8	9	4
	5	2	3	2	
		7	9		
		3	2		
		2			

3 5 3

9 in 35 3 mal bleibt 8.
3 . 9 = 27 81 − 27 = 54
3 . 7 = 21 49 − 21 = 28

9 in 52 5 mal bleibt 7

$\quad$ 5 . 9 = 45 $\quad$ 78 — 45 = 33

$\quad$ 5 . 7 = 35 $\quad$ 34 — 35 geht nicht, also 334—35

$\qquad$ = 299

9 in 29 3 mal bleibt 2

$\quad$ 3 . 9 = 27 $\quad$ 29 — 27 = 2

$\quad$ 3 . 7 = 21 $\quad$ 25 — 21 = 4

Quotient 353, Rest 4.

166) Divisio ferrea simplex. 985 : 6. (S. unten.) Die Differenz ist 4. Diese wird der Reihe nach mit den höchsten Ziffern des Dividenden multiplicirt und letztere werden als denominationes unter X angeschrieben.

$\quad$ 9 . 4 = 36, 3 . 4 = 12, 1 . 4 = 4

$\quad$ 4 + 2 + 6 + 8 = 20 also 2 unter C.

$\quad$ 2 . 4 = 8.

Nachdem die Hunderter erledigt sind, werden ebenso die Zehner behandelt, und die denominationes kommen unter I.

$\quad$ 8 . 4 = 32, 3 . 4 = 12, 1 . 4 = 4

985 : 6. $\qquad\qquad$ 144000 : 12.

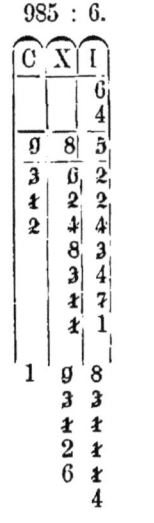

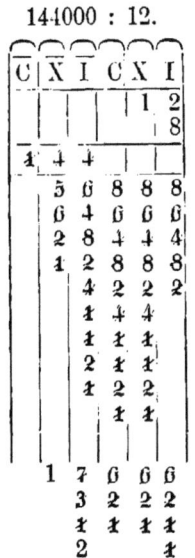

4 + 2 + 2 + 5 = 13 (im Text steht 11, weil ein 2 übersehen wurde, und es wird auch mit 11 fortgerechnet).

$\quad$ 1 . 4 = 4

$\quad$ 3 + 4 = 7. In diesem ist 6 noch 1 mal enthalten und es bleibt als Rest 1.

Die Vereinigung der denominationes unter I giebt 14, die unter X 16; also ist der Quotient 164.

Divisio composita ferrea. 144000 : 12. (S. Seite 119.)

Da die letzte Ziffer des Divisors 1 ist, welches durch die Ergänzung mit der Differenz zu 2 wird, so ist mit 2 der Dividend zu diviren und die Hälfte als denominatio zu verwenden.

$$2 \text{ in } 14 \quad 7 \text{ mal,} \quad 7 \cdot 8 = 56, \quad 6 + 4 = 10, \quad 1 + 5 = 6$$
$$2 \text{ » } 6 \quad 3 \text{ » } \quad 3 \cdot 8 = 24$$
$$2 \text{ » } 2 \quad 1 \text{ » } \quad 1 \cdot 8 = 8 \quad 8 + 4 = 12.$$

Wie mit 14 unter $\overline{C}$ und $\overline{X}$ wird jetzt mit 12 unter $\overline{X}$ und $\overline{I}$ verfahren.

$$2 \text{ in } 12 \quad 6 \text{ mal,} \quad 6 \cdot 8 = 48,$$
$$2 \text{ » } 4 \quad 2 \text{ » } \quad 2 \cdot 8 = 16, \quad 6 + 8 = 14, 1 + 1 = 2$$
$$2 \text{ » } 2 \quad 1 \text{ » } \quad 1 \cdot 8 = 8, \quad 8 + 4 = 12.$$

In gleicher Weise wird mit 12 unter $\overline{I}$ und C und dann unter C und X verfahren, worauf noch 12 unter X und I bleibt. Von diesem 12 lässt sich 12 noch 1 Mal wegnehmen und die Division geht auf. Im Text aber wird das letzte 12 zur weiteren Rechnung mit den Minutien verwendet.

Die Vereinigung der denominationes giebt als Quotienten 12000. Hätten Zahlen wie die Quotienten auf Seite 118 zur Positionsarithmetik führen können, so mussten Fälle, wie hier davon wieder entfernen, da die Durchführung des Gedankens an dem Mangel der Null scheiterte.

167) A_6 giebt Aehnliches wie A_2, aber die Eintheilung der Division ist noch klarer, indem als Hauptarten zuerst die divisio sine differentia, die aurea, und die divisio cum differentia, die ferrea, angegeben werden. Jede wird in simplex und composita abgetheilt und letztere wieder in continua und intermissa. Die Regel über die Stellung der denominationes wird aber als allgemeine (omnibus divisoribus generalem) vorausgestellt. Beim Operiren tritt die Frageform schon direkt auf: Nunc restat quaerere: Quociens est binarius in X? Possemus dicere, quinquies, sed quia nihil de summa remaneret, quod inferiores divisores possent capere, dicemus, quater; et remanent duo.

O endlich behandelt die Divisionen nur obenhin, und wendet für die divisio simplex, composita und interrupta nur das Verfahren ohne Differenzen an. Dabei ist die Frageform gebraucht: Quaternarius 4 quotiens est in senario 6? Semel et remanent duo. Dass im Text neben dem Namen auch die Ziffer steht, kann als eine Spur der Annäherung an das indische Verfahren gelten, das in der Zeit, in welche

O fällt, nach aller Wahrscheinlichkeit in Spanien und Frankreich nicht mehr unbekannt war.

168) Für die Brüche ist der Abacus mit Columnen nicht eingerichtet. Von denselben ist auch in der Schrift Gerbert's keine Rede. Es ist also das Natürlichste und wahrscheinlichste, dass man in seiner Zeit so mit den Brüchen verfuhr, wie es von den Römern her überliefert war. Dazu passen die Bruchangaben, die sich in der Geometrie finden, welche man Gerbert beilegt und zum Theil nicht ohne innere Wahrscheinlichkeit. Aber die durch den Gebrauch der Ziffern auch ohne Null allein mit den Columnen kennen gelernte Vereinfachung scheint dazu bestimmt zu haben, ähnliches auch mit den Brüchen zu thun und dazu die Zeichen zu verwenden, welche von den Römern her überliefert waren.

Einen freilich sehr unvollkommenen und ganz misslungenen Versuch dieser Art enthält die ars geometrica (Boetius S. 425—428). Auf einem in 144 Felder abgetheilten Quadrat stehen die Buchstaben von A bis M so, dass in der ersten ¡Reihe A, B, C . . . M steht, in der zweiten M A B C . . . . L, in der dritten L M A . . . K u. s. f., in der letzten B C D . . . M A. Dabei ist immer von A anfangend bis an das Ende der Zeile den Buchstaben in den Reihen von oben nach unten beigeschrieben I, X, C, $\overline{\text{I}}$, $\overline{\text{X}}$, $\overline{\text{C}}$, $\overline{\text{XC}}$, $\overline{\text{CC}}$, $\overline{\text{MC}}$, $\overline{\text{X}}\,\overline{\text{C}}$, $\overline{\text{C}}\,\overline{\text{C}}$, $\overline{\text{XC}}\,\overline{\text{C}}$. Die Buchstaben sollen die minutiae (Brüche) uncia digitus, stater, quadrans, dragma, scripulus, obolus, semiobolus, siliqua, punctum, minutum, momentum vorstellen und die ganze Tafel dazu dienen, dass, wenn man 100 oder 1000 u. s. w. momenta, minuta u. s. w. aussprechen (proferre, edicere) soll, man dies ohne Hinderniss thun kann. Der Werth des Ganzen ist also, auch wenn sonst nichts dagegen zu erinnern wäre, ein äusserst geringer. Man vgl. übrigens oben 64.

169) Mit richtigem Verständniss der Bruchzeichen aber und wenigstens so, dass richtig gerechnet wird, zieht Bernelinus nach der Mittheilung dessen, was er aus dem calculus des Victorius entnehmen konnte, die Minutienzeichen zur Rechnung mit Columnen bei. In äusserer Analogie mit den 3 Columnen für I, X und C stellt er 3 Columnen für die unciae, scripuli und calci her, aber nicht um mit Ziffern die Zahl derselben darzustellen, sondern nur um in die erste nur die Zeichen für uncia bis deunx, in die zweite die für scripulus bis semuncia und in die dritte das Zeichen des obolus zu setzen. Ein Vortheil für die Rechnung mit diesen Zeichen ist also nicht vorhanden.

122

Das Beispiel, welches für die Multiplication sich findet, ist

$12\frac{5}{6} \cdot 2\frac{1}{2}$.

X	I	r	⫛	⌒
	2	ƨ		
1	2	ⵞ		
2	4	ⵊ		
ᵶ	ᵶ	ⵞ		
3	5	r		
	ᵶ			
	ᵶ			
	2			

XII dextas durch II semis, $12\frac{3}{6} \cdot 2\frac{1}{2}$. Das Verfahren ist folgendes: $2 \cdot 1 = 2$ unter X, $2 \cdot 2 = 4$ unter I, $2 \cdot \frac{5}{6} = 1\frac{2}{3}$ unter I und in die Columne für die unciae. $\frac{1}{2} \cdot 10 = 5$ unter I, $\frac{1}{2} \cdot 2 = 1$ unter I, $\frac{1}{2} \cdot \frac{5}{6} = \frac{5}{12}$ in die Columne für die unciae. Weiter ist im Text die Rechnung nicht geführt. Es erübrigt also noch die Vereinigung der verschiedenen Ziffern, die wohl folgende war: $\frac{2}{3} + \frac{5}{12} = 1\frac{1}{12}$, $1 + 1 + 5 + 1 + 4 = 12$, $1 + 2 = 3$; also ist das Produkt $32\frac{1}{12}$.

170) Für divisio simplex und die divisio composita wird das nämliche Beispiel benützt, was desshalb beachtenswerth ist, weil dadurch die Erkenntniss des Zusammenhanges der denominatio a toto mit der denominatio a partibus dargethan ist. Freilich passt die Bezeichnung simplex nicht mehr, weil der Divisor ein zusammengesetzter ist, aber es liegt darin nur die Beibehaltung eines gewohnten kurzen Ausdrucks; bedeutender ist, dass man gefunden hatte, dass man bei einem zusammengesetzten Divisor nur die Differenzen bis zur letzten Stelle incl. und nicht blos bis zur vorletzten zu bilden hat, um statt der denominatio a partibus die a toto anwenden zu können.

Das von Bernelinus gegebene Beispiel ist CCC durch XX semis obolus, $300 : 20\frac{1}{2} \frac{1}{576}$.

Die divisio simplex mit denominatio a toto geschieht in folgender Weise: (s. auf der Tafel N. 28). Die Differenz wird hergestellt, indem man den obolus ($\frac{1}{576}$) durch einen obolus zu einem scripulus ergänzt; die scripuli sind zu einer uncia zu ergänzen d. h. $\frac{1}{288}$ zu $\frac{1}{12}$; es sind also $\frac{23}{288}$ herzustellen. $\frac{23}{288} = \frac{12 + 8 + 3}{288} = \frac{1}{24} + \frac{1}{36} + \frac{1}{96}$

d. h. semuncia duella dragma; die unciae sind zu einem as zu ergänzen, also hier $\frac{1}{2} + \frac{1}{12}$ zu 1, es sind also $\frac{5}{12}$ anzuschreiben; unter I ist 9, unter X 7 zu schreiben zur Ergänzung zu 10. Alle Differenzen werden nun mit 3 unter C multiplicirt, 3 unten als denominatio unter I geschrieben, und durch Addition der Produkte der neue Dividend hergestellt. $3 \cdot \frac{1}{576} = \frac{1}{288} + \frac{1}{576}$, $3 \cdot \frac{1}{24} = \frac{1}{12} + \frac{1}{24}$, $3 \cdot \frac{1}{96} = \frac{1}{72}$, $3 \cdot \frac{1}{36} = \frac{9}{288} = \frac{1}{36} + \frac{1}{288}$ (warum $\frac{1}{96} + \frac{1}{36}$ vermieden wurde, ist nicht abzusehen, da der sicilicus im weitern Verlauf der Rechnung vorkommt, die dragma aber bei den Differenzen), $3 \cdot \frac{5}{12} = 1\frac{1}{4}$, $3.9 = 27$, $3 . 7 = 21$. Die Vereinigung der Ziffern und Minutienzeichen ergibt

$\frac{1}{576}$; $\frac{1}{288} + \frac{1}{72} + \frac{1}{36} + \frac{1}{288} = \frac{1}{24} + \frac{1}{36} + \frac{1}{144}$; $\frac{1}{12} + \frac{1}{12} + 1 = \frac{5}{12}$;
$7 + 1 = 8$; $2 + 1 = 3$; 2; der neue Dividend ist also $CC.XXX.VII.$ quincunx, semuncia, duella, emisecla, obolus.

Ebenso wurde weiter gerechnet. Der Abkürzung wegen gebe ich aber nunmehr nur die Dividenden der Reihe nach an. Der dritte lautet: C . XC . VII. quincunx, semuncia, duella, scripulus, obolus, der vierte: C . LXX . VI. deunx, semuncia, duella, scripulus, der fünfte C . L . VI. quincunx, semuncia, duella, obolus, der sechste C.XXX.V. deunx, semuncia, duella, der siebente C . X . V. quincunx, semuncia, sicilicus, scripulus, obolus, der achte XC . IIII. deunx, semuncia, sicilicus, scripulus.

Von da an werden die Differenzen beseitigt und der Divisor so oft als möglich vom Dividenden weggenommen, hier also 4 Mal. $4 \cdot \frac{1}{576} = \frac{1}{144}$, $\frac{1}{6} - \frac{1}{144} = \frac{1}{144} = \frac{1}{72}$; $4 \cdot \frac{1}{2} = 2$, $4 - 2 = 2$; $4 \cdot 2 = 8$, $9 - 8 = 1$; also Rest X . II. deunx, semuncia, sextula, scripulus; Quotient $= X . IIII.$

171) Bildet man aber die Differenzen nur bis zur vorletzten Ziffer des Divisors, so hat man eine divisio composita und denominatio a partibus und zwar ist hier der 3. Theil zu nehmen. S. auf der Tafel N. 29. 3 in 300 100mal, secundirt (d. h. in die nächst niederen Columnen gerückt) 10 mal; also unten 1 unter X; $10 \cdot \frac{1}{576} = \frac{1}{576} + \frac{1}{576} =$ $= \frac{1}{12} + \frac{1}{144}$, $10 \cdot \frac{1}{24} = \frac{5}{12}$, $10 \cdot \frac{1}{36} = \frac{1}{4} + \frac{1}{36}$, $10 \cdot \frac{1}{96} = \frac{5}{6} +$ $+ \frac{2}{36} = \frac{1}{12} + \frac{1}{18}$, $10 \cdot \frac{5}{12} = 4\frac{1}{6}$, $10 \cdot 9 = 90$; Vereinigung der Zeichen: $\frac{1}{12} + \frac{1}{36} = \frac{3}{12} = \frac{1}{1}$, $\frac{5}{12} + \frac{3}{12} + \frac{2}{12} + \frac{1}{12} = \frac{11}{12}$; zweiter Dividend: XC . IIII. deunx, semuncia, sicilicus, scripulus.

3 in 90 30 mal, secundirt 3; also 3 unten unter I. $3 \cdot \frac{1}{576} =$
$= \frac{1}{288} + \frac{1}{576}$, $3 \cdot \frac{1}{24} = \frac{1}{12} + \frac{1}{24}$, $3 \cdot \frac{1}{36} = \frac{1}{12}$, $3 \cdot \frac{1}{96} =$
$= \frac{1}{36} + \frac{1}{288}$ (s. oben 170), $3 \cdot \frac{5}{12} = 1\frac{1}{4}$, $3.9 = 27$. Vereinigung
der Zeichen: $\frac{1}{288} + \frac{1}{288} = \frac{1}{144}$, $\frac{1}{144} + \frac{1}{48} = \frac{4}{144} = \frac{1}{36}$, $\frac{1}{36} +$
$+ \frac{1}{72} = \frac{3}{72} = \frac{1}{24}$, $\frac{1}{24} + \frac{1}{24} = \frac{1}{12}$, $\frac{11}{12} + \frac{1}{12} = 1$, $\frac{3}{12} +$
$+ \frac{1}{12} + \frac{1}{12} = \frac{5}{12}$, $1 + 7 + 1 + 4 = 13$, $1 + 2 = 3$. Dritter Dividend XXX . III. quincunx, semuncia, sextula, scripulus, obolus.

3 in 30 10 mal, secundirt 1; also 1 unten unter I. Die Differenzen 1 mal genommen giebt $9 \frac{5}{12} \frac{1}{24} \frac{1}{36} \frac{1}{96} \frac{1}{576}$. Vereinigung

der Zeichen: $\frac{1}{576} + \frac{1}{576} = \frac{1}{288}$, $\frac{1}{96} + \frac{1}{288} = \frac{4}{288} = \frac{1}{72}$, $\frac{1}{72} +$

$+ \frac{1}{36} = \frac{3}{72} = \frac{1}{24}$, $\frac{1}{24} + \frac{1}{24} = \frac{1}{12}$, $\frac{1}{12} + \frac{5}{12} + \frac{5}{12} =$

$= \frac{11}{12}$, $9 + 3 = 12$. Da diese Zahlen kleiner als die des Divisors sind, so ist der Rest der Division XII. deunx, semuncia, sextula, scripulus. Unten ist $3 + 1 = 4$; also der Quotient X.IIII.

Rechnungsfehler sind bei einem solchen Verfahren sehr leicht möglich; es ist daher im Text die Probe durch Multiplication des Quotienten mit dem Divisor vorgenommen. Zu beachten ist, dass im Quotienten keine Brüche sich finden, sondern dass nur so weit gerechnet wird als ganze Zahlen sich ergeben. Es kommt also im Grunde nur zu einer Multiplication von Brüchen und zwar von keinen anderen als auch die Römer schon anwendeten.

172) In A_I findet sich dasselbe Verfahren wie bei Bernelinus, aber für die Minutien ist nur eine Columne vorhanden, die auch vollständig ausreicht, da die Abtheilung in 3 Columnen bei Bernelinus nicht einen inneren, sondern nur den äusseren Grund der Analogie mit den Columnen für C, X, 1 hat. Die Beispiele finden sich mit den römischen Ziffern auch für die ganzen Zahlen bei Olleris S. 343 und 344.

Gerland wendet bereits keine besonderen Columnen mehr für die Minutienzeichen an, sondern gebraucht diese so, wie es allein für den Abacus mit Columnen passend ist, wobei allerdings die besonderen Zeichen überflüssig sind, da sie nur Stellvertreter der Anzahl der Minutien sind, wofür auch die Ziffern gebraucht werden konnten. Deutlich tritt dies an dem Beispiel hervor, welches sich bei Gerland findet.

$100 : 11$.

Es sollen 109 marcae unter 11 institores vertheilt werden. Also wird zuerst 100 durch 11 dividirt (1) 1 in 10 9mal bleibt 1 unter

X; 9.1 = 9 von 10 bleibt 1; also Quotient 9 Rest 1; dieser Rest wird in 12 unciae verwandelt; und diese durch 11 getheilt (2); 1 in $\frac{1}{2}$ $\frac{1}{2}$ mal und es bleibt nichts unter X, 1. $\frac{1}{2}$ = $\frac{1}{2}$ von $\frac{1}{2}$ bleibt $\frac{1}{2}$; die übrige uncia wird in 12 emiseclae aufgelöst, und gerechnet, wie vorher (3); die übrige emisecla wird endlich aufgelöst in 12 siliquae und in gleicher Weise durch 11 getheilt (4); so bleibt eine siliqua als Rest und der Quotient ist 9 $\frac{1}{2}$ $\frac{1}{11}$ $\frac{1}{112}$.

So enthält der Quotient zwar Brüche, aber dieselben liegen in den Benennungen und die Rechnung ist dieselbe wie mit ganzen Zahlen. Für $\frac{2}{2}$, $\frac{2}{11}$, gab es besondere Zeichen, für $\frac{2}{112}$ aber keines; es wurde daher das Zeichen der siliqua zwei mal gesetzt. Ebenso gut hätte man die Ziffer 1 und 2 verwenden und nur dem Resultat die treffenden Benennungen geben können.

173) Dass man frühzeitig merkte, dass die Minutienzeichen überflüssig waren bei dem Rechnen mit Columnen, dies beweist A_2. Nachdem in der oben (166) angegebenen Weise 144000 durch 12 getheilt ist, werden die 12 asses in 24 semisses aufgelöst und 24 so mit 12 dividirt, dass 12 semisses wieder als Rest benützt werden. Die Division geschieht aber mit den Ziffern und nur die Resultate erhalten die Benennungen. So kommt es von den semisses auf quadrantes, unciae, semunciae, sicilici, dragmae, scripuli, oboli, cerates, calci. Es wird aber immer nur mit 12 in 24 oder in 36 und zwar mit Anwendung der Differenz dividirt.

Aehnlich wird in O verfahren, aber es tritt zugleich an den Tag, dass der Verfasser die Namen der Minutien nicht versteht und längst Vergessenes wieder hervorzieht, weil er es in alten Büchern fand. Er sagt es auch gerade zu, dass seine Zeitgenossen die vocabula minutiarum nicht mehr benützten und ihre Kenntniss nahe zu ganz aufgehört hatte. Das Verfahren der Inder hatte aber inzwischen auch die Columnen überflüssig gemacht und um so mehr die Minutienzeichen, die man auch zu dem Rechnen mit Columnen nicht bedurfte.

174) Das Verfahren der Inder, welches durch Alkhârizmi c. 800 nach Chr. den Arabern bekannt wurde, drang in seinem wesentlichen Inhalte erst im 12. Jahrhundert zu den abendländischen Christen. Der Name Alkhârizmi wurde in verschiedener Weise umgestaltet: algoritmi und algorizmi (L_1), algoarismi (L_2). L_3 hat den Titel liber algorizmi, aber nicht mehr als Genitiv eines Personennamens, sondern gemeint ist eine ars, quae algorizmus inscribitur. Der Personenname ging auf die Sache über und Leonardo nennt algorismum als Verfahren beim Rechnen. Doch war im 13. und 14. Jahrhundert, in welche Zeit der cod. Monac. 10273 und Erlang. 378 wohl zu setzen sind, noch

bekannt, dass dieser Name von einer Person herrührte. Es heisst dort: hanc scientiam .... edidit (condidit) ... philosophus (philosophus arabius) nomine algus, unde et algorismus nuncupatur. Der Hauptunterschied des neuen Verfahrens gegen die bis dahin gebräuchlichen Methoden in Bezug auf das Aeussere besteht darin, dass dieselben Mittel, welche bei den Operationen dienen, auch zur Darstellung der Zahlen, zum Anschreiben derselben dienen. Daher wird denn auch dies besonders gerühmt: De numero indorum, heisst es in L_1, per. IX. literas, quibus exposuerunt universum numerum suum. In L_2 wird S. 29 darauf aufmerksam gemacht, dass gezeigt ist: qualiter per dispositionem novem prepositarum figurarum et decimi circuli omnis numerus possit figurari. L_3 enthält S. 2 die Stelle: omne, quod dici aut excogitari potest de numeris, scribi et legi potest his IX figuris, addita! ista o, quae cifra vocatur nihil habens significare, praeter locum absque numero demonstrare. Leonardo endlich beginnt seinen liber abbaci: Novem figurae indorum he sunt 9 8 7 6 5 4 3 2 1. Cum his itaque novem figuris et cum hoc signo o, quod arabice zephirum appellatur, scribitur quilibet numerus.

Es handeln daher die genannten Werke zuerst von der Numeration, wovon bereits oben 102 und 103 die Rede war. Auffallender Weise ist in L_1 S. 5—6 mitten in den Angaben über die Numeration ein Abschnitt über das Hinübernehmen der Zehner in die nächst höhere Stelle, wenn durch Vereinigung von Zahlen in einer Stelle 10 und darüber sich ergiebt. Da hievon nochmals S. 8 an gehöriger Stelle bei der Addition die Rede ist, ist es nicht unwahrscheinlich, dass der Abschnitt auf S. 5—6 von dem Uebersetzer des Werkes des Alkhârizmî herrührt. Vgl. oben 100 am Ende.

175) Nach der Numeration folgt die Addition. In L_1 heisst es nur: Cum volueris addere numerum super numerum etc., in L_2 bereits: primum dicendum de agregatione numerorum, in L_3 prima species algorizmi additio dicitur. Leonardo spricht S. 7 von iunctiones, S. 19 von additatio und collectio, S. 19 und 20 von summa, aber nur als von der über den Summanden angeschriebenen Summe. S. 18 u. 53 findet sich das Zeitwort addere. In den Ueberschriften S. 6 u. 18 findet sich das Wort additio.

Das Verfahren in L_1 ist folgendes: In 2 Reihen (ordines) werden die zu addirenden Zahlen so angeschrieben, dass Einer unter Einer, Zehner unter Zehner steht. Dann werden die Ziffern in den einzelnen Stellen vereinigt, für jedes 10 wird 1 in die nächste Stelle gebracht (erigere ad superiorem differentiam), was unter oder über 10 ist, bleibt in derselben Stelle und bleibt von 10 nichts übrig, so wird

0 gesetzt. Ein Beispiel ist nicht gegeben. Im Folgenden wird nur noch gesagt, dass man bei der augmentatio von der höheren Stelle anfangen soll (ab altiori differentia).

176) Bei L_2 ist das gleiche Verfahren wie bei L_1, nur von den Einern an, auf mehrere Zahlen ausgedehnt und es werden die Zehner mit articulus, die Einer mit digitus benannt, wie man es bei dem Rechnen mit Columnen gewohnt war. Das Hinüberzählen der Zehner in die nächste Stelle heisst in sequenti differentia ponere oder ad sequentem differentiam transferre, transmutare. Die obersten Posten wurden getilgt, wie ausdrücklich gesagt ist. Dass nach der Addition auch die übrigen Posten getilgt wurden, lässt sich daraus vermuthen, dass bei den Summen die Summanden nicht mehr dargestellt sind.

Als Beispiel wird nämlich $\boxed{\begin{array}{c} 625 \\ \hline 586 \end{array}}$ gegeben und, nachdem das Verfahren angegeben ist, als Summe $\boxed{1211}$ angegeben. Diese erhält man dadurch, dass an Stelle der obersten Summanden die betreffende Ziffer oder Null gesetzt wird, der hinüberzunehmende Zehner aber über die oberste vorhandene Ziffer zunächst geschrieben und dann mit dieser wieder getilgt wird, bei der letzten Stelle aber wird der hinüberkommende Zehner sogleich nebenan geschrieben. So sehr hatte man sich auf den Linien und bei den Columnen an das Verschwinden der Summanden gewöhnt, dass man sie lange Zeit auch dann noch tilgte, als es nicht mehr nöthig war. Doch ist S. 34 unter dem Rest der Subtrahend noch mit angeschrieben, so dass man also bald die nicht mehr nöthigen Ziffern tilgte, bald nicht. Weitere Beispiele für die Addition sind noch $\boxed{\begin{array}{c} 601 \\ \hline 586 \end{array}}$ und $\boxed{\begin{array}{c} 100 \\ \hline 24 \end{array}}$.

Als Probe wird zuerst die Subtraktion des unteren Summanden von der Summe (minue unum inferiorem ex eo qui ex utrorumque agregatione collectus est) genannt. Da nun beim Operiren die Summanden getilgt wurden, so ist ein 2maliges Anschreiben derselben zu vermuthen. Als weitere Probe findet sich die Neunerprobe in folgender Weise: Von jedem Summanden wird 9 so oft als möglich hinweggenommen (wie dies gemeint ist, wird nicht gesagt und auch kein Beispiel gegeben), die Reste werden addirt, von der Summe wieder 9 so oft als möglich weggenommen und der Rest gemerkt (retine pro nota). Dasselbe geschieht hierauf bei der Summe. Stimmt der Rest bei dieser mit dem gemerkten, dann ist die Rechnung richtig.

Dass die Neunerprobe indischen Ursprungs ist, hat Woepcke sehr wahrscheinlich gemacht (II, S. 500 ff.).

177) In L_3 findet sich bereits eine Definition der Addition: Additio nil aliud est quam ex diversis numeris unum consummare. Das Verfahren ist wie bei L_2. Hervorzuheben ist, dass die Summanden zuerst in römischen Zahlzeichen oder in Worten ausgedrückt sind (sexcentis LX. VI. addamus CXLIIII) und dann erst in Ziffern $\frac{666}{144}$, was der obigen (176) Vermuthung eines 2maligen Anschreibens einige Stütze giebt, wiewohl der Wechsel in den Zahlzeichen auch durch den lateinischen Text veranlasst sein kann. Notirte man aber wirklich zuerst die Zahl in römischen oder in Gobarziffern und schrieb sie dann zur Rechnung nochmals an, so setzte man damit nur eine alte Gewohnheit fort, da man beim Rechnen mit Linien und Columnen die Zahlen, die in Rechnung kamen, notirt haben, und dann dieselben für die Rechnung mit Knöpfchen oder Steinchen oder mit Zeichen in den Columnen darstellen musste. — Ferner ist in L_3 angegeben, welches Aussehen die Rechnung in ihrem Verlauf hatte, nämlich nach der Addition der Einer $\frac{670}{144}$, nach der der Zehner $\frac{710}{144}$, nach der der Hunderter 810. Von letzterem heisst es: et erit haec summa, während in L_2 der Ausdruck Summe noch umschrieben wird.

Die Probe wird durch Subtraktion der Zahl gemacht, die man addirt hat.

Als weiteres Beispiel wird die Addition von 1 zu 999 ausgeführt.

178) Leonardo giebt zuerst S. 6 gleichsam als Vorübung die Tabelle:

2 et 2 fiunt 4
2 3   5
u. s. w. bis
2 10   12

dann unter der Ueberschrift ianua ternarii 3 et 3 fiunt 6

3 4   7
u. s. w. bis
3 10   13

dann ebenso die übrigen ianuae bis 9 et 9 fiunt 18

9 10   19.

Diesen folgen die entsprechenden Tabellen für die Zehner, aber nur bis 90; also

20 et 20 fiunt 40 u. s. f. bis 90 et 90 fiunt 180
20 30   50
u. s. w. bis
20 90   110.

Von diesen Tabellen fordert er, dass sie auswendig gelernt und an den Fingern eingeübt werden, ut animus pariter cum manibus ... expeditior fiat.

Nachdem er hierauf von der Multiplication gehandelt, kommt er Seite 18 zur eigentlichen Addition von ganzen Zahlen. Stelle (gradus) wird unter Stelle geschrieben, addirt wird von unten auf, die Summe kommt oben hin, die hinüber zu zählenden Zahlen werden an den Fingern gemerkt (decenas (sic) in manu reservet sc. der Rechnende). Die gegebenen Beispiele sind:

74		4090		511110
25		123		4321
49		4567		506789

18542
25
461
6789
58
491
10718

Als Probe wird die Neunerprobe angewendet (accipiat pensam per novenarium), wobei der bleibende Rest (s. S. 8 m.) pensa vel portio heisst. Diese Art der Probe wird S. 20 durch Beiziehung von Strecken als Darstellungen von Zahlen begründet; aber auf derselben Seite unten wird bemerkt, dass man bei vielen Zahlen ebenso schnell die summa nochmals bilden als die pensa herstellen kann. Schon S. 8 ist an einem Beispiel klar gemacht, dass Neun von der Summe der Ziffern (figurae) wegzunehmen ist.

368	2	1
libre	. soldi.	denarii.
52	4	2
12	15	5
53		
80		
	15	
	18	
	9	10
		11
		7
5	6	11
8	7	5
87		9
8	6	
27	15	6
	13	
		7
30	8	
6	6	

Nachdem S. 21 das Verfahren bei der Addition überhaupt erklärt ist, wird noch ein Beispiel von Addition mit benannten Zahlen gegeben, nämlich in librae zu 20 soldi, jeden zu 12 denarii. Die Darstellung steht auf S. 22.

Die Zahlen, welche von einer Reihe (pagina) in die andere hinüber zu zählen sind, werden unten, die Summe oben angeschrieben.

179) Von der Subtraktion, diminutio, finden sich bei L₁ die Regeln und die Beispiele zum Theil. Erstere erwähnen das Entlehnen oben bei der nächsten Stelle, aber ohne klar auszusprechen, ob der Subtrahend von 10 oder der Summe von 10 und der kleineren oberen Ziffer, oder ob diese von der unteren und erst der Rest von 10 abzuziehen ist; ferner erwähnen sie das Entlehnen bei der zweitnächsten Stelle, wodurch 9 in die nächste kommt, und endlich das

Friedlein, element. Arithm. 9

Anfangen von der höheren Stelle. Von den 3 modi, welche bei den Beispielen versprochen sind, findet sich nur $\frac{6422}{3211}$ mit dem Rest 3211, und von $\frac{1144}{144}$ findet sich nur mehr die Angabe, das Weitere und alle Darstellungen der Zahlen fehlen.

180) In L_2 finden sich neben dem Namen diminutio die Ausdrücke minuens, für Subtrahend, und minuendus. Angefangen wird das Subtrahiren bei der ultima differentia; wenn nöthig, wird bei der nächsten oder irgend einer weiteren Stelle entlehnt, die untere Ziffer von 10 subtrahirt und der Rest zur oberen, wenn eine solche vorhanden ist, addirt; im Beispiel aber wird 10 zur oberen Ziffer addirt und dann die untere Ziffer subtrahirt. $\boxed{\frac{12025}{3604}}$ 3 von 2 geht nicht, also 1 entlehnt, $10 + 2 = 12$, $12 - 3 = 9$. Bild (nach der Beschreibung: $\boxed{\frac{9025}{3604}}$. 6 von 0 geht nicht, 1 entlehnt und 8 zurückgelasssen, $10 - 6 = 4$. Bild (n. d. B.) $\boxed{\frac{8425}{3604}}$. Von 2 in der 2. Stelle wird nichts abgezogen. $5 - 4 = 1$. Rest. $\boxed{8421}$.

Zweites Beispiel $\boxed{\frac{1444}{144}}$, Rest $\boxed{1300}$; drittes Beispiel $\boxed{\frac{10000}{15}}$, Rest $\boxed{\frac{9985}{15}}$, wobei für alle Stellen je 1 entlehnt und dann 1 von 9, 5 von 10 subtrahirt wird. Von einem weiteren Beispiel ist nur der Minuend 200000 noch vorhanden.

Nach der Bemerkung, dass articulus ubi nascitur non remanet und dass man beim Addiren und Subtrahiren von der ersten oder letzten Stelle anfangen kann, wie man will, wird als Probe die Addition der unteren Zahl zum Rest angegeben und die Neunerprobe.

181) In L_3 ist die subtractio nur als Probe der Addition erwähnt. $\frac{810}{144}$ 4 von 0 geht nicht, 1 entlehnt in der 2. Stelle, $10 - 4 = 6$, in die 1. Stelle, in die zweite 0. Daher hat man $\frac{806}{144}$; 4 von 0 geht nicht, 1 von 8 entlehnt bleibt 7, $10 - 4 = 6$, also $\frac{766}{144}$; $7 - 1 = 6$, also $\frac{666}{144}$. 2. Beispiel: $1000 - 1 = 999$.

Leonardo gebraucht S. 22—23 die Ausdrücke extrahere und extractio, minor und maior numerus. Er beginnt die Operation bei der 1. Stelle (der Einer), nimmt zu einer kleineren oberen

Zahl 10, zieht von der Summe (de coniuncto numero) die untere ab, merkt sich 1 mit den Fingern (in manu unitas erit reservanda) und zählt es zur nächsten unteren Ziffer dazu.

$$\boxed{\begin{matrix}54\\89\\35\end{matrix}}\quad \begin{matrix}9-5=4\\8-3=5\end{matrix}\quad \boxed{\begin{matrix}40\\85\\39\end{matrix}}\quad \begin{matrix}9 \text{ von } 5 \text{ geht nicht; } 10+5=15\\15-9=6\\3+1=4,\ 8-4=4.\end{matrix}$$

$$\boxed{\begin{matrix}312\\392\\80\end{matrix}}\quad \begin{matrix}2-0=2\\9-8=1\\3 \text{ wird hinaufgeschrieben.}\end{matrix}\quad \boxed{\begin{matrix}288\\380\\92\end{matrix}}\quad \begin{matrix}0-2 \text{ geht nicht}\\10+0=10\\10-2=8\end{matrix}$$

$9+1=10,\ 8-10$ geht nicht,
$18-10=8,\ 3-1=2.$

$$\boxed{\begin{matrix}482\\939\\457\end{matrix}}\quad \begin{matrix}9-7=2\\13-5=8\\1+4=5.\\9-5=4\end{matrix}\quad \boxed{\begin{matrix}14897\\15738\\841\end{matrix}}\quad \begin{matrix}8-1=7\\13-4=9\\1+8=9\\17-9=8\\5-1=4\\1 \text{ hinauf.}\end{matrix}$$

$$\boxed{\begin{matrix}53337\\81728\\28391\end{matrix}}\quad \begin{matrix}8-1=7 & 12-9=3\\1+3=4 & 7-4=3\\11-8=3 & 1+2=3\\8-3=5\end{matrix}$$

Die Probe wird durch Herstellung der pensa für 9 gemacht.

182) Wie bei dem Rechnen auf wagrechten Linien (s. oben 140) findet sich auch bei dem Rechnen mit den 9 Ziffern und der Null die duplatio und mediatio. Hier scheint der Anlass dazu in den astronomischen Rechnungen zu liegen, bei denen das Halbiren und Verdoppeln der Grade, Minuten, Sekunden u. s. w. häufig vorzuneh- men ist. In L_2 wird als Grund der gesonderten Behandlung des du- plare und mediare angegeben: quia necessaria sunt ad inveniendam radicem. Die Quadratwurzel wurde aber zuerst mit Sexagesimaltheilen methodisch ausgezogen. S. oben 115 und 120. Es weist ferner darauf auch die Anweisung hin, welche in L_1 S. 10 über das mediare gegeben ist. Dieselbe sagt, dass man bei der ersten Stelle anfangen, und wenn eine ungerade Zahl darin steht, die gerade Zahl halbiren, für das bleibende 1 aber unter dieselbe Stelle 30 setzen soll, als Hälfte der 60 Theile, welche 1 ausmachen. Hier ist die Einwirkung der Rechnungen im Sexagesimalsystem (s. oben 116) unverkenn- bar. — Bei ungeraden Zahlen in den folgenden Stellen wird für das übrig bleibende 1 in die nächstvorhergehende Stelle 5 gesetzt; das- selbe geschieht, wenn in einer Stelle 1 steht, für welches in der nämlichen Stelle 0 zu setzen ist. — Ein Beispiel wird nicht gegeben;

ebensowenig von der duplatio, für welche die ganze Anweisung in den Worten besteht: Et cum volueris duplare, incipe a superiori differentia et dupla; et cum numerus crescendo excesserit .x., fac de decem unum, et pone eum in sequenti differentia, et invenies, si Deus voluerit. Die Neunerprobe wird für die duplatio S. 12 angegeben.

183) Nach L_2 beginnt die duplicatio (S. 35—36) bei der letzten Stelle, und die Produkte werden behandelt wie die Summen bei der Addition. Das Beispiel 978.2 wird in folgender Weise ausgerechnet. $2.9 = 18$ (Bild: 1878), $2.7 = 14$, $1 + 8 = 9$ (Bild: 1948) $2.8 = 16$, $1 + 4 = 5$, also Ergebniss $\boxed{1956}$.

Die Probe erfolgt durch Halbiren oder durch die Neunerprobe.

Die mediatio findet statt wie bei L_1. Das Beispiel 9783:2 wird in folgender Weise behandelt. Die Hälfte von 3 ist 1 und die Hälfte von 1; also erhält man $\frac{9781}{30}$, die Hälfte von 8 ist 4 also $\frac{9741}{30}$, die Hälfte von 7 ist 3 und die Hälfte von 1, für welche 5 zu 4 addirt wird, also $\frac{9391}{30}$, die Hälfte von 9 ist 4 und die Hälfte von 1, für welche 5 zu 3 addirt wird, also Ergebniss $\boxed{\frac{4891}{30}}$. Als ein zweiter Weg wird angegeben, die Hälfte der einzelnen Ziffern so zuerst anzuschreiben, dass man die Ganzen von den Hälften unter die Ziffern, die von ungeraden Ziffern kommenden 5 aber darüber schreibt und dann addirt, so dass zunächst folgende Darstellung sich ergiebt:

$\boxed{\begin{array}{l} 55 \\ 9783 \\ 4341 \\ 30 \end{array}}$ Die Probe erfolgt durch Verdoppelung oder dadurch, dass man die Ziffern der zu halbirenden Zahl sich merkt und dann nachsieht, ob die der halbirten die Hälfte der ersteren sind, d. h. also indem man nochmals nachrechnet nur etwa in einer anderen Aufeinanderfolge.

184) In L_3 wird zur dupplatio die Zahl 2mal angeschrieben und addirt z. B. $\frac{532}{532}$, $5 + 5$, $\frac{1032}{532}$, $3 + 3$, $\frac{1062}{532}$, $2 + 2$, $\frac{1064}{532}$. Die dimidiatio wird nur als Probe der dupplatio gegeben und besteht im blossen Subtrahiren $\frac{1064}{532}$, $4 - 2$, $\frac{1062}{532}$, $6 - 3$, $\frac{1032}{532}$, $10 - 5$, $\frac{532}{532}$.

Charakteristisch für die ganze Arbeit ist die hieran angereihte Bemerkung. Nota: sicut omnis numerus potest dupplari, sic et potest dimidiari, excepta unitate, quae quidem potest dupplari sed non dimidiari, in quo magnum latet sacramentum. Wer Lust zu Proben derartiger Weisheit hat, für den ist diese Arbeit eine reiche Fundgrube, insbesondere die explanatio super algorizmum, für deren Lesbarkeit Cantor das Möglichste gethan hat.

Leonardo behandelt das Verdoppeln und Halbiren nicht, wie er auch das Rechnen mit den Sexagesimaltheilen nicht verwendet.

185) Für die Multiplication (S. 10—13) stellt L_1 die Forderung der festen Kenntniss der Produkte aus Einern mit Einern, also die Kenntniss des einfachen Einmaleins. Das Beispiel 2326 . 214 wird nach dem Wortlaut des Textes in folgender Weise angeschrieben: 2326. Die Ausrechnung wird nicht gegeben, sondern nur im
214

allgemeinen ausgesprochen. Darnach rechnete man: 2.2, 2.1, 2.4 und schrieb die Produkte darüber:

428 ; hierauf rückte man die untere Zahl um eine Stelle nach rechts
2326
214

und rechnete weiter 3.2, 3.1, 3.4:

1   4
63   ; in ähnlicher Weise erhielt man   1
4282   632
  2326   42828
  214   2326
     1   214
     4
   122
  6326
  428284

und   2326; durch Addition der Ziffern der Einzelprodukte er-
    214
   497764

giebt sich   2326. Befinden sich in der oberen Zahl Nullen, dann
      214

wird die untere Zahl über dieselben hinaus in die nächste Stelle gerückt.

Als Probe wird die Neunerprobe angewendet.

186) In L_2 wird die Multiplication von S. 38—41 behandelt. Die obere Zahl heisst multiplicandus, die untere multiplicans, das Ergebniss proveniens summa. Auch hier geht die Forderung voraus, die Produkte (multiplicationis summa) aus den digiti zu kennen. Verfahren wird, wie bei L_1, nur dass die Ziffern, die dort übereinander geschrieben wurden, sogleich addirt und die Ziffern auch an Stelle der Ziffern des Multiplicanden gesetzt werden, so dass sich folgende Formen ergeben:

104   20604   21424
206   206   206.

Als Probe wird die Neunerprobe genannt, und die Division des Produktes mit dem einen Faktor.

L_3 setzt als bekannt (ex usu sciuntur) die Produkte 5 . 5, 4 . 4, 3 . 3, 2 . 2, 1 . 1 voraus; 6 . 6 u. s. w. werden nach folgender Regel gebildet: Man schreibt die Zahlen und ihre Differenzen von 10 an z. B.

$\frac{6}{4}\frac{6}{4}$, zieht die Differenz von der Ziffer ab $(6-4=2)$ und setzt den Rest als articulus an, multiplicirt die Differenzen $(4.4=16)$ und nimmt sie als digitus (10 von 16 kommt zum articulus) $20+16=36$. Im Text ist nur 9.9 und 8.8 so ausgerechnet. Bemerkt ist übrigens auch, dass $9.9 = 90-9$, $9.8 = 80-8$.

Das Verfahren ist wie bei L_2. $\frac{128}{19}$, 1.1, 1.9, $\frac{1928}{19}$, $\frac{1928}{19}$, $2.1 = 2$, $2+19 = 21$, $\frac{2128}{19}$, $2.9 = 18$, $1+1 = 2$, $\frac{2288}{19}$, $\frac{2288}{19}$, $8.1 = 8$, $8+8 = 16$, $1+2 = 3$, $\frac{2368}{19}$, $8.9 = 72$, $7+6 = 13$, $1+3 = 4$, $\frac{2432}{19}$.

Als Probe wird die Division mit denselben Ziffern genannt.

187) Leonardo schickt S. 6 als eine Art Vorübung das Einmaleins in folgender Form voraus:

2 vices 2 fiunt 4   u. s. f. bis   9 vices 9 fiunt 81

2   3   6   9   10   90

u. s. w. bis   10 vices 10 fiunt 100

2   10   20   10   20   200

3 vices 3 fiunt 9

3   4   12

u. s. w. bis

3   10   30.

Dann wird das Kapitel von der Multiplication von S. 7—19 in 8 Abtheilungen abgehandelt.

Die 1. Abtheilung enthält die Produkte von 2zifferigen in zweizifferige Zahlen und von einzifferigen in mehrzifferige. Im ersteren Falle werden die Ziffern untereinander geschrieben, Einer unter Einer u. s. w. Dann wird die 1. Ziffer mit der 1. multiplicirt, vom Produkt aber nur der Einer angeschrieben, der Zehner gemerkt. Hierauf wird die 2. Ziffer mit der 1., die 1. mit der 2. multiplicirt und zum Produkt der gemerkte Zehner addirt, von der Summe aber nur der Einer angeschrieben, der Zehner gemerkt und zu dem Produkt aus der 2. Ziffer in die 2. addirt. Für 12.12 ergeben sich also die Formen

$(2.2=4)$ $\begin{smallmatrix}4\\12\\12\end{smallmatrix}$ $(2.1+1.2=4)$ $\begin{smallmatrix}44\\12\\12\end{smallmatrix}$ $(1.1=1)$ $\begin{smallmatrix}144\\12\\12\end{smallmatrix}$.

Ebenso wird 37.37 ausgeführt $(7.7=49)$ $\begin{smallmatrix}9\\37\\37\end{smallmatrix}$ $(7.3+3.7+$

$+4=46)$ $\begin{smallmatrix}69\\37\\37\end{smallmatrix}$ $(3.3+4=13)$ $\begin{smallmatrix}1369\\37\\37\end{smallmatrix}$.

Als Probe wird die Neunerprobe vorgenommen. Gelegentlich wird S. 8 bemerkt, dass die Summe der Produkte aus den Theilen einer Zahl mit einem Faktor gleich ist dem Produkt der ganzen Zahl mit diesem Faktor $(36.37. + 1.37 = 37.37)$. Ebenso wird mit 98.98, 70.70, 37.49 verfahren.

Im 2. Falle wird der Einer **über** den Einer der mehrzifferigen Zahl gesetzt und gerechnet, wie wir jetzt noch rechnen

$$\begin{array}{l} 392 \\ 8 \\ 49 \end{array}\quad \begin{array}{l} 8.9 = 72,\ 2 \text{ angeschrieben } 7 \text{ gemerkt} \\ 8.4 = 32 \quad 32 + 7 = 39. \end{array}$$

Ebenso $\begin{array}{l} 2156 \\ 7 \\ 308 \end{array}$ und 70.81, wobei zuerst 7.81 gerechnet und dem Produkt dann die Null angehängt wird.

In der 2. Abtheilung werden zunächst dreizifferige Zahlen mit 3zifferigen (tres figuras per tres figuras) multiplicirt. Die Ausführung ist dieselbe wie bei den 2zifferigen Zahlen; alle Einzelprodukte, die für eine Stelle in Betracht kommen, werden im Kopfe und mit Hülfe der Finger multiplicirt, dann addirt, und nur der Einer der Summe angeschrieben, das übrige wird gemerkt und bei der folgenden Stelle mit addirt. So ergeben sich folgende Bilder der Rechnung:

$$\begin{array}{l} 5 \\ 345 \\ 345 \end{array},\ 5.5 = 25,\ \begin{array}{l} 345 \\ 345 \end{array},\ 2 + 5.4 + 4.5 = 42,\ \begin{array}{l} 25 \\ 345 \\ 345 \end{array},\ 4 + 5.3 + 3.5 +$$

$$+ 4.4 = 50,\ \begin{array}{l} 025 \\ 345 \\ 345 \end{array},\ 5 + 4.3 + 3.4 = 29,\ \begin{array}{l} 9025 \\ 345 \\ 345 \end{array},\ 2 + 3.3 = 11,\ \begin{array}{l} 119025 \\ 345 \\ 354 \end{array}.$$

Als weitere Beispiele finden sich: 607.607, 780.780, 900.900. In letzteren beiden werden die Nullen den Faktoren weggenommen und an das Produkt gesetzt. Ferner findet sich 123.456, 370.451, 320.570. Mit den Nullen am Ende wird in der nämlichen Weise wie vorher verfahren.

In gleicher Weise wird behandelt in der 3. Abtheilung 1234.1234, 2345.6789, 5000.7000, 5100.7430, 2500.3701, in der 4.: 12345.12345, in der 5. um der **rudes** willen: 12345678.87654321 und dazu die Bemerkung, dass man, wenn die Zahl der Figuren (Ziffern) ungleich ist, der kleineren Zahl nur Nullen vorzusetzen braucht; doch subtiles non indigent tali positione zephyrorum. So nimmt Leonardo zwar auf die langsamen Köpfe Rücksicht, aber so, dass er sich schliesslich an die guten Köpfe hält. Dies mag ihn abgehalten haben, seinen Multiplicationen eine solche Form zu geben, dass auch der Schwächste sie ausführen kann, wie er eine solche auf S. 19 mittheilt.

Statt dessen giebt er in der 6. und 7. Abtheilung Anweisung, Produkte von 2 und 3 zifferigen Zahlen cordetenus et in manibus zu finden. Es sollen nämlich die Faktoren im Kopf behalten werden und von dem Produkt die Einer und Zehner an der linken Hand (s. oben 5 und 6), die Hunderter und Tausender an der rechten, die weiteren Stellen wieder im Kopf gemerkt werden.

188) Die 8. Abtheilung ist S. 19 in den Anfang der Regeln über die Addition von ganzen Zahlen hineingerathen. Ein alius modus multiplicandi valde laudabilis wird dort an den Zahlen 567.4321 gezeigt. Dazu wird hergestellt ein quadrilaterum in forma scacherii, mit 5 Feldern (puncta) in der Länge, nämlich um 1 mehr, als die grössere Zahl Ziffern hat und mit 3 in der Breite nach der Zahl der Ziffern der kleineren Zahl. Die Ausrechnung ist wie bei uns; nur werden die Theilprodukte nicht eingerückt angeschrieben, sondern dafür die Zahlen in schräger Richtung (que sibi invicem sunt opposita) addirt.

$$
\begin{array}{ccccccc}
2 & 4 & 5 & 0 & 0 & 0 & 7 \\
  &   &   & 4 & 3 & 2 & 1 \\
\end{array}
$$

3	0	2	4	7	7
2	5	9	2	6	6
2	1	6	0	5	5

Solche Formen sind aber nicht nach dem Geschmack des Leonardo, vielmehr liefert er einen Beweis seiner grossen Gewandtheit im Rechnen S. 379—380 durch Multiplication von drei Faktoren auf ein Mal (in una multiplicatione).

12 . 34 . 56 wird in folgender Weise ausgeführt:

2 . 4 = 8, 8 . 6 = 48   22848

8 angeschrieben, 4 behalten   12

4 + 8 . 5 = 44, 2 . 3 + 4 . 1 = 10   34

10 . 6 = 60, 60 + 44 = 104   56

4 angeschrieben, 10 behalten

10 (dasselbe, welches mit 6 multiplicirt wurde) . 5 + 10 = 60

1 . 3 = 3, 3 . 6 = 18; 18 + 60 = 78

8 angeschrieben, 7 behalten

7 + 1 . 3 . 5 = 22; 2 in die vierte und 2 in die 5. Stelle.

Ferner 123 . 456 . 789   44253432

3 . 6 = 18, 18 . 9 = 162   123

2 angeschrieben, 16 behalten   456

18 . 8 = 144, 3 . 5 + 6 . 2 = 27   789

27 . 9 = 243, 243 + 16 + 144 = 403

3 angeschrieben, 40 behalten

$3 \cdot 4 + 6 \cdot 1 + 2 \cdot 5 = 28, 40 + 18 \cdot 7 = 166$

$166 + 27 \cdot 8 = 382, 382 + 28 \cdot 9 = 634$

4 angeschrieben, 63 behalten

$63 + 27 \cdot 7 + 28 \cdot 8 = 476, 2 \cdot 4 + 5 \cdot 1 = 13, 13 \cdot 9 = 117, 476 + 117 = 593$

3 angeschrieben, 59 behalten

$59 + 28 \cdot 7 + 13 \cdot 8 = 359, 359 + 1 \cdot 4 \cdot 9 = 395$

5 angeschrieben, 39 behalten

$39 + 13 \cdot 7 + 1 \cdot 4 \cdot 8 = 162$

2 angeschrieben, 16 behalten

$16 + 1 \cdot 4 \cdot 7 = 44$; 4 in die 7. und 4 in die 8. Stelle.

Es beruht dieses Verfahren auf genauer Beachtung, welche Produkte aus je 2 Ziffern auf die einzelnen Stellen Einfluss haben und der Benützung bereits gefundener Summen, die wiederholt zu multipliciren sind.

189) Ueber die Division handelt L_1 von S. 13—17; der Dividend wird bezeichnet als numerus, quem volueris dividere, der Divisor als numerus, super quem vis dividere. Ersterer steht über letzterem so, dass die letzten Stellen übereinander stehen, wenn die des Dividenden grösser als die des Divisors ist; ist dies nicht der Fall, so kommt die letzte Stelle des Divisors unter die vorletzte Stelle des Dividenden. Mit dem durch Versuch gefundenen Quotienten werden die einzelnen Ziffern des Divisors multiplicirt und die Produkte vom Dividenden subtrahirt. Dann wird der Divisor um eine Stelle zurück gerückt und in der nämlichen Weise wieder verfahren. Bemerkt wird dazu, dass bei der Division subtrahirt wird, was bei der Multiplication addirt wird und dass nie der Rest grösser als der Divisor sein darf. Von dem Beispiel 46468 : 324 fehlt die Darstellung, welche nach der Beschreibung folgende war:

46468 1 über 4 (nur dies ist ausgesprochen; wie man 1 findet, ist
324 nicht angedeutet), welches 1 aber auch unter 4 gesetzt werden
kann, $3 \cdot 1 = 3, 4 - 3 = 1, 2 \cdot 1 = 2, 6 - 2 = 4, 4 \cdot 1 = 4, 4 - 4 = 0$
also Bild:

1   1
14068, nach Versetzung des Divisors 14068; 4 über 4; $3 \cdot 4 = 12$,
324   324

$14 - 12 = 2, 2 \cdot 4 = 8, 20 - 8 = 12, 4 \cdot 4 = 16, 126 - 16 = 110$ also
Bild:

14   14
1108, nach Versetzung des Divisors 1108; 3 über 1, $3 \cdot 3 = 9$,
324   324

$11-9=2$, $2.3=6$, $20-6=14$, $4.3=12$, $148-12=136$ also
Bild:

143
136 Quotient: .CXLIII.et.CXXXVI. partes de .CCC.XXIIII. parti-
324   bus unius.

Weiter wird noch 1800 : 9 besprochen, wobei man genau so wie vorher verfahren und den Divisor auch unter die Nullen (circuli) setzen oder zur Abkürzung die Nullen sofort an den Quotienten 2 anreihen kann.

190) Bei L_2 ist das Verfahren im Wesen das Nämliche wie bei L_1. Das erste Beispiel ist $\frac{228604}{236}$. Zuerst wird dazu verlangt, eine Zahl auszudenken, welche 2 dem 22 gleich macht oder möglichst nahe bringt. Als solche wird 9 genannt, aber nicht bemerkt, dass dies nur in Berücksichtigung der folgenden Ziffern des Divisors die gesuchte Zahl ist. $2.9 = 18$, $22 - 18 = 4$, $3.9 = 27$, von diesem Produkt werden die Ziffern einzeln abgezogen $8 - 7 = 1$, $4-2=2$ (Rest 21604), $6.9 = 54$, $6 - 4 = 2$, 5 von 1 geht nicht, wird 1 entlehnt, wodurch aus 2 1 wird, $11 - 5 = 6$ (Rest 16204); nun wird der Divisor in die nächste Stelle gerückt und in gleicher Weise verfahren. Et invenimus interiorem dividentem numerum contineri in dividendo nongenties sexagies octies et insuper . 1 . 5 . 6 . ducentesime tricesime sexte dividentis. — Hierauf wird noch der Fall 1800 : 9 besprochen und angeführt noch 200000 : 23, wo für 23 wohl 20 zu schreiben ist. Die Ausrechnung ist nämlich nicht gegeben.

Die Probe geschieht durch Multiplication des Ergebnisses der Division mit dem Divisor und Addition des Restes, oder auch durch die Neunerprobe.

191) L_3 wendet zunächst den Glanz der Rhetorik auf: Divisio plane difficilis et laboriosa, sed utilis, sed fructuosa, sed iocunda. Quaerit curiosos non fastidiosos, sed ingeniosos. Es werden 3 Reihen gebildet, in der untersten steht der divisor, aut certe dividens nominetur, in der mittleren der dividendus, in der dritten egrediens, aut certe quociens intituletur. Von dem Beispiel $\frac{2432}{19}$ wird folgende
Darstellung gegeben: $\frac{1}{1432}$, $\frac{12}{532}$, $\frac{128}{152}$, $\frac{128}{19}$. Die Probe erfolgt durch Multiplication von egrediens und dividens. Als schwieriges Beispiel wird dann die Aufgabe ausgeführt 100 librae unter 11 mercatores zu theilen. Es werden nämlich die Reste in die minutiae verwandelt, 1 libra in 40 solidi, 7 solidi in 84 nummi. Um den Rest der 7 nummi

(s. oben 104) werden 91 Eier gekauft, und da auch hier 3 übrig bleiben, bekommt sie der divisor pro mercede aut certe pro sale.

192) Im liber abbaci des Leonardo findet sich die Division von
S. 23 bis 47 behandelt. Voran stellt derselbe (S. 24) die Bezeichnung
der Brüche (s. oben 105). Dann giebt er (S. 25 und 26) als introo-
ductiones folgende Tabellen:

$\frac{1}{2}$ de 1 est 0 et remanet 1
$\frac{1}{2}$ 2 1
$\frac{1}{2}$ 3 1 1
u. s. w. bis
$\frac{1}{2}$ 20 10.

Ebenso für $\frac{1}{3}$ von 1 bis 26, im Original aber sicherlich bis 30;
für $\frac{1}{4}$ von 1 bis 40; ferner

$\frac{1}{5}$ de 5 est 1 ; ebenso für $\frac{1}{6}$ von 6 bis 54, im Original sicher-
$\frac{1}{5}$ 10 2 lich bis 60; für $\frac{1}{7}$ von 7 bis 70, für $\frac{1}{8}$ von 8 bis
$\frac{1}{5}$ 15 3 80, für $\frac{1}{9}$ von 9 bis 90, für $\frac{1}{11}$ von 11 bis 110,
u. s. w. bis für $\frac{1}{12}$ von 12 bis 120, für $\frac{1}{13}$ von 13 bis 195,
$\frac{1}{5}$ 50 10 im Original aber nicht über 130 hinaus, wie
S. 29 ausdrücklich angegeben ist; das Uebrige
hat der Copist beigefügt, weil er Platz hatte.

Hierauf folgt (S. 27—29) die Anweisung zur Division mit einem
Einer und mit 11 und 13, welche Zahlen sich auch in den introductiones finden. Die Zahl, welche dividirt wird, heisst divisus oder
dividendus, die Zahl, welche dividirt, dividens oder divisor, das Ergebniss procedens oder exiens. Der Divisor wird zwei mal angeschrieben, an der Seite unter einem Strich zur Aufnahme des Restes
und unter den Einer des Dividenden. Ebenso wird der Quotient zwei
Mal angeschrieben, zunächst einzeln unter den Dividenden, und dann
zusammen neben den Divisor an der Seite unter dem Strich. Gesprochen wird beim Rechnen in folgender Weise: $\frac{1}{2}$ de 3 est 1 et remanet
1, wie es nach den introductiones auswendig zu lernen war. Das
Uebrige ist so, wie noch jetzt. Die Form ist:

1 $\frac{1}{2}$ 182 Die Probe geschieht durch Multiplication des
365 Divisors mit dem Quotienten.
2
182

Als weitere Beispiele werden gegeben: 365 : 3 $= \frac{2}{3}$ 121, 1346 : 4
$= \frac{1}{2}$ 336, 5439 : 5 $= \frac{4}{5}$ 1087, 9000 : 7 $= \frac{2}{7}$ 1285, 10000 : 8 = 1250,
120037 : 9 $= \frac{4}{9}$ 13337, 12532 : 11 $= \frac{3}{11}$ 1139, 123586 : 13 $= \frac{8}{13}$ 9506.

Bei dem Rechnen mit den Fingern (S. 30) wird der Dividend durch die Finger dargestellt und dann der Reihe nach an seiner

Stelle der Quotient, während die Reste im Kopf (corde) behalten werden müssen. Als Beispiele werden 7543 : 6 und 8059 : 5 gegeben.

Bei der Division mit 10 wird nur die Ziffer des Einers gestrichen und als Zähler des Bruches mit dem Nenner 10 vor die übrigen Ziffern geschrieben z. B. 167 : 10 = $\frac{7}{10}$ 16, 1673 : 10 = $\frac{3}{10}$ 167.

193) Ehe Leonardo auf die Division mit 2 und mehr Ziffern eingeht, unterscheidet er die Zahlen in incompositi oder primi und in compositi (epipedi, superficiales). Die Art und Weise nämlich, auf welche er die Brüche behandelt, macht die Division mit Primzahlen für ihn besonders bedeutend, und so giebt er nicht nur eine Tabelle derselben von 11 bis 97 (S. 31), sondern nimmt sie zunächst als Divisoren in den folgenden Beispielen. Als Bezeichnung derselben bei den Arabern nennt er hasam, bei den Griechen coris canon d. h. χωρὶς κανόνων, für welchen Gebrauch ich bisher keine Stelle aus einem griechischen Autor angegeben finden konnte; er selbst bezeichnet dieselben mit qui sunt sine regulis.

Das Verfahren zeigt folgendes Beispiel, 18456 : 17.

$$\begin{array}{l} \quad\quad \dfrac{11}{17} \ 1085 \\ \quad 4 \\ \ 169 \\ 18456 \\ \quad 17 \\ 1085 \end{array}$$

$\frac{1}{17}$ von 18 ist 1 und es bleibt 1; der Quotient 1 kommt unter 8, der Rest 1 darüber; 14 < 17, also 0 unter 4; um $\frac{1}{17}$ von 145 zu bestimmen, nehme man den nächst höheren Zehner zu 17, also 20, lasse von 20 die Null von 145 5 weg und dividire 14 durch 2; der Quotient ist dann die gesuchte Zahl, oder diese ist um 1 noch grösser, wie es hier der Fall ist. Es bleibt also neben der Methode noch der Versuch bestehen, was Leonardo durch ipsum arbitrium ex arte habere ausdrückt. Der Quotient 8 kommt unter 5, die Subtraktion von 8 . 17 erfolgt allmählig, nämlich 8 . 1 = 8, 14 — 8 = 6, über 4, 8 . 7 = 56, 65 — 56 = 9, über 5. 2 in 9 = $\frac{1}{2}$ 4, also wird 5 unter 6 geschrieben; 5 . 1 = 5, 9 — 5 = 4, über 9, 5 . 7 = 35, 46 — 35 = 11, über das 17 an der Seite, und vor den Bruch noch die Ganzen.

Ebenso wird 18456 : 19 ausgeführt: woran sich die Bemerkung reiht, dass man bei 17, 19, 29, 37, 47, 59, 67, 79, 89, 97 mit dem nächst höheren Zehner dividirt und den Quotienten unter Umständen auch um 1 erhöhen muss, bei 23, 31, 41, 43, 53, 61, 71, 73, 83 aber mit dem nächst niederen Zehner dividirt, den Quotienten aber unter Umständen um 1 zu vermindern hat.

Für 13976 : 23 wird die Neunerprobe gemacht und beigesetzt,

dass man Proben auch mit 7 und allen Primzahlen vornehmen könne.
So wird gleich bei dem nächsten Beispiel 24059 : 31 $= \frac{3}{31}$ 776 die
Probe mit 7 in folgender Weise gemacht: $\frac{1}{7}$. 24 giebt als Rest 3,
$\frac{1}{7}$. 30 2, $\frac{1}{7}$. 25 4, $\frac{1}{7}$. 49 0, welches die pensa des Dividenden ist.
Die pensa von 776 ist 6, die von 31 3, 3 . 6 $= 18$, die pensa davon
4, 4 $+$ 3 (Zähler des Bruches) $= 7$, die pensa davon wieder 0, gleich
der des Dividenden.

Als weitere Beispiele folgen noch: 780005 : 59 und 5017200 : 97.

194) Wie der Division mit 2 zifferigen Primzahlen eine Tabelle
derselben vorhergeht, so schickt Leonardo (S. 37) der Division mit zusammengesetzten Zahlen eine Tabelle der Zerlegungen der zweizifferi-
gen zusammengesetzten Zahlen von 12 bis 100 in Faktoren voraus, in
der Art, dass in der Regel Zerlegung in 2 Faktoren, den kleinsten
und grössten oder in Primzahl und die zugehörige Zahl, oder in 2
gleiche Faktoren oder sonst nach Gutdünken stattfindet, aber bei 75,
84, 96, 98 in 3 Faktoren; die Form zeigen folgende Beispiele:

12	1	0		75	1	0	0
	2	6			3	5	5
16	1	0		84	1	0	0
	2	8			2	6	7
24	1	0		96	1	0	0
	3	8			2	6	8
28	1	0		98	1	0	0
	4	7			2	7	7
36	1	0					
	4	9					
64	1	0					
	8	8					

Darauf folgt die Anweisung die Faktoren einer ungeraden
Zahl zu finden oder zu erkennen, dass sie eine Primzahl ist. Als
Kennzeichen des Faktors 5 wird angegeben, dass die Ziffer der Einer
5 sein muss; um die Faktoren 9 und 3 zu erkennen, wird das Verfahren bei der Neunerprobe angewendet; bleibt als pensa (s. oben 178) 0,
so ist 9 ein Faktor der vorliegenden Zahl, bleibt 3 oder 6, so ist 3
ein Faktor derselben. Sind diese Merkmale nicht oder nicht mehr
vorhanden, so hat man der Reihe nach mit den Primzahlen 7, 11, 13
u. s. w. zu dividiren, so lange keine Reste bleiben, wenn aber solche
bleiben, die nächste Primzahl zum Divisor zu nehmen, aber nicht
über die Quadratwurzel der vorliegenden Zahl hinaus. Diese
Grenze wird auch dadurch angedeutet, dass der Quotient kleiner als
der Divisor wird. Ich glaube nämlich, dass S. 39, Zeile 2 von oben

minor statt primo zu schreiben ist. Als Beispiele werden die Zahlen
805, 957, 951, 873, 1469, 2543, 624481 behandelt und bei letzterer
Zahl die Probe mit 7 gemacht.

Für das Auffinden der **Faktoren einer geraden Zahl** wird
zunächst die Herstellung der pensa für 9 genannt. Ist diese 0, so
enthält die Zahl einen 9. Theil, ist sie 3 oder 6, einen 6. Weitere
Regeln sind: Dividirt man die durch Einer und Zehner dargestellte
Zahl mit 8 und ist der Rest 0, dann ist, wenn die dritte Ziffer eine
gerade Zahl ist, die ganze Zahl durch 8, wenn ungerade, durch 4
theilbar; ist der Rest 4 und die dritte Ziffer eine ungerade Zahl, dann
ist die ganze Zahl durch 8, ist sie aber eine gerade Zahl, nur durch
4 theilbar; ist endlich der Rest 2 oder 6, dann kann man nur mit 2
theilen.

Es ist also diese Regel so gestellt, dass man von den Faktoren
8, 4, 2 zuerst den grössten finden muss, wenn er überhaupt vorhanden
ist, so dass wiederholtes Dividiren mit 2 vermieden ist. Die ungeraden
Zahlen, auf welche man bei solchem Verfahren kommt, werden nach
der vorstehenden Regel behandelt und jede Null am Ende der Zahlen
zeigt, dass die Zahl einen 10. Theil hat. Zu Beispielen dienen 126,
156, 2112, wobei die zunächst gefundene Zerlegung $\dfrac{1\ \ 0\ \ 0\ \ 0}{4\ \ 6\ \ 8\ \ 11}$ in

$\dfrac{1\ \ 0\ \ 0\ \ 0}{3\ \ 8\ \ 8\ \ 11}$ umgewandelt wird (coaptatur oder coattatur), weil 8 grös-

ser als 6, 4644, 13652, 15560 $= \dfrac{1\ \ 0\ \ 0}{4\ \ 10\ \ 389}$, 32600 $= \dfrac{1\ \ 0\ \ 0\ \ 0}{2\ \ 10\ \ 10\ \ 163}$,

7546000 $= \dfrac{1\ \ 0\ \ 0\ \ 0\ \ 0\ \ 0\ \ 0\ \ 0}{2\ \ 7\ \ 7\ \ 7\ \ 10\ \ 10\ \ 10\ \ 11}$.

195) Nach diesen Vorbereitungen kann Leonardo die Division
mit zusammengesetzten Divisoren durch wiederholte Division mit den
einzelnen Faktoren ausführen, wobei ihm die Darstellung der Brüche,
deren er sich bedient, zu Nutzen kommt. So wird (S. 41) 749 : 75
dadurch ausgeführt, dass zu 75 die regula $\dfrac{1\ \ 0\ \ 0}{3\ \ 5\ \ 5}$ hergestellt, dann

mit 3 dividirt wird. Es ergiebt sich 249 und als Rest 2, welcher Rest
auf dem Bruchstrich an der Seite über 3 notirt wird. 5 in 249 giebt
49 und als Rest 4, welcher auf dem Bruchstrich über 5 kommt; endlich 5 in 49 9 mal und Rest 4, welches über das zweite 5 kommt. So
ergiebt sich als Quotient $\dfrac{2\ \ 4\ \ 4}{3\ \ 5\ \ 5}$ 9 d. h. $9 + \dfrac{2}{3.5.5} + \dfrac{4}{5.5} + \dfrac{4}{5}$

$= 9\,\dfrac{74}{75}$. Ebenso findet sich 67898 : 1760 $= \dfrac{0\ \ 5\ \ 3\ \ 6}{2\ \ 8\ \ 10\ \ 11}$ 38. Hierüber wird die Probe durch Division mit 13 gemacht und davor gewarnt zu dieser Probe eine Zahl zu benützen, die als Divisor vorkam, weil sich Nullen als pensa ergeben, aus denen auf die Richtigkeit der Rechnung nicht geschlossen werden kann. Endlich wird noch darauf aufmerksam gemacht, dass man zuerst mit den Faktoren des Divisors dividiren soll, die auch Faktoren des Dividenden sind, weil dann 0 als Rest sich ergiebt, was nicht angeschrieben zu werden braucht. 81540 :

$$: 8190 = \frac{0 \quad 0 \quad 3 \quad 12}{10 \ \ 9 \ \ 7 \ \ 13} \, 9 = \frac{3 \quad 12}{7 \ \ 13} \, 9.$$

196) Der Vollständigkeit wegen folgen nun noch (S. 43 — 47) Divisionen mit 3 und mehrzifferigen Primzahlen. Das Verfahren ist im Wesentlichen dasselbe wie oben 193. Zur Erleichterung des Auffindens des Quotienten bei dreizifferigem Divisor wird die Division mit dem nächsten, höheren oder niederen, Hunderter angerathen.

Die Beispiele sind: 1349 : 257, 30749 : 307, 574930 : 563, 5950000 : 743, 17849 : 1973, 1235689 : 4007.

Zum Schluss wird noch darauf hingewiesen, dass man die Probe auch dadurch machen kann, dass man den Quotienten mit dem Divisor multiplicirt und den Rest addirt.

Es tritt also bei Leonardo das gewöhnliche schulmässige Verfahren zurück und seine Stelle nimmt ein Verfahren ein, welches auf möglichst kurzem Weg das Resultat in einer leicht fassbaren Form ergiebt und zugleich einen Blick in die Beschaffenheit der Zahlen zulässt, mit denen man zu thun hat.

197) Ehe vom Wurzelausziehen gesprochen werden kann, ist von der Behandlung der Brüche zu reden.

L_1 kommt auf die eigentlichen Brüche (fractiones extra minuta vel secunda, ut sunt quarte et septime ac cetere partes his similes) erst da, wo das Werk abgebrochen ist. Von S. 23 ist nur zu entnehmen, dass $\frac{1}{7}' \cdot \frac{1}{9}' = \frac{12}{63}''$ und wie $3\frac{1}{2}$ und $8\frac{4}{11}$ angeschrieben wird. Vgl. oben 104 und unten 199. Es wird nämlich das Rechnen mit den Sexagesimalbrüchen gezeigt, und dieses als von den Indern angenommen dargestellt (indi posuerunt exitum partium suarum ex sexaginta. S. 17). Die Benennungen sind gradus, minuta, secunda, tertia, quarta etc. Zuerst wird von der Benennung des Produktes aus aus solchen Theilen gehandelt, und als Beispiele werden gegeben $2^0 \cdot 2' = 4'$, $3^0 \cdot 6''' = 18'''$, $6' \cdot 7' = 42''$, $7'' \cdot 9' = 63'''$, $1\frac{1}{2}^0 \cdot 1\frac{1}{2}^0 = 90' \cdot 90' = 8100'' = 2^0 \ 15' = 2\frac{1}{4}^0$, $2^0 \ 45' \cdot 3^0 \ 10' \ 30'' = 165' \cdot 11430'' = 1885950''' = 8^0 \ 43' \ 52'' \ 30'''$. Bei der Division wird gleiche Benennung hergestellt im Dividend und Divisor, so dass der Quotient in Graden ausgedrückt ist. $15''' : 6''' = 2\frac{1}{2}^0$, $10'' : 5' = 10'' :$

: 300″ $= 0^0$ 2′ (im Text unrichtig 2″), 10′ : 5‴ $= 36000‴$: 5‴ $=$
$= 7200^0$.

Hierauf erst wird vom Anschreiben der Sexagesimalbrüche
gehandelt, und kurz vom colligere, minuere, duplare und mediare.

198) L_2 giebt (S. 49—56) zum Theil mit den nämlichen Worten
ja mit demselben Fehler (2″ statt 2′) dasselbe, was bei L_1 S. 17—22
sich findet. Es ist aber dabei das Schema gegeben, in welchem die Sexagesimaltheile angeschrieben wurden, nämlich:
Daraus, dass für die fehlenden Terzen zwei
Nullen geschrieben sind, lässt sich vermuthen,
dass, wenn nur ein Einer zu schreiben war, die
Stelle des Zehners auch durch eine Null ausgefüllt wurde. Es ist aber darüber nichts gesagt,
ebenso wenig, wie die Summanden, oder Minuend und Subtrahend neben oder untereinan-
der geschrieben wurden, oder ob dieses überhaupt geschah.

Gradus	. 12 .
Minuta	. 30 .
Secunda	. 45 .
Tercia	. 00 .
Quarta	. 50 .

Von S. 56—72 werden die gemeinen Brüche behandelt. Der
Zähler hat den Namen numerus, der Nenner denominatio, Multiplicand
und Multiplicator, Dividend und Divisor werden in 2 Reihen oder Seiten einander gegenübergestellt, da nicht blos Ganze mit je einem
Bruche, sondern mit 2 und mehr Brüchen in Rechnung kommen, das
Produkt aller auf einer Seite vorkommenden Nenner heisst numerus
denominationis, das Produkt aus den Produkten der beiden Seiten numerus communis. Der Zähler, den man aus den Ganzen und den einzelnen Zählern erhält, wenn man sie auf den Hauptnenner bringt,
heisst numerus collectionis. Die Herstellung desselben geschieht für
$8 + \frac{2}{3} + \frac{3}{5}$ in folgender Weise.

8	3 . 5 = 15	8 . 15 = 120
2	2 . 15 = 30	$\frac{2}{3}$. 30 = 10
3	3 . 15 = 45	$\frac{3}{5}$. 45 = 9
3		139
5		

Es wird also dabei zuerst der Zähler mit dem Generalnenner
multiplicirt und dann erst mit seinem Nenner das Produkt dividirt, doch
wird bemerkt, dass, wenn man sofort erkennt, wie gross der reducirte
Zähler ist, z. B. $\frac{2}{3}$ von 15 = 10, man sofort denselben anschreiben
kann, und weiter wird auch bemerkt, dass man den Zähler mit den
Nennern der übrigen Brüche multipliciren kann. Bei dem Dividiren,
Addiren und Subtrahiren muss noch der numerus communis hergestellt

werden und für diesen der numerus collectionis. Darnach ergiebt sich für $(8 + \frac{1}{2} + \frac{1}{4} + \frac{1}{5}) \cdot (3 + \frac{1}{3} + \frac{1}{9})$ folgende Rechnung:

8	3
1	1
2	3
1	1
4	9
1	
5	
40	27

$|1080|$

$358\,|33294|93$

30
894
1080

1. Reihe num. denom. $2 \cdot 4 \cdot 5 = 40$

2. » » » $3 \cdot 9 = 27$

$8 \cdot 40 = 320 \qquad 3 \cdot 27 = 81$

$-\dfrac{1 \cdot 40}{2} = 20 \qquad \dfrac{1 \cdot 27}{3} = 9$

$\dfrac{1 \cdot 40}{4} = 10 \qquad \dfrac{1 \cdot 27}{9} = 3$

$\dfrac{1 \cdot 40}{5} = 8 \qquad$ num. coll. $\quad 93$

num. coll. $\quad 358 \qquad$ multiplicantis lateris.

multiplicandi lateris.

$358 \cdot 93 = 33294$

$40 \cdot 27 = 1080$

$\dfrac{33294}{1080} = 30 \dfrac{894}{1080}$

Nach ähnlicher Behandlung von $\left(\dfrac{2}{5} + \dfrac{2}{10}\right) \cdot 15$ und $\dfrac{2}{5} \cdot 20 =$ $= \dfrac{40}{5} = 8$ wird als Beispiel auch eine fractio fractionis gegeben, nämlich:

4
3
8
7
10
560
12
560

$\dfrac{\left(\dfrac{3}{8}\right)}{10} \cdot 4 = \dfrac{12}{560}$

$8 \cdot 7 \cdot 10 = 560$

$3 \cdot 4 = 12.$

Hieran reiht sich noch das Beispiel $\frac{1}{2} \cdot \frac{2}{3} = \frac{2}{6}$.

Zum Beispiel einer Division werden dieselben Zahlen benützt, wie zu dem für die Multiplication:

Bis zur Bestimmung der Zahlen 40 und 27 ist die Rechnung die gleiche, wie bei der Multiplication. Hierauf ist die Rechnung

$$40 . 27 = 1080$$

$$3 . 1080 = 3240 \qquad 8 . 1080 = 8640$$

$$\tfrac{1}{3} . 1080 = 360 \qquad \tfrac{1}{2} . 1080 = 540$$

$$\tfrac{1}{9} . 1080 = 120 \qquad \tfrac{1}{4} . 1080 = 270$$

$$\overline{3720}$$

$$\frac{9666}{4720} = 2\,\frac{2226}{3720} \qquad \tfrac{1}{5} . 1080 = 216$$

$$9666$$

199) Nach diesen Darlegungen geht Joannes Hispalensis auf das ein, was er bei Alkhârizmî (alcorismus) über die Multiplication und Division mit Brüchen gefunden hat. Als Beispiel dient $3\tfrac{1}{2} . 8\tfrac{3}{11}$. Dies wird umgewandelt in $\tfrac{7}{2} . \tfrac{91}{11} = \tfrac{637}{22} = 28\tfrac{21}{22}$. Daran wird die Bemerkung gereiht, dass, wenn der Nenner grösser als der Zähler, sich ein Verhältniss (collatio) ergebe. So komme aus $\tfrac{4}{7} . \tfrac{1}{9}$, die Collation 12 zu 63, weil der Quotient ($\tfrac{63}{12}$) zu 1 sich verhalte, wie 12 zu 63. Als Beispiel für die Division wird $20\tfrac{3}{3} : 3\tfrac{1}{3}$ besprochen. Das Verfahren ist folgendes:

$$13 . 3 = 39.$$

$$20 . 39 = 780 \qquad 3 . 39 = 117$$

$$2 . \frac{39}{13} = \frac{6}{786} \qquad 1 . \frac{39}{3} = \frac{13}{130}$$

$$\frac{786}{130} = 6\,\frac{6}{130}.$$

Nicht unbemerkt bleibt, dass hier der numerus collectionis in anderer Weise als oben (198) gebildet wird.

Die Regel für die Addition lautet kurz dahin, dass man die collectiones für den numerus communis zu addiren und die Summe mit diesem zu dividiren habe, für die Subtraktion, dass man die kleinere collectio von der grösseren zu subtrahiren und den Rest durch den numerus communis zu dividiren habe.

Zum Schluss wird bemerkt, dass, unsere jetzigen Zeichen statt der Worte gesetzt, $\dfrac{a}{b} . \dfrac{b}{a} = 1$ und $\dfrac{ab}{ba} = 1$.

200) Was in L_3 über die Brüche sich findet, ist bereits oben 104 und 191 angegeben. Eine ausführliche Unterweisung über die

Brüche giebt Leonardo S. 47—83. Er beginnt mit der **Multiplica-tion** von Ganzen mit einfachen Brüchen; das Verfahren ist dasselbe wie jetzt, die äussere Form die nachstehende:

$$23 \quad \text{d. h.} \quad 11\tfrac{1}{2} \cdot 22\tfrac{1}{3}$$

$$\tfrac{1}{2}\, 11 \qquad 2 \cdot 11 + 1 = 23 \qquad 3 \cdot 22 + 1 = 67$$

$$67 \qquad 23 \cdot 67 \quad = 1541$$

$$\tfrac{1}{3}\, 22 \qquad 2 \cdot 3 \quad = 6$$

$$1541 : 6 \quad = 256\tfrac{5}{6}.$$

$$\tfrac{5}{6}\, 256$$

Ausdrücklich sagt aber Leonardo, dass 2 mit 3 nur desshalb multiplicirt wird, weil das Produkt 6 noch unter 10 ist; mit 15 z. B. würde man nicht dividiren, sondern mit $\dfrac{1}{3}\,\dfrac{0}{5}$ rechnen.

Das Beispiel $12\tfrac{1}{2} \cdot 23\tfrac{1}{3}$ wird zwar in gleicher Weise ausgerechnet, aber dann aufmerksam gemacht, dass man durch Division mit 5 in 25 und mit 2 in 118 abkürzen konnte.

$\dfrac{2}{3}\, 13 \cdot \dfrac{5}{7}\, 24 = \dfrac{1}{3}\,\dfrac{5}{7}\, 337$ wird in folgender Weise ausgeführt:

$$3 \cdot 13 + 2 = 41, \; 7 \cdot 24 + 5 = 173$$
$$41 \cdot 173 = 7093$$
$$7093 : 3 = 2364 \text{ Rest } 1$$
$$2364 : 7 = 337 \quad \text{»} \quad 5.$$

Dabei wird die **Neunerprobe** immer gleich nach einer Multi-plication vorgenommen nach dem Grundsatz: ordo probandi est: cum inceperis multiplicare, debes incipere probare.

Das Beispiel $\tfrac{1}{2}\, 16 \cdot \tfrac{1}{5}\, 27$ giebt Anlass zu der Bemerkung, dass es **schöner** sei (pulchrius est) $\dfrac{1}{2}\,\dfrac{0}{10}$ zu sagen, statt $\dfrac{1}{4}\,\dfrac{0}{5}$, ebenso $\dfrac{1}{2}\,\dfrac{0}{6}$ statt $\dfrac{1}{3}\,\dfrac{0}{4}$, $\dfrac{1}{3}\,\dfrac{0}{10}$ statt $\dfrac{1}{5}\,\dfrac{0}{6}$ u. ähnl.

An das Beispiel $\tfrac{5}{6}\, 18 \cdot \tfrac{1}{9}\, 24$ reiht sich (S. 51) die Anweisung zur Auffindung des **grössten gemeinschaftlichen Theilers** (maxima communitas), das gewöhnliche Verfahren der sogenannten Stiegendivision, mit Berufung auf den Beweis desselben durch E u-clides.

201) Das Beispiel für **Brüche 2. Grades** ist folgendes:

$$\begin{array}{c} 215 \\ \dfrac{1}{2}\ \dfrac{3}{8}\ \ 13 \\ 875 \\ \dfrac{3}{4}\ \dfrac{2}{9}\ \ 24 \\ \dfrac{5}{8}\ \dfrac{3}{8}\ \dfrac{5}{9}\ \ 326 \end{array}$$

$8 . 13 + 3 = 107,\ 2 . 107 + 1 = 215$

$9 . 24 + 2 = 218,\ 4 . 218 + 3 = 875$

$215 . 875 = 188125.$

Statt mit $\dfrac{1}{2}\ \dfrac{0}{4}\ \dfrac{0}{8}\ \dfrac{0}{9}$ wird schöner ge-

rechnet mit $\dfrac{1}{8}\ \dfrac{0}{8}\ \dfrac{0}{9}$ also

$188125 : 8 = 23515$ Rest 5

$23515 : 8 = 2939$ » 3

$2939 : 9 = 326$ » 5.

Aehnlich wird mit $\dfrac{1}{2}\ \dfrac{3}{8}\ \dfrac{3}{11}$ 14 . $\dfrac{1}{3}\ \dfrac{2}{9}\ \dfrac{4}{13}$ 25 verfahren.

Hieran reihen sich die Brüche auf getrennten Bruch-
strichen.

$$\begin{array}{c} 187 \\ \dfrac{1}{4}\ \dfrac{1}{3}\ \ 15 \\ 791 \\ \dfrac{1}{6}\ \dfrac{1}{5}\ \ 26 \\ \dfrac{1}{4}\ \dfrac{7}{9}\ \dfrac{8}{10}\ \ 410 \end{array}$$

$3 . 15 + 1 = 46,\ 4 . 46 + 3 = 187$

$5 . 26 + 1 = 131,\ 6 . 131 + 5 = 791$

$187 . 791 = 147917$

$\dfrac{1}{3}\ \dfrac{0}{4}\ \dfrac{0}{5}\ \dfrac{0}{6}$ dafür $\dfrac{1}{4}\ \dfrac{0}{9}\ \dfrac{0}{10}$

$147917 : 4 = 36979$ Rest 1

$36979 : 9 = 4108$ » 7

$4108 : 10 = 410$ » 8.

Vor der Behandlung der weiteren Brucharten wird die Addition zweier einfacher Brüche eingeschaltet, oder wie Leonardo sich
ausdrückt, das duas fractiones que sunt sub duabus virgis coniungere,
duas fractiones duarum virgarum ad unam reducere. Das Verfahren
ist das noch jetzt gewöhnliche. Aber Leonardo giebt auch hiefür eine
Tabelle (S. 54 und 55) und zwar für

$\frac{1}{2}$ und $\frac{1}{2}, \frac{1}{3}, \frac{2}{3}, \frac{1}{4}, \frac{3}{4}, \frac{1}{5}, \frac{3}{5}, \frac{2}{5}, \frac{5}{5}, \frac{1}{6}, \frac{5}{6}, \frac{1}{8}, \frac{3}{8}, \frac{5}{8}, \frac{7}{8}, \frac{1}{10}, \frac{3}{10}, \frac{7}{10}, \frac{9}{10}$

$\frac{1}{3}$ und $\frac{1}{3}, \frac{2}{3}, \frac{1}{6}, \frac{5}{6}, \frac{1}{9}, \frac{2}{9}, \frac{4}{9}, \frac{5}{9}, \frac{7}{9}, \frac{8}{9}$ (was 2 mal vorkommt) und in
ähnlicher Weise für

$\frac{2}{3}, \frac{1}{4}, \frac{3}{4}, \frac{1}{5}, \frac{2}{5}, \frac{3}{5}, \frac{5}{5}, \frac{1}{6}, \frac{5}{6}, \frac{1}{8}, \frac{3}{8}, \frac{5}{8}, \frac{7}{8}$ in folgender Form

$$\begin{array}{|c|c|c|c} \hline 1 & 9 & 2 & \\ \hline 2 & 10 & 5 & 1 \\ \hline 1 & 1 & 2 & \\ \hline 3 & 3 & 3 & \\ \hline 1 & 2 & & \\ \hline 3 & 3 & & 1 \\ \hline \end{array} \qquad \begin{array}{|c|c|c|c} \hline 1 & 5 & 1 & 6 \\ \hline 6 & 8 & 3 & 8 \\ \hline 5 & 2 & 1 & \\ \hline 6 & 9 & 18 & 1 \\ \hline 5 & 4 & 1 & 2 \\ \hline 6 & 9 & 2 & 9 \ 1 \\ \hline \end{array}$$

Dass diese Tabelle so erhalten ist, wie sie von Leonardo ausgieng, scheint nicht anzunehmen zu sein; wahrscheinlich hat Leonardo die Summen von allen Brüchen hergestellt mit den Nennern von 2 bis 10, soweit sie kein Heben zulassen.

202) Es folgt nun die Multiplication von Brüchen zweiten Grades auf getrennten Strichen, z. B.

$$\frac{1\ 2}{5\ 9}\ \frac{1\ 5}{2\ 8}\ 17 \quad \overset{12911}{}$$

$17 . 8 + 5 = 141$, $141 . 2 + 1 = 283$
$283 . 9 + 5 = 12735$, $2 . 5 + 1 = 11$,
$11 . 2 . 8 = 176$, $12735 + 176 = 12911$.

$$\frac{2\ 1}{5\ 5}\ \frac{3\ 4}{8\ 11}\ 28 \quad \overset{63091}{}$$

Ebenso wird 63091 erhalten; dann werden beide Zahlen multiplicirt und das Produkt weiter behandelt nach der Form

$$\frac{1\ 6\ 4}{2\ 8\ 9}\ \frac{1\ 2\ 7\ 2}{10\ 10\ 10\ 11}\ 514$$

$\frac{1\ 0\ 0}{2\ 8\ 9}\ \frac{0\ 0\ 0\ 0}{10\ 10\ 10\ 11}$, in welche die Form

$\frac{1\ 0\ 0\ 0\ 0\ 0\ 0\ 0}{5\ 9\ 2\ 8\ 5\ 5\ 8\ 11}$ umgewandelt wird.

In gleicher Weise werden Beispiele mit Brüchen auf drei Strichen gegeben und zwar ersten, zweiten und dritten Grades.

Darauf erst folgen Multiplicationen von ächten Brüchen (rupti sine sanis (Ganze)) und zwar in der gewöhnlichen Weise: Zähler mit Zähler, Nenner mit Nenner, Abkürzung durch Heben. Bei Brüchen 2. und 3. Grades wird nur der Zähler in eine Zahl vereinigt.

203) Als Beispiel für die Multiplication von Brüchen mit Ringen an dem Bruchstriche (s. oben 105, 2 und 3) wird gegeben

$$(11 + \tfrac{4}{8} + \tfrac{5}{8} . \tfrac{4}{9} + \tfrac{2}{3} . \tfrac{5}{8} . \tfrac{4}{9}) . (22 + \tfrac{9}{7} . \tfrac{8}{9} . \tfrac{10}{10}).$$

$$\frac{2\ 5\ 4}{3\ 8\ 9}o\ 11 \quad \overset{2572}{}$$

$11 . 9 + 4 = 103 \quad 103 . 8 = 824$
$5 . 4 = 20 \quad 824 + 20 = 844$
$844 . 3 = 2532 \quad 2 . 5 . 4 = 40$
$2532 + 40 = 2572.$

$$\overset{o}{7}\ \frac{6\ 8\ 9}{9\ 10}\ 22 \quad \overset{14292}{}$$

$22 . 10 = 220 \quad 220 . 9 = 1980$
$1980 . 7 = 13860$

$$\frac{1\ 0\ 1\ 1}{3\ 5\ 7\ 9}\ 270$$

$6 . 8 = 48 \quad 48 . 9 = 432$
$13860 + 432 = 14292.$

Dabei wird auf eine doppelte Art der Vereinfachung von $\frac{2\ 5\ 4}{3\ 8\ 9}o$ aufmerksam gemacht, entweder $9 . 8 = 72$, $72 . 3 = 216$, $\frac{4}{9}$ von $216 = 96$, $\frac{5}{8}$ von $96 = 60$, $\frac{2}{3}$ von $60 = 40$, $96 + 60 + 40 = 196$, $\frac{196}{216} = \frac{49}{54} = \frac{1}{6}\ \frac{8}{9}$ oder $4 . 8 + 5 . 4 = 52$ $52 . 3 +$

$+2 \cdot 5 \cdot 4 = 196$, $\dfrac{196}{8} = \dfrac{49}{2}$, statt mit $\dfrac{1\ 0\ 0}{2\ 3\ 9}$ weiter mit $\dfrac{1\ 0}{6\ 9}$

gerechnet, erhält man von 49 $\dfrac{1\ 8}{6\ 9}$.

Die Vereinfachung von $0\dfrac{6\ 8\ 9}{7\ 9\ 10}$ geschieht durch Multiplication der Zähler und Division mit den Nennern, wobei man hebt, wo man kann. $6 \cdot 8 \cdot 9 = 432$, mit 9 und 2 lässt sich heben,

$$\frac{24}{35} = \frac{4\ 4}{5\ 7}.$$

Endlich werden noch Produkte aus Theilen von Zahlen mit Brüchen gebildet; z. B. $\frac{3}{5}$ $(29\frac{4}{7})$. $\frac{6}{11}$ $(38\frac{2}{3})$. Die Darstellung ist:

$$
\begin{array}{ll}
621 & \\
\dfrac{4}{7}\ 29\ \dfrac{3}{5} & 29 \cdot 7 + 4 = 207\ ,\ 207 \cdot 3 = 621 \\
& 38 \cdot 3 + 2 = 116\ ,\ 116 \cdot 6 = 696 \\
696 & 621\ \text{wird dann mit}\ 696\ \text{multiplicirt und das} \\
\dfrac{2}{3}\ 38\ \dfrac{6}{11} & \text{Produkt mit der Regel}\ \dfrac{1\ 0\ 0\ 0}{3\ 5\ 7\ 11}\ \text{behandelt.} \\
\dfrac{2\ 2\ 3}{5\ 7\ 11}\ 374 &
\end{array}
$$

204) Hierauf erst folgen (S. 63—77) die Regeln über die Addition (additio), Subtraktion (extractio) und Division (divisio) der Brüche. Bei einfachen Brüchen z. B. $\frac{1}{3} + \frac{1}{4}$ »secundum vulgi modum« wenn man die Zahl sucht, die $\frac{1}{3}$ und $\frac{1}{4}$ enthält, nämlich $3 \cdot 4 = 12$; $\frac{1}{3}$ von $12 = 4$, $\frac{1}{4}$ von $12 = 3$, $4 + 3 = 7$, also $\frac{7}{12}$.

Leonardo selbst aber rechnet $1 \cdot 3 = 3$ $1 \cdot 4 = 4$ $4 + 3 = 7$, $3 \cdot 4 = 12$, also $\frac{7}{12}$. Bei der Subtraktion heisst es 3 von $4 = 1$, also $\frac{1}{12}$; bei der Division, wird das Verhältniss in ganzen Zahlen hergestellt und dann dividirt; z. B. $\frac{1}{3} : \frac{1}{4} = 4 : 3 = 1\frac{1}{3}$.

Bei Brüchen über 2 Strichen z. B. $(\frac{1}{4} + \frac{1}{3}) + (\frac{1}{4} + \frac{1}{5})$ werden sogleich die 4 Brüche zusammen addirt; ist aber der zweite Bruch zu subtrahiren oder mit ihm zu dividiren, dann wird zuerst jedes Paar für sich addirt und dann subtrahirt und dividirt wie vorher. In gleicher Weise wird verfahren, wenn Ganze bei den Brüchen stehen oder Theile von Ganzen und Brüchen zu nehmen sind z. B. $\frac{1}{3}$ $(29\frac{2}{3}) + $ $+ \frac{4}{7}$ $(128\frac{7}{8})$. Es findet Herstellung der gleichen Benennung statt und bei der Division die Zurückführung des Verhältnisses auf ganze Zahlen; z. B. (S. 75) statt $\frac{1}{10}\frac{1}{9}$ 523 durch $\frac{1}{6}\frac{2}{5}$ 17 zu dividiren, dividirt man 47149 durch 1581.

Zwischen diesen Regeln findet sich S. 68 der modus inveniendi minimum mensuratum datorum quotlibet numerorum z. B. zu $\frac{1}{10}$

$\frac{1}{9}$ $\frac{1}{8}$ $\frac{1}{7}$ $\frac{1}{6}$ $\frac{1}{5}$ $\frac{1}{4}$ $\frac{1}{3}$ $\frac{1}{2}$. Das Verfahren besteht darin, dass man vom grössten Nenner anfängt, und ihn mit dem nächsten selbst oder nach Weglassung des gemeinsamen Masses multiplicirt, und so immer mit 2 Zahlen weiter rechnet. 10 und 9 haben kein Mass, also $10 \cdot 9 = 90$, 90 und 8, Mass 2, also $90 \cdot 4 = 360$. 360 und 7 kein Mass, $360 \cdot 7 = = 2520$, 2520 und 6, keine Multiplication, weil 2 in 10, 3 in 9 enthalten ist; ebenso bei 5, 4, 3 und 2. Also ist der minimus commensuratus 2520.

205) Bei der Art des Leonardo die Brüche zu behandeln, sind ihm Brüche mit dem Zähler 1 von grosser Bedeutung; es folgt also noch eine Anweisung (S. 77 — 83) der Umwandlung eines Bruches, dessen Zähler von 1 verschieden ist, in Brüche mit dem Zähler 1 (disgregatio partium in singulis partibus).

Leonardo macht dabei 7 distinctiones oder differentiae. Die erste differentia hat drei Abtheilungen (partes); die eine ist simplex z. B. $\frac{3}{12} = \frac{1}{4}$, die andere composita z. B. $\frac{2\ 0}{4\ 9} = \frac{1\ 0}{2\ 9} = \frac{1}{18}$ die dritte revoluta composita z. B. $\frac{3\ 0}{5\ 9} = \frac{3\ 0}{9\ 5} = \frac{1\ 0}{3\ 5} =$ $= \frac{1}{15}$. Die zweite differentia hat gleichfalls 3 Abtheilungen; bei der einen ist nur einfache Zerlegung des Zählers nöthig, z. B. $\frac{5}{6} =$ $= \frac{2 + 3}{6} = \frac{1}{3}\ \frac{1}{2}$ die andere ist composita z. B. $\frac{3\ 0}{4\ 10} = \frac{1\ 0}{2\ 10}$ $\frac{1\ 0}{4\ 10} = \frac{1}{20}\ \frac{1}{40}$. die dritte ist revoluta composita $\frac{3\ \ 0\ 3\ 0}{5\ \ 10\ 10\ 5} =$ $= \frac{1\ 0}{5\ 5}\ \frac{1\ 0}{10\ 5} = \frac{1}{25}\ \frac{1}{50}$. Da diese 2 differentiae bei den Arbeiten (in negotiationibus) vor den anderen nöthig sind, so wird (S. 79) eine tabula disgregationis gegeben. Das Zerlegen heisst singulares partes facere.

Zerlegt sind in der Tabelle die ächten Brüche mit den Nennern 6, 8, 12, 20, 24, 60 und mit den Zählern 1—31, 35, 40, 45, endlich die ächten Brüche mit dem Nenner 100 und den Zählern 1—10, dann von 5 zu 5 weiter bis 50, dann 60, 70, 75, 80, 85, 95—99 z. B.

$$\frac{98}{100} = \frac{1}{100}\ \frac{1}{50}\ \frac{1}{3}\ \frac{1}{4}\ \frac{1}{2}.$$

In die dritte differentia gehören die Brüche, bei denen der Zähler den um 1 vermehrten Nenner theilt z. B. $\frac{2}{11} = \frac{1}{6}\ \frac{1}{6}\ \frac{0}{11}$,

$$\frac{2}{3}\,\frac{0}{7} = \frac{1}{2}\,\frac{0}{7}\,\frac{1}{6}\,\frac{0}{7}, \frac{3}{7}\,\frac{0}{11} = \frac{3}{11}\,\frac{0}{7} = \frac{1}{4}\,\frac{0}{7}\,\frac{1}{44}\,\frac{0}{7}.$$ Auch die
Fälle gehören hieher, in welchen sich der Zähler in der angegebenen
Weise zerlegen lässt z. B.

$$\tfrac{8}{11} = \tfrac{6}{11}\,\tfrac{2}{11} = \tfrac{1}{2}\,\tfrac{1}{22}\,\tfrac{1}{6}\,\tfrac{1}{66} = \tfrac{1}{66}\,\tfrac{1}{22}\,\tfrac{1}{6}\,\tfrac{1}{2}.$$

Die **vierte** differentia umfasst die Brüche, bei welchen der Nenner eine **Primzahl** und um 1 vermehrt durch den um 1 verminder-
ten Zähler theilbar ist; z. B. $\tfrac{5}{11} = \tfrac{1}{11}\,\tfrac{1}{11}$, wodurch der Bruch auf die
3. differentia zurückgeführt ist.

Bei der **fünften** differentia ist der Nenner eine gerade Zahl
und um 1 vermehrt durch den um 2 verminderten Zähler theilbar (der
Text ist hier verdorben; es muss heissen et **uno** plus maiori dividitur
per **duo** minus **minori**) z. B. $\tfrac{11}{26} = \tfrac{2}{26}\,\tfrac{9}{26}$, wodurch der Bruch auf
die 1. und 3. differentia reducirt ist. Aehnlich enthält die **sechste**
Differenz die Brüche, deren Nenner durch 3 theilbar und um 1 vermehrt auch durch den um 3 verminderten Zähler theilbar ist z. B.
$\tfrac{11}{27} = \tfrac{1}{27}\,\tfrac{11}{27}.$

Die **siebente differentia** ist für die übrigen Fälle bestimmt,
umfasst aber auch die vorhergehenden. Man dividirt mit dem Zähler
in den Nenner, bestimmt den nächst kleineren Bruch mit dem Zähler
1 und subtrahirt ihn dann; z. B. $\tfrac{1}{13}$, 4 in 13; 3 mal ist zu wenig, 4
mal zu viel, also ist der nächste Bruch $\tfrac{1}{4}$; dieses von $\tfrac{1}{13}$ abgezogen

bleibt $\underset{4}{3} - \underset{13}{0}$, nach der 2. differentia $= \frac{1}{4}\,\frac{1}{2}\,\frac{0}{13} = \frac{1}{52}\,\frac{1}{26}$, so

dass $\tfrac{1}{13} = \tfrac{1}{4}\,\tfrac{1}{52}\,\tfrac{1}{26}$. Es ist aber $\underset{4}{3} - \underset{13}{0}$ auch $= \tfrac{3}{52}$ und wendet man

darauf das Verfahren der 7. differentia wieder an, so hat man $\tfrac{1}{18}$ und

dieses von $\tfrac{3}{52}$ abgezogen giebt als Rest $\underset{9}{1}\,\underset{52}{0} = \tfrac{1}{468}$, so dass $\tfrac{1}{13}$

auch $= \tfrac{1}{468}\,\tfrac{1}{18}\,\tfrac{1}{4}.$

Endlich wird S. 82—83 noch eine **andere allgemeine Regel** angegeben. Man multiplicirt den Zähler mit einer Zahl, die viele
Faktoren hat, wie 12, 24, 36, 48, 60 und die grösser als die Hälfte
oder kleiner als das Doppelte des Nenners ist, und dividirt dann wie-
der mit derselben Zahl z. B. $\dfrac{17}{29} = \dfrac{17.24}{29.24} = \dfrac{408}{29.24} = \dfrac{2}{29}\,\dfrac{14}{24}$

weil 29 in 408 14 mal enthalten ist und als Rest 2 bleibt. Daraus

erhält man hierauf $\underset{12}{1}\,\underset{29}{0}\,\underset{24}{6}\,\underset{24}{8} = \underset{348}{1}\,\underset{4}{1}\,\underset{3}{1}.$

Letzteres Verfahren übten, wenn ich mich nicht irre, bereits die
alten **Römer**. S. oben 128 und 129.

206) Es erübrigt nun noch die Art anzugeben, wie die Quadrat- und Cubikwurzeln ausgezogen wurden.

Joannes Hispalensis (L_2) handelt davon von S. 72 bis 91. Er definirt die Wurzel in folgender Weise: Radix cuiuslibet numeri est quilibet alius numerus, qui in se multiplicatus reddit ipsum, so dass man also durch 2 . 2, 5 . 5 u. ä. Quadratzahlen erhalte. Solche erhalte man aber auch durch Multiplication zweier Quadratzahlen z. B. 4 . 9 und ferner wenn der Quotient zweier Zahlen ein Quadrat ist und man beide miteinander multiplicirt; z. B. $\frac{9}{4} = 2\frac{1}{4} = (1\frac{1}{2})^2$; 8 . 18 = = 144 = 12^2. (Ist $\frac{a}{b} = \alpha^2$ so ist a = $b\alpha^2$ folglich ab = $b^2\alpha^2$.).

Ferner wird in der Einleitung darauf aufmerksam gemacht, dass nur Einer, Hunderter, Zehntausender u. s. w., Sekunden, Quarten u. s. w. Wurzeln haben, nicht aber Zehner, Tausender u. s. w. und Minuten, Terzen u. s. w. Das Verfahren beim Ausziehen der Wurzel aus einer Zahl, ist im Wesen dasselbe wie jetzt, nur wird, wenn ein Rest bleibt, der Näherungswerth dadurch bestimmt, dass man den Rest durch das Doppelte der gefundenen ganzen Zahl der Wurzel dividirt z. B. $\sqrt{40} = 6\frac{4}{13} = 6\frac{4}{13}$, $\sqrt{91345} =$

$$
\begin{array}{l}
2 \\
7 \\
5625 \\
7 \\
14 \\
145 \\
7
\end{array}
$$

= $302\frac{11}{601}$. Die äussere Form soll an dem Beispiel $\sqrt{5625}$ gezeigt werden.

Weil die Zahl der Stellen eine gerade ist (differentiae pares), so wird zu 56 die Zahl ausgedacht (excogitare), welche mit sich selbst multiplicirt ihr am nächsten kommt; diese ist 7, und dies wird unter die vorletzte Stelle geschrieben. 7 . 7 = 49, 56 — 49 = 7, an die Stelle von 56, 7 . 2 = 14, 14 zurückgerückt unter 72; hierauf die Zahl ausgedacht, welche mit 14 und mit sich multiplicirt die obenstehende Zahl selbst oder eine möglichst nahe giebt, diese ist 5, neben 14; 5 . 1 = 5, 7 — 5 = 2, an die Stelle von 7, 5 . 4 = 20, 2 — 2 (eigentlich 20 — 20) lässt keinen Rest, 5 . 5 = 25, 25 — 25 lässt gleichfalls keinen Rest, 14 : 2 = 7, an die Stelle von 14; so erhält man 75, welches die gesuchte Wurzel ist.

207) Nach kurzen Andeutungen über Wurzeln und Zahlen, bei denen eine gerade Anzahl Nullen ohne Zahl vorher übrig bleibt, wie bei 10000, und über Zahlen, bei denen noch eine Zahl vorhanden ist, wie bei 1000012, wird gelehrt, wie man das Quadrat einer Zahl aus ihren Theilen finden kann, nämlich $7^2 = (3 + 4)^2 = 3 . 4 + 4 . 3 + + 3^2 + 4^2 = 49$; ferner, dass man die gefundene Wurzel mit der Neunerprobe prüfen kann. Daran reiht sich das Ausziehen der Wurzel aus den Sexagesimaltheilen (fractiones), die auf die

kleinste gegebene Benennung gebracht werden, wenn diese eine Wurzel hat, und auf die nächst kleinere, wenn dies nicht der Fall ist. So muss $\sqrt{2^0\ 3'\ 4''\ 6'''}$ umgewandelt werden in $\sqrt{26582760''''}$, da Terzen keine Wurzel haben.

Darauf folgen einige Bemerkungen: 1) dass die Benennung der Wurzel immer die Hälfte der Benennung des Radicanden ist; z. B. die Wurzel aus Sekunden sind Minuten, 2) dass bei gebrochenen Brüchen, die denselben Nenner 2 mal enthalten, die Wurzel ihn nur 1mal enthält, z. B. $\sqrt{\frac{\left(\frac{1}{8}\right)}{8}} = \frac{1}{8}$, 3) dass wenn der Nenner 4 mal so vorkommt, die Wurzel ihn 2 mal enthält, 4) dass man die Wurzel um so genauer erhält, auf eine je kleinere Benennung man die vorliegende Zahl bringt; z. B. $\sqrt{2} = \sqrt{120'} = \sqrt{7200''} = 84' = 1^0\ 24'$ et aliquid modicum.

208) Bei der Wurzel aus Ganzen und anderen Brüchen, wird zuerst der unächte Bruch hergestellt, z. B. $\sqrt{2 + \frac{1}{3} + \frac{1}{13}} = \sqrt{3\frac{1}{13}}$. Hierauf wird der Nenner rational gemacht $\sqrt{\frac{3.6.6.6}{39.39}} = \frac{60}{39} = 1\frac{21}{39}$ et aliquid plus. Genauer (verior) aber werde die Wurzel, wenn man den Bruch ad quartam differentiam d. h. auf 39^4 im Nenner bringe, wodurch aus 3666 5575986 wird mit der Wurzel 2361 et aliquid plus, welche noch 2 mal mit 39 zu theilen ist.

Wieder werden einige Bemerkungen eingeschaltet: 1) dass bei ächten Brüchen die Wurzel grösser ist als Quadrat, 2) dass die Brüche, deren Nenner ein Quadrat ist, nicht primi, sondern secundi generis seien, so die 4tel, 9tel, 16tel, ja letztere seien quarti generis (16 = 2^4), 3) dass $\sqrt{9'}$ nicht $3'$ sei; die Wurzel sei bei diesen Brüchen immer anderer Art als das Quadrat.

209) Endlich wird das Ausziehen einer Wurzel unter Anhängung (preponere nach der arabischen Anschauung) von Nullen gelehrt. Bei der Wurzel lässt man dann so viele Stellen stehen, als die Hälfte der angehängten Nullen ausmacht, die Stellen, welche über diese Hälfte darüber vorhanden sind, geben die Grade der Wurzel, die Minuten, Sekunden u. s. w. werden durch Multiplication der stehen gebliebenen Zahlen mit 60 und Wegnahme der Stellen, die über jener Hälfte vorhanden sind, der Reihe nach gefunden; z. B. $\sqrt{2} =$ $= \sqrt{200\ 00\ 00} = 1414$ et aliquid modicum. 6 Nullen wurden angehängt, drei Stellen bleiben stehen, darüber ist 1, also hat man 1^0; 414 . 60 = $= 24840$, drei Stellen bleiben stehen, darüber ist 24, also hat man $24'$; ebenso findet man $50''\ 24'''$. Dass diese Wurzel von der oben

gefundenen abweiche, komme daher, dass 2 keine eigentliche Wurzel habe (quia binarius non habet veram radicem).

Dasselbe Verfahren, heisst es weiter, kann man auch dann anwenden, wenn zu den Ganzen noch fractiones d. h. Minuten, Sekunden u. s. w. gegeben sind, indem man alles auf die kleinste Benennung bringt, Nullen anhängt, die Wurzel auszieht und diese wieder auf die höheren Benennnngen bringt.

210) Auf S. 91—93 giebt Joannes Hispalensis noch an, was mit Resten angefangen werden kann. Solche ergeben sich beim Dividiren, beim Wurzelansziehen und auch dann, wenn eine kleinere Zahl durch eine grössere zu dividiren ist. Man sieht, der Glaube, dass nur eine grössere Zahl dividirt werden kann (ars geometrica (Boetius) S. 395, 22—23: Divisores autem maiorum semper minores constitunntur numeri) nöthigte besonders zu erwähnen, was in Anderem schon mit inbegriffen ist. Mit solchen Resten nun könne viererlei geschehen:

1) man multiplicirt mit 60 und verwandelt den Rest in Minuten, Sekunden u. s. w.,

2) man multiplicirt mit einer beliebigen anderen Zahl, nach der man den Rest benennen will, z. B.:

$$\frac{5}{7} = \frac{\left(\frac{150}{7}\right)}{30} = \frac{21}{30},$$

3) man benennt den Rest nach dem Divisor: also das Einfachste erst als drittes!

4) man benennt den Rest mit 2520 als der Zahl, welche alle Zahlen von 1 bis 10 als Faktoren enthält. Von dieser müsse man aber den 10., 9., 8. Theil n. s. w. im Kopfe (mente) haben, und desswegen wird eine Tabelle dieser Theile gegeben.

211) Bis hieher scheint mir allein das Werk des Joannes Hispalensis zu reichen; was noch folgt ist ein buntes Gemisch von Excerpten, von deren Sorgfalt schon die Verstümmelungen gleba mutabilia für algebra und almucabalah eine Andeutung geben.

Doch mag hier noch dasjenige erwähnt sein, was über das elementare Rechnen darunter sich findet. S. 97—98 wird von der multiplicatio digitorum in se gehandelt und bemerkt, dass

1) wenn a < 10, dann a . a = 10a — (10 — a) a .

2) wenn a < 10, b < 10, a > b, dann ab = 10b — (10 — a) b.
Umständlichkeiten ohne Werth. — S. 103 findet sich eine Tafel der Produkte aus gradus, minuta . . . nona in gradus, minuta . . . . nona

und darunter eine Tafel der Produkte von 1 bis 10 in 1 bis 10; beide in Form von Rechtecken. — S. 104—106 wird davon gesprochen, dass der Dividend dem Divisor entweder gleich (Quotient 1), oder dass er grösser (Quotient, Ganze mit Bruch), oder dass er kleiner ist; in letzterem Falle werden Proportionen gebildet; z. B. $_6^5 : 1 = = 6 : 12$; $\frac{1}{2} : \frac{1}{3} = 3 : 2$ (Im Text unrichtig gegeben mit $\frac{1}{3} = \frac{2}{4}$), $12 : 9 = \frac{12}{2} : \frac{9}{3}$. — S. 113 werden die Nullen, die vorher z. B. S. 54 circuli heissen, ciffre und S. 114 ziffre genannt. — S. 116 wird eine Regel für die Multiplication von articulus in articulum gegeben, die auch für digitus in digitum und compositus in compositus gelten soll, aber nur für erstere Sinn hat, weil es sich um die Stelle des Produktes aus den Einern handelt, die mit Potenzen von 10 verbunden sind. — S. 116 — 117 wird 32 . 25 in folgender Weise ausgeführt $25 = \frac{1}{4} . 100, 32 . \frac{1}{4} = 8, 8 . 100 = 800$ und $25 = \frac{1}{2} . 50, 32 . \frac{1}{2} = 16$, $16 . 50 = 800$. — S. 117 wird 16 . 18 multiplicirt $6 . 8 = 48$, $10 . 10 = 100$, $48 + 100 = 148$, $6 + 8 = 14$, $14 . 10 = 140$, $148 + 140 = 288$. — S. 118 — 125 werden wieder Regeln über die Multiplication von digitus, articulus oder limes und compositus gegeben und besonders höchst umständlich die Stellen (differentiae) bestimmt, welche die Produkte aus den Einern zu erhalten haben. Zu beachten ist dabei höchstens, dass S. 120 die Einzelprodukte von 23 . 64 in folgender Form angeschrieben sind:

```
              1    2  │ 3 . 4
         1    8       │ 3 . 6
    1    2    8       │ 2 . 4, 2 . 6
```

S. 125 wird gelehrt, wie man durch Division der Anzahl der Stellen durch 3 und aus den dabei sich ergebenden Resten die Benennung der höchsten Stelle findet, also die Zahl aussprechen kann. — S. 135—136 endlich werden 8 species der Multiplication und Division unterschieden: 1) Ganze mit Ganzen, 2) Bruch mit Bruch, 3) Br. mit G., 4) G. mit Br., 5) Br. und G. mit G., 6) Br. und G. mit Br., 7) G. mit G. und Br., 8) Br. mit G. und Br.

212) $L_{\mathfrak{z}}$ erklärt: radicum subtractio necessaria magis quidem mathematicis (Astrologen) quam algoristis. Ergötzlich ist die Erklärung dazu: His plane ad investigandum constellationis ortum, istis ad inveniendam radicem numerorum. Noch ergötzlicher aber, so weit dies bei einem unsinnigen Missbrauch von Bibelstellen sein kann, ist die explanatio hierüber S. 13 — 14. Trotz aller Nothwendigkeit wird

aber zuerst vom numerus linealis, superficialis und solidus geredet, vom simplex und compositus, und dies mit den Worten entschuldigt: Fecimus excursum quidem magnum sed necessarium. Endlich kommt das Wurzelausziehen, wornach bei $\sqrt{2222}$ in folgender Weise verfahren wird. Es wird zu 22 die Zahl ausgedacht, welche [im Quadrat] möglichst viel von 22 wegnimmt; diese ist 4. 4 . 4 = 16, 22 — 16 = 6, also bleibt noch 622 , 2 . 4 = 8, Ausdenkung von 7, 7 . 8 = 56, 62 — 56 = 6, also bleibt noch 62, 7 . 7 = 49, 62 — 49 = 13; worauf es heisst: Perpende, quod numerus iste est sine radice.

213) Solchem Scheinwissen gegenüber findet sich bei Leonardo die wahre Eleganz ächter Wissenschaft. Dieser behandelt die Wurzeln von S. 352—387. Für das Bestimmen der Quadratwurzel werden quedam necessaria, que claves dicuntur, vorausgeschickt, nämlich, unsere jetzige Bezeichnung angewendet, die Sätze:

Wenn a + b + c = d dann ist ad + bd + cd = d²

$\qquad$ » $\qquad$ » $\qquad$ » ae + be + ce = de

$\qquad$ » a + b = c $\qquad$ » a² + b² + 2ab = c²

$\qquad$ » $\qquad$ » $\qquad$ » 2ac + b² = a² + c²

$\qquad$ » $\qquad$ » und

$\qquad$ d + d = c $\qquad$ »

$\qquad$ a > b $\qquad$ » ab + (d — b)² = d²

$\qquad$ » a + a = b $\qquad$ » (b + d) d + a² = (a + d)².

Die Definition von radix heisst: Radix cuiuslibet numeri est numerus qui, cum in se multiplicatur, facit ipsum numerum. Die Zahlen, welche Wurzeln haben, heissen quadrati, die Wurzeln der übrigen heissen surdae.

Nach der Bemerkung, dass die Wurzeln von 1 und 2 zifferigen Zahlen (duarum figurarum) einzifferig sind, die von 3 und 4 zifferigen 2 zifferig u. s. w., wird angegeben, wie man eine Wurzel z. B. von 10 geometrisch zeichnen kann, indem man 2 Strecken = 2 und 5 aneinandersetzt, um die Summe als Durchmesser den Halbkreis beschreibt und die Normale im gemeinsamen Punkt beider Strecken bis zur Peripherie errichtet.

Hierauf wird $\sqrt{743}$ ausgerechnet in folgender Form:

14	Da die Wurzel 2 zifferig ist, so kommt ihre erste
36	Ziffer 2 unter 4 und zwar zweimal. 2.2=4, 7—4=3.
743	Nun ist eine solche Zahl zu finden, dass sie mit 2 . 2
27	multiplicirt und von 34 abgezogen einen Rest lässt, der
27	das Quadrat der Zahl enthält und dazu einen nicht grösseren Rest, als das Doppelte der ganzen Wurzel beträgt

Eine solche ist 7. 7 . 2 + 7 . 2 = 28, 34 — 28, = 6, 7 . 7 = 49, 63 — 49 = 14. Es ist also $\sqrt{743} = 27 \frac{14}{27.2} = 27 \frac{1}{27}$. In ähnlicher Weise wird behandelt $\sqrt{8754} = 93 \frac{45}{62}$, $\sqrt{12345} = 111 \frac{1}{37}$, $\sqrt{927435} = 963 \frac{111}{3231}$, genauer $963 \frac{111}{321} - (\frac{111}{321})^2 : 2(963 \frac{111}{321})$. Endlich wird 'als ein Weg zur annähernden Auffindung einer Wurzel die Multiplication mit einer Quadratzahl und die Division der Wurzel durch die Wurzel dieser angegeben; z. B.

$$\sqrt{7234} = \sqrt{7234 \cdot 10000} : 100.$$

Das Folgende giebt eine förmliche Theorie der Wurzelausdrücke auf Grund des 10. Buches des Euclides von S. 356 bis 378.

214) Für die Cubikwurzeln wird zuerst mit Hülfe einer durch einen Punkt g (in Anlehnung an das griechische Alphabet) getheilten Strecke ab der Satz dargethan, dass (unsere kurze Bezeichnung gebraucht) $(a + b)^3 = a^3 + b^3 + 3a^2b + 3ab^2$. Dann heisst es: Et cum super hanc diffinicionem diucius cogitarem, inveni hunc modum reperiendi radices secundum quod inferius explicabo, so dass also das folgende Ausziehen der Cubikwurzel Leonardo's eigene Erfindung ist. Ehe er dazu kommt, wird gezeigt, wie man nach dem obigen Satz einen Cubus bilden (numerum cubicare) kann z. B. $12^3 = (10 + 2)^3$.

Dann folgt die Multiplication von 3 Faktoren auf ein Mal, wovon oben N. 188 die Rede war. Endlich finden sich noch folgende vorbereitende Angaben:

1) die von Cubus von 1 bis 10, die man auswendig (cordetenus) wissen muss,

2) dass die Wurzel von 1, 2, 3 zifferigen Zahlen einzifferig,

> 4, 5, 6 » » 2 »

> 7, 8, 9 » » 3 »

u. s. w.,

3) wie man die Differenz zwischen dem Cubus einer Zahl (a^3) und dem der nächstfolgenden $(a + 1)^3$ finden kann; nämlich aus $a . (a + 1) . 3 + 1$.

$\sqrt[3]{47}$ wird nun in folgender Weise gefunden. Die Wurzel aus der nächst grössten Cubikzahl (maior radix) ist 3; $3^3 = 27$, $47 - 27 = 20$; $4^3 - 3^3 = 37$, $\frac{20}{37} > \frac{1}{2}$, also ist annähernd

$\sqrt[3]{27} = 3\frac{1}{2}$. $(3\frac{1}{2})^3 = 42\frac{3}{8}$, $47 - 42\frac{3}{8} = 4\frac{5}{8}$; $(3 . 3\frac{1}{2}) . 4 = 42$,

$\frac{4\frac{5}{8}}{42}$ ist ungefähr so viel als (quasi) $\frac{1}{9}$; also ist noch näher $\sqrt[3]{47} = 3\frac{1}{2} \frac{1}{9} = 3\frac{5}{9}$; $4\frac{5}{8} - ((\frac{1}{9})^3 + 3(3\frac{1}{2})^2 \frac{1}{9} + 3(3\frac{1}{2})(\frac{1}{9})^2) = \frac{11}{125}$; es fehlt daher nur wenig mehr als $\frac{1}{3}$, und überdiess gäbe $3(3\frac{1}{7} \frac{1}{10})$. 4 $^{(\frac{1}{3})}$ eine weitere Annäherung.

Von den folgenden Beispielen $\sqrt[3]{900}$, $\sqrt[3]{2345}$, $\sqrt[3]{56789}$, $\sqrt[3]{456789}$.

$\sqrt[3]{9876543}$ soll als Probe das letzte noch mitgetheilt werden.

Leonardo heisst mit Weglassung der letzten 3 Ziffern
zuerst auf einem besonderen Platz die Wurzel aus 9876 in
der angegebenen Weise suchen; diese ist aber folgende.
Man lässt die letzten 3 Ziffern weg und nimmt die Wurzel
von 9; diese ist 2, unter 7, Rest 1, über 9, 3 . $2^2 = 12$,
unter 18. Nun ist eine solche Zahl zu suchen, dass nicht
nur ihr Produkt mit 12, sondern vom Rest ihr 3faches Quadrat, mit 2 multiplicirt, und von diesem Rest wieder ihr
Cubus kann abgezogen werden, aber so, dass der Rest auch wieder
nicht grösser ist als das 3fache Produkt aus der gefundenen Wurzel
in die folgende Zahl, wozu Leonardo selbst bemerkt (S. 381): quam
figuram invenire non poteris nisi ex usitato arbitrio
Hier ist sie 1, unter 6, 1 . $12 = 12$, $18 - 12 = 6$, über 8, $1.1.3 = 3$,
unter 1, 2 . $3 = 6$, $7 - 6 = 1$, über 7, $1^3 = 1$, unter 3, $6 - 1 = 5$,
über 6; also Wurzel 21, Rest 615. Es wird nun 21 unter 54 geschrieben und 615 über 876; 3 . $21^2 = 1323$, unter 8765; hierauf wird, wie vorher 1 hier 4 gefunden und neben 21 geschrieben.

1615
9876
21
12
3
1

6
77
782
863
2979
61536
9876543
214
1323
48
(48 . 21)

$4 . 1 = 4$, $6 - 4 = 2$, über 6,

$4 . 3 = 12$, $21 - 12 = 9$, » 1,

$4 . 2 = 8$, $95 - 8 = 87$, » 95,

$4 . 3 = 12$, $875 - 12 = 863$, » 875,

$3 . 4^2 = 48$ unter 14.

$4 . 2 = 8$, $86 - 8 = 78$ über 86,

$4 . 1 = 4$, $783 - 4 = 779$ » 783,

$8 . 2 = 16$, $779 - 16 = 763$ » 779,

$8 . 1 = 8$, $7634 - 8 = 7626$ » 7634,

$4^3 = 64$, $76263 - 64 = 76199$, welche Zahl der Rest ist zur Wurzel 214.

Leonardo schrieb also nur die nöthigsten Zahlen an und rechnete
dazu aus dem Kopf oder mit den Fingern, wie es sich auch bei den
übrigen Operationen ergab. Der Gang der Rechnung ist klar, aber
die Form der angeschriebenen Zahlen ohne Uebersicht und nur während des Operirens selbst verständlich. Fehler waren dabei schwer zu

finden, und in Rechnungen nicht sehr Geübte konnten sich hierin nicht wohl versuchen. Es ist daher kein Wunder, dass für Cubikwurzeln sich selten Beispiele finden.

Von S. 384—387 giebt Leonardo auch noch eine eingehendere Theorie der Cubikwurzeln.

Soviel konnte ich mit den mir zu Gebote stehenden Hülfsmitteln über das elementare Rechnen der Griechen und Römer und der Abendländer vom 7. bis 13. Jahrhundert angeben. Ohne Zweifel enthalten die vielen handschriftlich erhaltenen Algorithmen ein und die andere Abänderung des indischen Verfahrens, welches durch Alkhârizmî den Arabern und in Uebersetzungen und Bearbeitungen wie die des Joannes Hispalensis im christlichen Abendland bekannt wurde, doch wird wesentlich neues schwerlich gefunden werden. Auch für die Griechen und Römer können handschriftliche Funde oder Ausgrabungen noch genauere Angaben möglich machen. Möge das Augenmerk der Forscher auch auf die Spuren des elementaren Rechnens der früheren Zeiten gerichtet sein! —

Anhang.

~~~~~

Während des Druckes der vorliegenden Arbeit kamen mir noch einige Aufsätze in die Hände, die solche Gegenstände betreffen, die auch ich zu besprechen hatte. Ich erwähne sie desshalb hier unter Beifügung der Bemerkungen, die sich mir ergaben.

1) Recherche des traces anciennes du système de l'Abacus. Calcul de Victorius et Commentaire d'Abbon; par M. Chasles in den Comptes rendus 1867 Tome 64 pag. 1059—1067. Die Herausgabe der Werke Gerbert's durch Olleris führte Chasles wieder auf das Rechnen mit dem Abacus, aber er kennt leider die inzwischen erschienenen Werke nicht; so ist, was er über den calculus des Victorius und den Commentar des Abbo darüber sagt, bereits durch das überholt, was Christ 1863 in den Sitzungsberichten der Münchener Akademie bekannt machte. Chasles kennt diese Arbeit nicht; auch ist ihm die Geometrie des Boetius noch immer ein ächtes Werk.

2) Der Calculus Victorii von Prof. Hermann Kinkelin in den Verhandlungen der naturforschenden Gesellschaft zu Basel. Diese sehr dankenswerthe Mittheilung über den Inhalt des Werkes des Victorius bestätigt, was ich in Nr. 63 angegeben habe. Ebenso wird im Wesentlichen bestätigt, was ausführlicher von 130 bis 133 gesagt ist. Die Abweichungen sind folgende: Die 2. Tabelle hatte bezüglich der ganzen Zahlen die Form

Friedlein, element. Arithm.

11

VIIII	et	VIIII	XVIII
VIIII	et	VIII	XVII
. . .		. .	. .
VIII	et	VIII	XVI

und enthielt also das, was ich von den Einern in der 4. Tabelle annahm. Von den Zwölfteln dagegen sind, wie ich angab, nur die verbunden, welche zusammen 1 geben; über die Form dieser Tabelle äussert sich Kinkelin nicht. Zwischen der 2. und 3. Tabelle steht eine Uebersicht der Zeichen für 1, 2 und 3 u. s. w. bis 12 Unzen. Die 3. Tabelle hat die Form De $\overline{\text{I}}$ t (trahe?) c R (restant?) d c c c c

de $\overline{\text{I}}$ t c c R d c c c

u. s. w.

In der 4. fehlen die Einer, die bereits in der 2. stehen. An Stelle der 5. Tabelle, welche erst als die 9. erscheint, findet sich »die Angabe der Anzahl der scripuli, welche die einzelnen einfachen und zusammengesetzten Brüche enthalten, von der dimidia sescla aufsteigend um je 2 scripuli bis zur Unze, und von da um je 12 Scripeln bis zu 300 Scripeln.« Die 6. Tabelle enthält im Anfang eine Quadrattafel der ganzen Zahlen von 1 bis 50 und eine solche der gemischten Zahlen von 1¦ um je ¦ steigend bis 14, wobei jede Abtheilung mit dem Quadrat der ganzen Zahl beginnt. Im Uebrigen stimmt die Handschrift, wie Kinkelin sagt, mit der Darstellung überein, welche Christ davon gab, so dass also die Uebereinstimmung der Darstellung in der Tafel mit den Citaten bei Abbo, die ich (s. oben 132) herzustellen suchte, nicht statt hatte. Die ebendort erwähnte Stelle quo modo superiora . . . . geminantur wird auch von Kinkelin mitgetheilt, woraus hervorgeht, dass sie an die vorher angeführte Totus prior u. d. ü. unmittelbar sich anreiht, dass aber dann noch beigefügt ist: usque [ad?] XII locum, in quo XII ¦ in se CL $\frac{3}{16}$ (lies $\frac{1}{6}$) efficiunt, eo quod duodecies ¦ geminantur. Dieser Zusatz bestärkt mich in der Annahme, dass bei der Bildung der Quadrate das Produkt aus dem 1. und 2. Glied 2 mal einzeln angeschrieben wurde bis zu XII, von dem der 4. Theil 2 mal 3, also die ganze Zahl 6 giebt, welche sofort mit 144 zu 150 vereinigt wurde. Warum nicht dasselbe bei LIII und VIII geschah, weiss ich nicht zu sagen. Die 7. und 8. Tafel scheinen in der 8. bei Kinkelin vereinigt zu sein, doch reichen die von diesem mitgetheilten Proben zur Entscheidung hierüber nicht aus. Als 9. Tabelle folgt nun bei Kinkelin noch die, welche von mir an die 5. Stelle gesetzt wurde; sie reicht aber von as bis scripulus und enthält von as bis sescuncia nicht nur die Zahl der scripuli, sondern auch die der unciae; dabei werden die Namen labus, distas, treas, quecras (sic), sescle gebraucht, die aber schwerlich von Victorius herrühren. Vielmehr beweisen die im Weiteren folgenden 3 Erläuterungen mit »halbbarbarischen« Worten, dass im Ms. nicht der Calculus des Victorius für sich, sondern vielmehr eine Bearbeitung desselben etwa aus dem 9. oder 10. Jahrhundert vorliegt. Vgl. Christ S. 109. Doch lässt sich Bestimmtes nur sagen, wenn der wörtliche Inhalt der Handschriften noch bekannt gemacht wird. Meinem Wunsche dieses zu thun, stellten sich bisher nicht zu beseitigende Hindernisse entgegen.

3) Die Notiz über quingenta milia von Th. Mommsen im Hermes III, 3 S. 467 — 468. Dass Mommsen mit Recht das dem Buchstaben q ähnliche Zeichen, das er auf 3 Steinen von Verona fand, für 500000 erklärt, ergiebt sich aus der Anmerkung, die zu N. 40 gemacht ist. Es scheint das Bedürfniss die Zahlen über 10000 bequem darzustellen auf verschiedene Wege geführt zu haben, die sich nebeneinander behaupteten, bis der bequemste den meisten Anklang fand.

4) Der Aufsatz: »Zum Hildesheimer Fund.« Von R. Schöne in Berlin; ebendort S. 469—479. In diesem Aufsatz sind Bemerkungen Mommsen's über die röm. Bruchbezeichnung von S. 469 bis 475 eingefügt, welche mich hoffen lassen, dass meine Arbeit nicht als eine überflüssige erscheinen wird, da sie vielleicht einen Theil dessen erfüllt, wozu Mommsen anregt. Vieles ist ohne Zweifel durch weitere Forschungen noch aufzuklären, doch zweifle ich, ob sich der Gegensatz der alphabetischen Ganz- und der analphabetischen Bruchzeichen (S. 473) bewähren wird. Ich muss zunächst dabei bleiben, dass alle römischen Zahlzeichen gewählte Verbindungen von Strichen und Bögen sind unter Beiziehung der Anfangsbuchstaben von Mille, Centum und Semis, und zwar des S früher als des C und M.

Endlich halte ich auch die Behauptungen, dass die römischen Duodecimalbrüche »für wissenschaftliche Zwecke unbrauchbar« seien (S. 471) und dass dieses »duodecimale Bruchzeichensystem ziemlich früh in so ferne aufgegeben worden zu sein scheine, als die eigenen Zeichen für $\frac{1}{18}$, $\frac{1}{72}$, $\frac{1}{144}$ des Pfundes ausser Gebrauch kamen« für zu weit gehend. Die duodecimalen Brüche, selbst nur bis $\frac{1}{288}$ genügten jeder wissenschaftlichen Genauigkeit der damaligen Zeit, und war es auch nicht bequem, wenn man Zeichen gebrauchen wollte, Brüche mit anderen Nennern auf die duodecimalen zu reduciren, so war es doch nicht unmöglich. Dass Frontin die Zeichen für sicilicus und sextula weglässt und dafür die Zahl der scripula setzt, und dass eben

dieses auf der Mehrzahl der erhaltenen Denkmäler geschieht (S. 474).
dürfte eher ein Zeichen sein, dass im Leben, wie gewöhnlich, die
Praxis eine Beschränkung auf die nöthigsten und bequemsten Zeichen
herbeiführte, und man also nicht eine n e u e Weise einer a l t e n gegenüber zu stellen hat, sondern einen v u l g ä r e n Gebrauch einem gewähl-
teren. Vgl. N. 46 a. E.

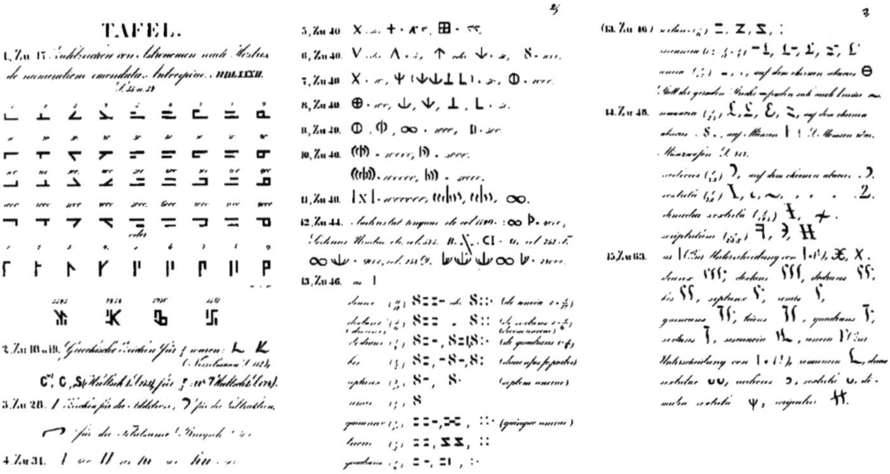

TAFEL.

1, Zu 17. *Subdivisiones von Altmonnen nach Hultsch de nummation emendata. Antropino. MDLXXII.*
Zu 22.

2, Zu 18 u. 19. *Griechische Zeichen für 5 waren:* L ᒪ
(Nordmann S. 424.)
C̶, C̶, *so Hultsch S. 384 für 5.* *so ᛏ Hultsch S. 404.*

3, Zu 28. I *Zeichen für die Addition,* ⌐ *für die Subtraktion.*
⌐ *für die Relation? Nordmann S. 41.*

4, Zu 31. I *u.* II *u.* III *u.* IIII ...

5, Zu 40. X .. + . ⋉ . ⊞ . ᵴ.

6, Zu 40. V .. Λ .. ↑ .. ↓ . a. 8. arc.

7, Zu 40. X . a. Ψ (↓↓⊥L) . a. ⊕ . arc.

8, Zu 40. ⊕ . arc, ↓, ↓, ⊥ . L . a.

9, Zu 40. ⊕ , ⊕, ∞ . arc, ᗡ . arc

10, Zu 40. (⊕) . arce, ᗡ . arce.
(ᗡ) . arce, ᗡ) . arce.

11, Zu 40. |x| . arce, ⟨⟨ᗡ⟩⟩, ⟨⟨ᗡ⟩⟩, ∞

12, Zu 44. *Sunt noster tropem de col II.* :∞ ᗡ. arc,
Schema Numeri de col. III. ᗡ . X . Cl . a. col 245.5
∞ ↓ . arc, col. 245 ⊕. ⊌⊌ ⊌⊌ ∞ ᗡ. arc.

13, Zu 46. *a.* I

unus (⅟₁) 8==- *de.* 8::: *(de unria o .⅟₂)*
duorum (⅟₂) 8== . 8::: *(de uncora novem)*
trium (⅟₃) 8== , 8=|8::: *(de quadram r.⅟₃)*
bis (⅟₄) 8=.-8-.8: *(duas septi pp.parbus)*
septem (⅟₅) 8-, 8: *(septem novem)*
nove (⅟₆) , 8
quinorum (⅟₇) ==-,=⋉, :: *(quinque nuova)*
trum (⅟₈) ==, ⋉⋉, ::
quadrum (⅟₉) ==-, ==|, ::

ochone (⅟₁) Ξ, Z, ⵉ, :
quinarion be :⅟₁: a⋅₁₁ -⅟₁, ⅃-, ⅃, =, ⅃
unum ⟨⅔⟩ a... , *auf den ebenen ebenen* ⊖
Cels de genanten Bruche aufnehm ent noch Ausias ≈

14, Zu 48. *numora* ⟨⅙⟩, ⅃, ⅀, ⅀, ₴, *auf den ebenen*
ebenen . 8 . *auf Munion* | ! . ⅃. *Monion d'un*
Monrepsion Ɔ. 111.
noticum ⟨⅙⟩ Ɔ, *auf den ebenen ebenen* . Ɔ.
ocelutir ⟨⅙⟩ ⅃, c, ⌐, ... 2.
duantin ocelutir ⟨⅟₉⟩ ⅃, + .
uciplation ⟨⅙₄⟩ ⅂, ⅀, H

15, Zu 63. *a*. I *Zu Unterscheidung von* I . I²⁄₃ ℀, X .
Senna ⅢⅢ; *duchum* ⅢⅢ, *duchum* ⅢⅢ,
bis ⅢⅢ, *septum* V, *centa* V,
quinaruna ⅢⅢ; *bina* Ⅵ, *quadram* ⅏;
ucletra ⅏, *numaria* Ⅶ, *numa* ⅣⅦ *Zu*
Unterscheidung von I u. I²⁄₃ *b. numa* ᒪ, *duna*
ocelutir ᘁᘁ, *uchena* Ɔ, *uclutir* Ƽ. *di-*
mutra ocelutir Ψ, *uryulur* ⵉ.

Ϡ	1000000	0
Ɖ	500000	0
C	100000	0
L	50000	0
Ϡ	10000	0
ʌ	5000	0
M	1000	0
Ɖ	500	0
C	100	0
L	50	0
X	10	0
V	5	0
I	1	0

Zu 88.
litera ʌ, unum Γ, sexaginta ΝΓ, deinqu͞e ⟨ ...

Zu 94.
... X, sexcenta Ϡ, unum ʌ, Γ, ...

Zu 96.
... X, mille Υ, sexcenta Ł, ...

	1	2	3	4	5	6	7	8	9	0
	I	Γ	ͱ	Ͻ	Ɔ	Υ	ʌ	Ϟ	...
	1	2	3	8	9	Υ	Ϟ	9	0
	1	2	3	6	7	8	9	0
	1	2	3	6	7	8	9	0
	1	2	3	4	5	6	7	8	9	0
	1	2	3	4	5	6	7	8	9	0
	1	2	3	4	5	6	7	8	9	0
	1	2	3	4	5	6	7	8	9	0

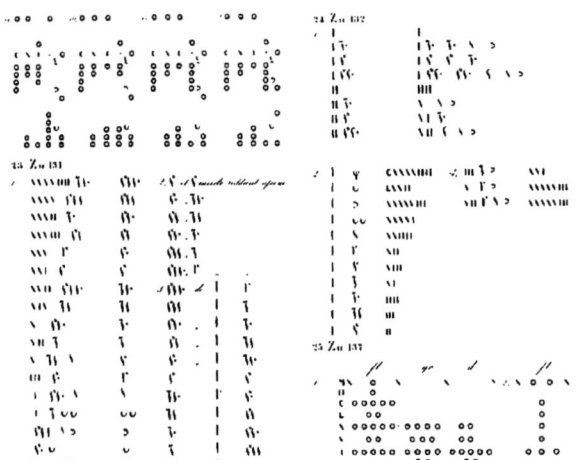

13.   14.   15.   **8. Zu 170**   **29. Zu 171**

$14.238 + 14$
34352

$12\tfrac{1}{2}\cdot10 + 12\tfrac{1}{2}$

$10\cdot16\tfrac{3}{4} + 10\cdot16\tfrac{3}{4} + 16\tfrac{3}{4} + 16\tfrac{3}{4}$
$+ \tfrac{1}{2}\cdot16\tfrac{3}{4}$

27. Zu 139.

1.   2.   3.

684 $684 - 10\cdot38$ $364 - 10\cdot38$
     304 114

4.   5.   6.

$114 - 38$ $76 - 38$ 18
76 38

7.   8.   9.

280 $280 - 100\cdot2\tfrac{1}{2}$ $20 - 10\cdot2\tfrac{1}{2}$
    30 5

10.   11.   12.

$5 - 2\tfrac{1}{2}$ 112
$2\tfrac{1}{2}$ 3330

13.   14.   15.

$3330 - 2\tfrac{1}{2}\cdot100\cdot12$ $330 - 2\tfrac{1}{2}\cdot10\cdot12$ $277\tfrac{1}{2}$
    330 30